COACHING PARA EL ÉXITO

Talane Miedaner

COACHING
PARA
EL ÉXITO

Conviértete en el entrenador
de tu vida personal y profesional

Urano
Argentina – Chile – Colombia – España
Estados Unidos – México – Perú – Uruguay

Título original: *Coach Yourself to Success*
Editor original: Contemporary Books
Traducción: Dora Castro

1.ª edición Marzo 2002
1.ª edición de esta colección Septiembre 2023

ISBN: 978-84-17694-60-9
Depósito legal: B-13.049-2023

Fotocomposición: Ediciones Urano, S.A.U.

Impreso por: Romanyà Valls, S.A. – Verdaguer, 1 – 08786 Capellades (Barcelona)

Impreso en España – *Printed in Spain*

Dedico este libro con amor y gratitud a Penelope.
Nunca imaginé que fuese posible tener una madre mejor.

Índice

Prólogo

En los últimos cinco años, unos doscientos asesores personales o coaches (que se dedican a preparar a sus clientes para que tengan éxito tanto en el ámbito profesional como en el personal) han terminado sus estudios en la Coach University. Como presidente de esta universidad, y con diez años de experiencia profesional, he tenido el privilegio de trabajar con muchos de ellos. Y he llegado a la conclusión de que los grandes asesores personales poseen determinadas cualidades clave.

En primer lugar, son amables y solícitos. Esta profesión está relacionada con el desarrollo individual; no se basa en la simple información. Dado que los asesores personales o coaches pasan buena parte de su tiempo dedicados a preparar, apoyar y guiar a sus clientes, esa solicitud es lo que hace que el proceso de asesoramiento funcione sin problemas. La eficacia del proceso se reduciría en gran medida si no fueran realmente amables y solícitos con sus clientes.

En segundo lugar, los grandes asesores personales tienen «chispa». Existe en ellos algo claramente detectable. Son optimistas y positivos por naturaleza, disfrutan trabajando con los demás, tienen mucho que ofrecer, siempre hay un brillo en sus ojos y transmiten su entusiasmo a todo el mundo.

En tercer lugar, los grandes asesores personales son perspicaces. El proceso de asesoramiento personal o coaching exige que sean sensibles: capaces de percibir la energía y el estado de ánimo de su cliente, de distinguir las sutilezas, de sentir la información en lugar de tener que adquirirla, de llegar a la verdad sobre lo que el cliente les está contando y de intuir correctamente. Parte del proceso que lleva a ser un gran coach consiste en sensibilizarse y desarrollar la propia perspicacia natural.

En cuarto lugar, los coaches saben hablar y escuchar. Dado que el asesoramiento personal o coaching se basa en la conversación, el ir y venir de ideas, conceptos, sentimientos, informaciones, realidades, deseos, valores y prioridades se produce con facilidad. Los clientes necesitan un asesor que pueda comprenderlos con rapidez, que los incite a hablar de aquellos temas de los que nunca han hablado hasta ese momento. Los asesores personales que no son capaces de «conseguir» que la información fluya y que deben esforzarse para entender plenamente lo que dice el cliente, tienden a provocar una cierta resistencia en este último.

En quinto lugar, los grandes asesores personales han realizado unos estudios para llegar a serlo. Una buena formación requiere varios años de intensa preparación entre colegas que previamente han seguido una trayectoria similar. Es verdad que cada persona en este mundo es, en cierto sentido, un coach. Los consultores, los terapeutas, los maestros y los sacerdotes llevan a cabo un cierto asesoramiento personal. Pero para ejercer esta profesión con excelencia y ofrecer al cliente todo lo posible, es sumamente importante recibir una formación académica específica en asesoramiento personal o coaching.

En sexto lugar, los grandes asesores personales tienen también su propio asesor personal o coach. Viven un proceso de crecimiento constante, y no podrían ni siquiera imaginar la posibilidad de no tener un gran asesor personal a su lado, en especial teniendo en cuenta la importancia de lo que está en juego para sus clientes. Para los grandes asesores personales, tener su propio asesor personal o coach es una cuestión de coherencia e integridad. Yo tengo tres, que aumentan el valor de cada aspecto de mi vida y de mi trabajo.

En séptimo lugar, los grandes asesores personales aprenden continuamente de sus clientes. La técnica del asesoramiento personal o coaching, si bien ha demostrado ser efectiva, está aún en pañales. Por ello, los grandes asesores personales aprenden del cliente en igual medida que le enseñan. Esto mantiene en ellos un espíritu fresco, humilde y abierto. Están dispuestos a adaptarse y adaptar sus conocimientos para satisfacer las necesidades de sus clientes del presente y no de aquellos con los que trabajaron el año anterior. Cuando los asesores personales están abiertos a aprender de sus clientes, son más eficaces y concisos, porque no se limitan a aleccionar, sino que son capaces de sintetizar.

En octavo lugar, los grandes asesores personales consideran que su trabajo es un arte, no sólo una técnica. Es cierto que para obtener el título por la Coach University hay que conocer unas doscientas disciplinas del asesoramiento personal, unas mil variantes de problemas, unos quinientos tipos de situaciones y cientos de hechos, técnicas y procesos de aprendizaje. No obstante, el mejor asesoramiento personal es el que se realiza con la creatividad del artista que pinta una obra maestra, y no como quien pinta elementos en serie. El profesional que aborda el asesoramiento personal como un arte que requiere técnicas y herramientas específicas, tiene mayor éxito en su trabajo que alguien que «se lo toma de un modo más mecánico».

En noveno lugar, los grandes asesores personales se convierten en figuras de referencia para sus clientes. De hecho, no pueden ejercer su profesión con todo el rigor necesario hasta que no logran experimentar en su propia vida lo que han aprendido. Sólo entonces estarán en condiciones de pedirles a sus clientes que sigan ese modelo de bienestar, distinción, excelencia, límites, información y capacidad. Su vida se convierte en el «mensaje».

Por último, los grandes asesores personales atraen a sus clientes de un modo natural. No tratan de convencer a nadie ni de vender sus servicios. Viven en el «flujo de la vida» y aportan sin cesar nuevos valores a quienes les rodean.

Talane es una de estos «grandes» asesores personales. Lo es por naturaleza. En tanto que preciado miembro de nuestro cuerpo docente, ha realizado inmensos aportes tanto a nuestro programa como a sus alumnos. Contagia sus ganas de vivir y su entusiasmo a todas las personas con las que entra en contacto.

Cualquiera que no esté al tanto de los excelentes resultados del asesoramiento personal o coaching podría sorprenderse frente a las maravillosas transformaciones que se han sucedido en la vida de los clientes de Talane. Pero para los asesores personales no se trata de ninguna sorpresa. Simplemente constatan que se han cumplido sus expectativas.

Un pequeño cambio puede tener un impacto enorme en tu vida. Este libro es el proyecto de la vida que siempre soñaste. Practica cada uno de los 101 consejos que Talane te da en él y los resultados te parecerán asombrosos. Entretanto, pásatelo bien.

SANDY VILAS,
presidente de la Coach University

Agradecimientos

Expreso mi más hondo reconocimiento a:

Bonnie Solow, mi valiente y fabulosa agente. Gracias por estar a mi lado en cada paso del camino. Aprecio tu integridad, tu constancia y tu incansable apoyo. Judith McCarthy, mi deliciosa e inteligente editora. Gracias por tu cuidado en los detalles, tus agudos comentarios y tu dedicación. Kimberly Soenen, por tu entusiasta apoyo publicitario; eres una joya. Erica Lieberman, Blythe Smith y toda la maravillosa gente de Contemporary, que trabajó para hacer realidad este libro.

David Roth-Ey, por tu amistad y todos tus excelentes consejos durante el proceso de publicación. Scott Moyers, por tu entusiasta respuesta a mi primer borrador. Beth Lieberman, por preparar una edición tan pensada y cuidada. John Gies, Joan Holmer y Roland Flint, porque sois unos maestros extraordinarios. Julia Cameron y Elaine St. James, por ayudarme a encontrar a mi musa. Victoria Moran, por tu generosidad al contactarme con Patti Breitman, y Patti, por el entusiasmo con que me pusiste en contacto con Bonnie. Thomas J. Leonard, por fundar la Coach University y hacer del coaching una verdadera profesión. Gracias por toda vuestra generosidad y creatividad. Muchas de las ideas brillantes de este libro provienen de vosotros.

Sandy Vilas, por tu generoso apoyo y tu estimulante dirección. Mi primer coach Thon Politico, por visualizar mi potencial. Sin vosotros, nada de esto podría haber sucedido. Siempre os estaré agradecida.

A todos mis maravillosos colegas de la Coach University, gracias por vuestro apoyo, vuestro estímulo y vuestras grandes ideas, en especial: Leona Nunn, Harriet Salinger, Byron Van Arsdale, Lee Weinstein, Cheryl Richardson, Karen Whitworth, Don Edburg, Mimi Ty, Marlene Elliott, Laura Berman Fortgang, Harry Small, David Goldsmith, Margaret Lichtenberg, Katherine Halpern, Paulette Playce, Sandra Bandler, Cynthia Stringer, Kelly Tyler, Madeleine Homan, Elizabeth Carrington, Val Williams, Stephen Cluney, Katherine Minton, Edie Periera, Pam Richarde, Jeff Raim, Bob Sher, Shirley Anderson, Terry O'Neill y Bill Bennett. Y gracias a la comunidad de *coachs* del Reino Unido, en especial a Elizabeth Rowlands, Lesley McDonald, Bob Griffiths y Sara Litvinoff por recibirme en su país y ser los anfitriones más adorables y generosos. Agradezco vuestro cariño, apoyo y estímulo, así como todo lo que me habéis enseñado, que ha sido mucho.

Tom Atkinson, por tu amistad y todas esas cenas fantásticas en Tre Pomodori. Gracias por estar a mi lado. Amir DePaz, por tu amistad y tu generosa asistencia. Eres un ser humano maravilloso. Mario de Grossi, por la fabulosa fotografía. Eres un maestro. Don Sokol, por tu amistad y tu apoyo informático. Raja Shaheen, por todos esos maravillosos mensajes que me arroparon tiernamente. Gracias por tu cariño, tu fe y tu estímulo. Sarkice Nedder, mi mentor; gracias por tu afecto, tus sabios consejos y tu sensato asesoramiento en las cuestiones empresariales. Amy Gerdnic, por tu amistad y tu entusiasta enfoque de la comercialización. Mis mejores amigos, Tracey, John, Allegra, Erik, Kate, Ralph y Tom, por vuestro cariño y vuestro aliento.

A toda mi familia por el amor y el apoyo que me habéis brindado, y con inmensa gratitud a la abuela Margaret, por tu fe en mí; mi prima Ann, por no quejarte jamás de los papeles y libros tirados en el sofá y por enseñarme una o dos cosas sobre el valor del espacio; mi hermana Keralee, por ayudarme a dilucidar todos los bloqueos posibles que impiden el éxito, y por tu ayuda y tus ideas en la preparación de la edición; mi hermana Sarelyn, por tu sorprendente ingenio y tu generosa ayuda en la investigación y en la edición; mi padre, Terrel, por tu confianza en mis capacidades y por estimularme con tu propio libro; mi madre, Penelope, por tus incesantes amor, apoyo y aliento desde la primera página hasta la última.

Y sobre todo, gracias a todos mis clientes, por compartir conmigo vuestras esperanzas, vuestros sueños y vuestros miedos. Vosotros habéis hecho posible que este libro vea la luz.

Introducción

Sólo existe una clase de éxito: lograr vivir a tu manera.
CHRISTOPHER MORLEY

¿Qué es el coaching?

El coaching o proceso de entrenamiento personalizado y confidencial llevado a cabo con un asesor especializado o coach cubre el vacío existente entre lo que eres ahora y lo que deseas ser. Es una relación profesional con otra persona que aceptará sólo lo mejor de ti y te aconsejará, guiará y estimulará para que vayas más allá de las limitaciones que te impones a ti mismo y realices tu pleno potencial. Piensa en los atletas olímpicos. Son los más potentes y con mayor éxito del mundo, porque se entrenan. Sus entrenadores les procuran la ventaja que les permitirá lograr el oro, al aconsejarlos y mantenerlos concentrados en sus objetivos.

Un entrenador o asesor personal (coach) para aprender a vivir mejor te señala las situaciones y aspectos que no puedes ver y te da ideas para mejorar tu manera de desenvolverte, mientras que al mismo tiempo despierta en ti la motivación para evolucionar y ser lo mejor posible. Te desafía a ir más allá del lugar donde normalmente te quedas. Te ayuda a aprovechar al máximo tu grandeza y te capacita para compartirla con el mundo. ¿Puedes imaginar cuán productiva y relevante sería tu vida si tuvieses tu propio coach? Bueno, no hace falta que lo imagines más. Este libro contiene los elementos clave de un programa de coaching y las últimas estrategias para alcanzar el éxito y atraer todo lo que siempre deseaste. Hasta hace poco, esta era una actividad reservada para los directores generales y otros altos ejecutivos, y por supuesto, para los atletas, pero ahora está al alcance de cualquier hombre o mujer que quiera vivir sus sueños. Hoy en día, cerca de cien mil personas utilizan asesores personales para que les aconsejen y les sugieran estrategias a fin de progresar en su vida profesional y privada.

Por lo general, se cree que el éxito profesional es sinónimo de felicidad. Esto no es necesariamente cierto. Yo misma era un directivo de los llamados con éxito. A los ojos del mundo, lo había conseguido. Ganaba más dinero que el 90 por ciento de la población y mis perspectivas de progreso eran excelentes. Pero, aunque me iba bien en el trabajo, lo odiaba. A veces tenía el deseo absurdo de hacerme atropellar por un autobús mientras caminaba rumbo al trabajo, sólo para que me llevaran al hospital y no tener que trabajar. Sabía que no estaba viviendo mi pleno potencial.

Me gustaría poder decirte que contraté a un coach para que me ayudase a ver lo que podía hacer con mi vida, pero nunca había oído hablar del coaching. Fue mi coach quien me encontró a mí. Me preguntó si podía ocuparse de mí, y yo le respondí, de la manera más educada posible, que me dejase en paz. Aún hoy sigo agradeciéndole enormemente su insistencia, porque cambió completamente mi vida. Ahora hago exactamente lo que me gusta. Mi trabajo es increíblemente satisfactorio. Dirigir seminarios en todo el mundo y ayudar a mis clientes a lograr sus objetivos y deseos me proporciona una gran plenitud. En estos momentos, dirijo el equipo de coachs más agradable del mundo. Tengo todo el tiempo que quiero para mi vida privada, he encontrado al hombre de mis sueños y tengo una vida magnífica, de la que disfruto a conciencia. Ese es el verdadero éxito. ¡Ya no quiero que me atropelle un autobús!

Eres el dueño y el creador de tu propio destino. Puede que ya tengas una idea clara de lo que quieres en la vida, o puede que estés en medio de la confusión. No importa en qué punto comiences. De hecho, es probable que sea mejor si no tienes ninguna idea, porque no limitarás innecesariamente tus opciones. Puede que te preguntes si llevar a cabo este proceso es apropiado para ti. Prueba y verás. En cierto sentido, nadie «necesita» un coach, sino que es un lujo fabuloso. Pero, como los atletas olímpicos, si quieres que tu actuación sea absolutamente la mejor posible, querrás aprovechar las ventajas que te ofrece.

Cuando mis clientes me contratan por primera vez, en general están cansados de luchar para lograr el éxito en su vida y buscan una manera de hacer que las cosas les resulten más fáciles. La mayoría de nosotros vivimos a espaldas de nuestra vida. Gastamos gran parte de nuestro tiempo y de nuestra energía trabajando más y más para ganar más dinero, para comprar más cosas y para hacer lo que supuestamente nos hará felices. Este es un camino muy duro para llegar al éxito. La manera más fácil es *decidir primero qué es lo que quieres ser, y luego poner en práctica esa decisión*. De esta manera, atraes sin esfuerzo la vida que quieres. Y lo más interesante sucede cuando comienzas a vivir así, porque descubres lo que realmente deseas. Ya no pierdes tu precioso tiempo en objetivos, proyectos o relaciones que no te satisfacen. Este libro te enseñará a ser una persona plenamente realizada y dichosa, a sacar a la luz lo mejor de ti. Cuando eres feliz, estás relajado, te lo pasas bien y haces lo que te gusta, atraes el éxito de un modo natural. Las personas no pueden evitar que las atraigas, y las oportunidades están en tus manos.

Dos maneras de lograr lo que deseas

Existen dos maneras básicas de tratar de conseguir lo que quieres en la vida, ya se trate de dinero, amor, oportunidades o negocios:

a. decides tu objetivo y vas tras él;
b. atraes hacia ti tu objetivo.

Nos han enseñado a utilizar el primer método, pero con frecuencia no funciona. Terminamos intentando forzar las cosas para que nuestros objetivos se cumplan. Esto puede acabar en una frustración innecesaria, estresante y malsana.

La gente da distintos nombres a la atracción, casualidad, azar, buena suerte, sincronicidad, buenos contactos, y sería correcto si se tratara de algo aleatorio. Pero lo asombroso es que mis clientes y yo siempre tenemos buena suerte. Una clienta mía, una ejecutiva regional de una empresa perteneciente a Fortune 500,[1] tenía unos buenos ingresos anuales que rondaban los ciento treinta y cinco mil dólares, pero se sentía bloqueada e insatisfecha en su trabajo. No nos pusimos a escribir su currículum ni iniciamos la búsqueda de un nuevo trabajo, sino que decidimos centrarnos en su vida. Comenzó por eliminar los pequeños inconvenientes que consumían su energía. Para relajarse, comenzó a jugar más al golf los fines de semana. La animé a que se cuidara más y se hiciera un masaje semanal. Puso en orden todos sus viejos archivos y papeles, que tenía amontonados en su casa y en su despacho. Después de nueve meses de trabajo para conseguir que todos los aspectos de su vida estuviesen en buena forma, la llamó una agencia de trabajo para comunicarle que le había conseguido una entrevista con otra empresa. Esa misma semana consiguió el trabajo y duplicó su salario inmediatamente. Ahora su carrera es muy prometedora, y además trabaja con gente con la que disfruta.

No corrió detrás de esa oportunidad, sino que esta vino a ella. *Atrajo* ese resultado. Es frecuente que mis clientes experimenten este tipo de éxito y no hay razón para que tú no puedas conseguirlo. Puedes crearte, sistemáticamente, una vida feliz y llena de éxito. Al eliminar las «fugas» de energía y dedicarte a actividades placenteras que te ayuden a recuperarla, crearás el espacio adecuado para que las oportunidades se presenten.

La mayoría de nosotros no confía en su propia capacidad para atraer el éxito. Cuando aparece algo bueno, lo atribuye a la suerte o a la casualidad. No lo hagas. Si nos sentimos bien como personas, hacemos un trabajo satisfactorio y tenemos una sensación de plenitud en nuestra vida, es natural que atraigamos el éxito. El problema es que muchas cosas nos impiden sentirnos bien y en buena forma. Y es ahí donde puede ser práctico utilizar algunos secretos del coaching.

Los 101 consejos prácticos que incluyo en este libro los he ido reuniendo gracias a mi experiencia como coach profesional y a mis años

---

1. Fortune 500 es una asociación que agrupa a 500 grandes empresas estadounidenses, garantizando su solvencia. (*N. de la T.*)

trabajando en grandes empresas. Los presento en un programa en diez partes fácil de seguir. Cada parte tiene consejos prácticos y de probada utilidad, junto con ejemplos de la vida real que te ayudarán a atraer todo aquello que siempre has deseado.

¿Cómo funciona el coaching en la práctica?

Después de trabajar con centenares de clientes para lograr que atraigan lo que desean, me parece que el proceso es bastante sencillo. Se reduce a lo básico: la energía. Einstein demostró que la materia es energía. Un escritorio de sólido roble es en su mayor parte un espacio vacío donde los átomos se mueven a gran velocidad. Podemos hacer cosas que nos consumen la energía o cosas que nos la aportan. El *coaching* te enseñará a eliminar los elementos que consumen tu energía y a conseguir los que te la proporcionan. Cuanta más energía tengas, más potente y fuerte serás. Las personas llenas de energía y vitalidad, que hacen lo que aman, se realizan plenamente y tienen éxito en lo que emprenden. Piensa en Ghandi, Eleanor Roosevelt u Oprah Winfrey. Son la personificación de la capacidad que todos tenemos de atraer lo que deseamos, tanto para nosotros como para el mundo.

Cómo utilizar este libro

Está dividido en diez partes que se construyen una sobre la otra siguiendo una progresión natural. Cada una de ellas contiene diez consejos para poner en práctica, pero no es necesario que sigas el orden propuesto.

En la parte I, aprenderás a aumentar tu poder innato eliminando todo lo que consume la energía en tu vida y reemplazándolo por fuentes de energía positiva. Una vez que domines estos puntos básicos, en la parte II aprenderás a encontrar un espacio para todo lo nuevo que deseas que llegue a tu vida. El exceso de cosas disminuye tu capacidad para atraer los resultados felices que deseas. La naturaleza aborrece el vacío —volvemos a las leyes de la física—, así es que si quieres algo nuevo en tu vida, tendrás que crearle un espacio.

La parte III se ocupa del dinero. ¿Por qué trabajar por dinero cuando puedes aprender a hacer que el dinero trabaje para ti? Aquí comenzarás a decir la verdad sobre el dinero, a dejar de tirarlo por la ventana y a utilizarlo para crearte una independencia económica. De esa manera, dentro de diez o veinte años no tendrás que trabajar para vivir. La mayoría de las personas ganan sólo lo justo. Si quieres tener éxito en tu vida sin hacer grandes esfuerzos, necesitarás más que eso.

Una vez que domines el tema del dinero, el paso siguiente es encontrar el modo de sacar tiempo de donde no lo hay. En la parte IV, comparto algunos de mis secretos sobre cómo crear ese tiempo. Aprenderás a concentrarte en lo que es verdaderamente importante y a eliminar las pérdidas de tiempo crónicas que consumen nuestra vida sin que nos demos cuenta. Tu vida se equilibrará y tú la controlarás.

En la parte V aprenderás a construirte un sistema de apoyo formado por tus amigos, colegas y mentores. Lleva tiempo desarrollar y mantener relaciones sólidas y estables. Muchos de nosotros estamos tan ocupados, que no nos alcanza el tiempo para dedicarlo a cultivar amistades. Sin embargo, quienes tienen éxito suelen aceptar sin problemas el hecho de que no podrían haber alcanzado sus objetivos sin la ayuda de otras personas. También tendrás que identificar y encontrar la manera de satisfacer las necesidades emocionales que pueden haber influido inconscientemente en tu conducta y en la elección de tus amigos.

En la parte VI, descubrirás lo que realmente te gusta en la vida, y aprenderás la manera de hacer una transición suave para ponerlo en marcha sin correr riesgos económicos. Cuando trabajas en lo que te gusta, comienzas a atraer a personas interesantes y enriquecedoras que nunca te hubiesen mirado dos veces cuando te sentías mal y te quejabas a diario del trabajo que hacías. Son contadas las personas que se apasionan con su trabajo. Sólo por eso, estarás fuera de la media, y atraerás más oportunidades.

En la parte VII, aprenderás la manera de llegar a ser una persona excepcionalmente eficiente, productiva y eficaz. Aprenderás a salir del bloqueo provocado por la rutina y dedicarte a tus objetivos para lograrlos en un tiempo récord, y una vez logrados, aprenderás a eliminar todo tipo de objetivos. Aprenderás a trabajar con más inteligencia y a divertirte mientras lo haces, sean tus objetivos profesionales o personales.

En la parte VIII, aprenderás el arte de escuchar con atención, con tanta atención como para sacar a la luz aspectos de tus interlocutores que ni ellos mismos sospechaban. Las personas de éxito suelen tener en común un rasgo clave: han aprendido a comunicarse con fuerza, gracia y elegancia. Todos podemos aprenderlo. Los sencillos consejos de este libro te enseñarán cómo hablar de tal manera que los demás no sólo te escucharán, sino que se sentirán motivados para ponerse en marcha. Aquí aprenderás los secretos para lograr que otras personas hagan lo que tú quieras sin tener que manipularlas.

En la parte IX, estarás en condiciones de comenzar a cuidar de tu posesión más valiosa: TÚ. Aprenderás la forma de eliminar el estrés innecesario y el agotamiento y de rodearte de lujos. Ha llegado el momento de que hagas lo necesario para ponerte en forma físicamente. Como recompensa, lograrás una mayor energía y rejuvenecerás. Las buenas cosas estarán al alcance de tu mano sobre bases más seguras. Ahora necesitas aprender que tener todo eso es bueno y positivo. La mayoría de las personas creen que no merecen tener una vida tan espléndida y se sabotean de una manera u otra. Pero no temas, eso se cura. Y una de las mejores maneras de aumentar tu capacidad de tener una buena vida es comenzar a cuidarte mucho.

En la parte X, reforzarás las características clave del éxito. Esta parte no trata sobre hacer cosas, sino sobre una manera de ser. Va más allá de tener más tiempo o más dinero, una casa maravillosa o un cuerpo magnífico. Todos conocemos a personas que parecen tener mucho éxito en la vida, pero que son bastante intratables. El verdadero éxito va más allá de la apariencia externa. La parte X se refiere a la manera de ser de quienes atraen el éxito de un modo natural. De ahí que probablemente esta sea la parte más importante, pero el éxito no es fácil de conservar a menos que todas las otras partes ocupen el lugar que les corresponde. En este punto, te encontrarás con que, aun si sólo posees una vaga noción de lo que deseas, de pronto lo tendrás en tu mano. Sé que puede parecer algo mágico, pero no lo es; has preparado el terreno para lograr este feliz resultado. Tendrás tanta energía y tanta vitalidad que tus pensamientos serán muy poderosos. ¿Por qué no habrían de serlo? Has eliminado las distracciones en tu vida y has creado un ambiente propicio para tener mayor energía. Cuando llegues a este punto, tendrás un magnetismo increíble.

Veamos el ejemplo de Frank, un programador informático. Sentía tal tedio en su trabajo que prácticamente se quedaba dormido en su escritorio. Frank había trabajado durante siete años en el mismo banco y sus esfuerzos no lo llevaban a ninguna parte. Sus jefes se quejaban de su bajo rendimiento. No obstante, y a pesar de hacer todo lo posible, no lograba motivarse para mejorar. Después de tres meses de hacer coaching, tenía su casa en orden y despejada, sin todos esos muebles que no le gustaban. Asimismo, había eliminado situaciones y cosas desagradables que hasta entonces toleraba. Así consiguió un nuevo trabajo en un prestigioso banco, donde ganaba 20.000 dólares anuales más que en su anterior trabajo. Lo más importante era que ese nuevo empleo lo motivaba, y que estaba a las órdenes de un jefe al que admiraba y respetaba. Frank se sentía mucho mejor con respecto a sí mismo y a la vida, tanto que, sin hacer ningún esfuerzo, atrajo a una inteligente profesional que se enamoró perdidamente de él. No hace falta agregar que Frank estaba más contento que unas pascuas.

El coaching funciona para cualquier persona que esté dispuesta a seguir este programa. Hay mucho trabajo que hacer, pero no se trata de que te esfuerces para lograr determinados objetivos, sino de que te centres en ser la mejor persona que puedas ser en cada momento. Este programa te ayudará a comprender cuáles son tus dotes y talentos innatos y aprovecharlos para lograr el éxito que deseas. Trabajar en tu propia vida es lo más gratificante que puedes hacer.

Lo bueno del proceso del coaching es que crea un impulso natural, de tal manera que ya no hay que buscar fuentes de motivación. Una vez que lo hayas aplicado a una parte de tu vida, te seducirá hacerlo con otra. Una vez que vivas la experiencia de atraer lo que deseas, nunca querrás volver a tus antiguas estrategias para lograr el éxito.

Este es un programa orientado a la acción, de modo que necesitarás una libreta o una carpeta para guardar tus notas. Te sugiero también que si hasta ahora no has llevado un diario íntimo, comiences a hacerlo. Escribe sólo un párrafo o dos al día (o más si lo deseas o sientes que lo necesitas). El diario te mostrará lo que hayas conseguido y te ayudará a adaptarte a los cambios que harás en tu vida mientras sigas este programa.

Ahora, responde al test: «¿Eres una persona apta para seguir un programa de coaching?», que está en el apéndice A, para ver si estás en condiciones de comenzar.

Una advertencia

La mayor parte de las ideas de este libro son tan simples que podrías darlas por hechas sólo por haberlas leído. Es un gran error. Una cosa es leer y otra ponerse manos a la obra. Si el solo hecho de leer un concepto fuese suficiente, ya todos seríamos perfectos. De manera que escoge un consejo de la parte I que te parezca bien y *llévalo a la práctica*. Concéntrate en uno o dos consejos por semana. Algunos se pueden llevar a cabo inmediatamente, mientras que otros pueden exigir bastante tiempo. Por ejemplo, mientras que coser un botón es cosa de dos minutos, puede que necesites un año a fin de ahorrar el dinero suficiente para vivir seis meses. Lo importante es que construyas las estructuras necesarias para satisfacer tus objetivos y tus sueños.

Si puedes permitirte pagar un coach que te ayude a desarrollar este proceso, mejor. En el apéndice B, encontrarás algunos consejos que te ayudarán a encontrar un buen profesional. Incluyo también las preguntas que deberías hacer en tu primera entrevista con un coach. Si no te puedes permitir o no quieres contratar a un coach, haz este proceso con un amigo o una amiga. Una vez por semana, os llamáis para controlar la marcha del trabajo. Por supuesto que no es estrictamente necesario hacerlo en compañía, pero es mucho más fácil y más divertido.

Es perfectamente lícito que te saltes páginas del libro y hagas lo que te apetezca. No obstante, si te encuentras luchando con una parte o un concepto que te parece imposible de llevar a cabo o inverosímil, es posible que necesites trabajar con alguna de las partes anteriores. Por ejemplo, es difícil que puedas contratar a un entrenador para hacer gimnasia si todavía tienes deudas. Y quizá te parezca ridículo o imposible lograr la independencia económica si todavía no sabes cómo pagarte una canguro. Sin embargo, la independencia económica te parecerá un proyecto importante, pero posible, una vez que hayas pagado tus deudas y tengas ahorrado dinero suficiente para vivir seis meses. Lo más fácil es desarrollar el proceso en el orden aquí propuesto, pero puedes hacerlo como te parezca mejor. Lo primero y más importante es que te diviertas y disfrutes con la experiencia.

I

Aumenta tu poder innato

Existe una vitalidad, una fuerza vital, una energía, una manera de moverse que se transmite a través de los actos. Dado que nunca ha existido otra persona como tú, porque cada uno de nosotros es único, tu manera de expresarte es también única y original. Si la bloqueas, nunca podrá existir y se perderá, puesto que tú eres el único medio a través del cual puede expresarse.

MARTHA GRAHAM

La gente fuerte tiene la habilidad de conseguir lo que quiere, de atraer buenas oportunidades y riqueza, y a otras personas. Su influencia es amplia y deja huellas en los demás. Todos gozamos de un cierto grado de poder, y todos podemos incrementarlo para tener mayor cantidad de energía a nuestra disposición. La fórmula es muy sencilla: aumentar tu poder innato, eliminar todo aquello que te absorba la energía e incorporar todo lo que te la dé. He dicho que se trata de una fórmula sencilla, lo cual no significa que sea necesariamente fácil.

El punto de partida de un programa de coaching consiste en reducir drásticamente el número de cosas que te distraen y absorben tu energía, para reemplazarlas por otras fuentes de energía positiva y enriquecedora. Es aquí donde pondrás tu vida en forma, eliminarás tus malos hábitos y aprenderás a protegerte de las personas y los comentarios desagradables. Estas son las bases que necesitas para aumentar tu poder de un modo natural y atraer el éxito que deseas en todos los aspectos de tu vida. Muchas veces, estamos tan ocupados corriendo detrás de nuestros objetivos, que no damos importancia a la construcción de una base sólida para nuestra vida.

Hay un par de peligros implícitos en el hecho de ir en pos de grandes objetivos sin habernos tomado un tiempo para poner en orden las bases de nuestra vida. El primero es que alcancemos el objetivo, pero que no sea duradero. No pierdas el tiempo construyendo castillos sobre la arena; constrúyelos sobre roca. Es probable que ya lo hayas visto en alguno de tus amigos, que lo sacrificó todo para ir tras su objetivo y lo logró, pero le duró poco.

Existe la creencia común de que el éxito arruina a las personas. No obstante, cabe la posibilidad de que se trate tan sólo de la falta de una base sólida para sostenerlo. Cualquier trabajo que hagas durante esta primera parte, aumentará tu fuerza, de modo que los pasos siguientes de este libro serán mucho más fáciles de abordar. Aunque una tarea te parezca muy sencilla, tómate el tiempo necesario para llevarla a cabo. Esto es básico para conseguir que el éxito sea duradero.

El segundo peligro es que, una vez logrados tus objetivos, no experimentes un sentimiento de plenitud o satisfacción. En cierta ocasión, un periodista me preguntó cuál era la razón principal por la cual las personas no alcanzaban sus objetivos. Le contesté que la razón era que se equivocaban en la elección de los mismos. ¿Alguna vez te latió el corazón frente a un objetivo, y cuando lo lograste sentiste un vacío? O bien lo que deseabas resultó no ser tan maravilloso como imaginabas, o bien lo disfrutaste durante poco tiempo porque te pusiste rápidamente a buscar un nuevo objetivo. Esto es algo muy común. Sufrimos fuertes influencias y presiones de los medios de comunicación y de la publicidad. Tanto es así, que no sabemos lo que realmente queremos. Adoptamos alguna visión de lo que nos hará felices que surge directamente de los medios de comunicación. Estos no son tus verdaderos sueños ni tus objetivos reales, pero puede que te hayas dejado seducir por una publicidad muy hábil. Es lógico que, al alcanzar esos objetivos, te quedes con una cierta sensación de descontento. Pero antes de poder imaginar lo que realmente te haría feliz, necesitas aprender a manejar las situaciones básicas de tu vida.

Comienza por dar más energía a tu vida eliminando todo aquello que has estado tolerando. Es posible que el hecho de limpiar tu armario o coser un botón no sea una actividad muy seductora, pero cosas así suelen ser el primer paso para conseguir lo que en verdad deseas. Como decía mi madre: «Primero cómete la verdura, y luego podrás comerte el postre».

1. Elimina todas las pequeñas molestias

Quien posee la rara virtud de ser en verdad grande en las pequeñas cosas, ser en verdad noble y heroico en los detalles insípidos de la vida cotidiana, merecería ser canonizado.

HARRIET BEECHER STOWE

Si tienes la seria intención de realizarte plenamente, comienza por eliminar todo lo que soportas en tu vida cotidiana, todas esas molestias que toleras, pequeñas pero fastidiosas. Es posible que toleres un sinnúmero de pequeñeces, como puede ser la bandeja llena de papeles desordenados en tu escritorio, hacer la declaración de la renta o incluso el desgarrón en el albornoz que te fastidia cada vez que abres la puerta de la ducha y lo ves ahí colgado. Y cada vez piensas: «Tengo que remendarlo». Es una molestia tan pequeña como un botón que falta o unos zapatos rotos. Quizá toleras cosas más importantes. Por ejemplo, el mal aliento de tu cónyuge o la costumbre típica de tu mejor amiga o tu mejor amigo de llegar siempre tarde. También puede ser alguna cuestión relacionada con tu trabajo, como, por ejemplo, un jefe difícil de soportar, que te agobia. O bien toleras tus propias malas costumbres, como comerte las uñas o el gran desorden que hace que te resulte imposible encontrar los documentos cuando los necesitas. Podría ser que te moleste la polución de tu ciudad, el hecho de que tu coche esté en mal estado o vivir lejos de tu trabajo y tener que hacer diariamente un recorrido muy largo.

Esa infinidad de cosas que toleras te absorben energía, te crean irritabilidad y te agotan. Es muy difícil tener éxito en lo que sea si se soportan demasiadas cosas fastidiosas. Por mi experiencia en coaching, calculo que la mayor parte de las personas toleran entre sesenta y cien de estas cosas. Para eliminarlas, comienza por apuntar todo aquello que te molesta. Haz una lista. No sirve hacerla mentalmente; debes escribirla para que todas esas molestias salgan de tu mente y permanezcan en el papel. Luego, llama a un amigo o una amiga y propónle que haga lo mismo que tú, que te acompañe en el proceso, pero cada cual en su casa.

Tómate todo un sábado o un domingo para empezar a trabajar en tu lista. Escoge algo que puedas hacer en un día. Si tu ánimo decae o pierdes energía, llama a tu amigo o amiga para motivarte y para hablar de vuestros respectivos progresos. Fija un plazo. Después de ese día de trabajo, trátate con cariño. Vete a cenar fuera y al cine.

No podrás terminar con la lista en un solo día. Necesitarás un periodo de entre uno y tres meses. Establece con tu amigo o amiga una especie de premio para quien elimine mayor cantidad de cosas. Por ejemplo, el que pierda invita a cenar al que gane. Los pequeños inconvenientes absorben tu energía y reducen tu capacidad innata para atraer el éxito. No los soportes; simplemente, elimínalos de tu vida. En cuanto a aquellas cosas que te parecen imposibles de solucionar —como tu jefe, el largo desplazamiento al trabajo o el mal aliento de tu cónyuge—, ponlas en una lista aparte y, por el momento, no pienses en ellas. Con el tiempo se resolverán.

Vamos a tomar el ejemplo de Jason, un administrador de una cartera de acciones de reconocida solvencia de Wall Street. Le apasionaba el mundo de las finanzas, pero el trabajo que hacía lo frustraba, y se pasaba muchas horas haciéndolo un día tras otro. Durante más de siete años había permanecido en el mismo puesto y sentía que no obtenía reconocimiento ni el salario que merecía. Jason me dijo: «Es un círculo vicioso. Corro cada vez más rápido y trabajo cada vez más. Todo eso no me lleva a ninguna parte. ¿Qué puedo hacer?». Le dije que redactase una lista de todas las cosas molestas que normalmente toleraba en su vida, tanto en el ámbito privado como en el profesional. Me trajo una extensa reseña, que incluía cosas como: vida social inexistente, comer solo, falta de reconocimiento en el trabajo, un desgarrón en su chaqueta de cuero favorita, las camisas sin planchar, los papeles amontonados en las bandejas de su escritorio, una secretaria inepta que mascaba chicles constantemente, las facturas sin pagar y la bañera que debía reparar.

La lista de sus problemas parecía infinita. Como les sucede a muchas personas desdichadas, se sentía estancado. Le dije: «Jason, es hora de que comience a cuidar de sí mismo». Le sugerí que comenzara gratificándose, haciendo cosas que le apeteciesen aunque no hubiera terminado el trabajo pendiente. Necesitaba detenerse unos minutos y descansar. El resultado fue muy satisfactorio. Un día salió a caminar por el Central Park y vio la puesta de sol, algo muy sencillo, de lo que disfrutaba mucho, pero que no se había permitido hacer desde hacía años. Comenzó a asistir a clases de artes marciales, un viejo sueño que siempre postergaba por falta de tiempo. Ahora Jason tenía algo en su vida que le esperaba al salir de su despacho. Descubrió que, para poder asistir a las clases, hacía su trabajo con mayor eficacia. Puso en orden todos los papeles de su escritorio y reparó la bañera.

La vida de Jason experimentó un giro radical. Habló con una agente de colocaciones acerca de la posibilidad de encontrar nuevas perspectivas laborales. Antes de dos meses había conseguido un nuevo trabajo en otro banco de inversiones. Se sintió más valorado, aparte de gozar de un aumento de 30.000 dólares y del hecho de que había comenzado a salir de nuevo con amigas.

Lori hizo su lista y se dio cuenta de que, entre toda una maraña de cosas pequeñas, toleraba una relación con su actual novio que en el fondo no le interesaba. Detestaba la ciudad donde vivía y no quería seguir allí. De modo que rompió con su novio, y dos semanas más tarde, se mudó a vivir a otra ciudad. Está claro que no todas las personas pueden tener esa rapidez de decisión. Pero, si tú la tienes, ¿por qué no habrías de utilizarla?

Cuando Lori comprendió el desgaste que significaba ese cúmulo de dificultades, decidió que en adelante sólo estaría dispuesta a aceptar lo que pensaba que merecía. Ahora vive en una casa muy confortable en Chicago y sale con distintos amigos, a la espera de encontrar el hombre perfecto para ella.

Robert hizo la lista de todo aquello que le molestaba y me llamó una semana después. Estaba sorprendido de lo mucho que había cambiado su vida sólo porque se había sacado de encima todas las pequeñas cosas que le fastidiaban. Cambió la bombilla de la nevera que llevaba un año fundida. Tiró la cortina del baño, que estaba enmohecida, y compró una nueva. Cosió todos los botones que faltaban y tiró toda la ropa que tenía manchas o desgarros. Llevó sus zapatos al zapatero.

Robert me confesó que hasta entonces había pensado que todas esas cosas eran detalles sin importancia. Las dejaba de lado con la convicción de que no merecía la pena perder tiempo en insignificancias, porque debía concentrarse en objetivos de mayor envergadura. Una vez que se sacó de encima los veintitrés asuntos fastidiosos que había tolerado hasta entonces, experimentó una explosión de energía. Comenzó a construir un tejadillo para el porche de atrás de su casa, después de tres años hablando de hacerlo alguna vez. Su esposa estaba maravillada.

En una ocasión, dirigí un seminario por teléfono. Para estimular a los participantes, les planteé un reto. Debían volver a la siguiente sesión con una lista de todo lo que no les gustaba y soportaban en su vida, de la cual, durante esa semana, ya habrían eliminado lo que más les molestase. En esa sesión, uno de los participantes hizo gala de un estado energético excepcional. Cuando se había puesto a redactar la lista, se había dado cuenta inmediatamente de que no estaba contento con el psicoterapeuta que lo trataba. Lo dejó y buscó a otro, con el que se sentía realmente a gusto. A lo largo de nueve meses, había soportado una relación que no le procuraba provecho alguno.

Algunas personas se sientan a redactar su lista y tienen serias dificultades para comenzar. En el 99 por ciento de los casos, no se debe a la inexistencia de elementos molestos en su vida. Han llegado a un grado de insensibilidad tal, que ni siquiera pueden verlos. Una vez que logres eliminar uno, aparecerá otro que ni siquiera suponías que soportabas. A veces, establecer categorías simplifica bastante el trabajo. ¿Qué es lo que soportas en tu trabajo, en tu hogar, de tus amigos y tu familia, de tu animal de compañía, en tu cuerpo y en tus propios hábitos?

El siguiente paso consiste en juntar ese cúmulo de situaciones que soportas y ver qué puedes hacer para eliminar la mayoría de una sola vez. Por ejemplo, entre muchas otras cosas, John soportaba varios problemas en su trabajo. Su salario era muy bajo, tenía un caos en su escritorio y un jefe difícil, no le dejaban asumir responsabilidades de importancia y sentía que no le reconocían sus esfuerzos. Se dio cuenta de que una buena parte de sus dificultades quedarían eliminadas por el simple hecho de hacer un trabajo más interesante que el que hacía en esos momentos. Ordenó su escritorio. Luego habló con su jefe acerca de la posibilidad de trabajar en otro departamento, donde pudiese hacerse cargo de mayores responsabilidades. Logró el traslado, y unos meses más tarde, el aumento de salario correspondiente a su nuevo quehacer.

Quizá te parezca que toleras ciertas cosas por alguna razón importante. Jessica hizo un trabajo demencial para eliminar las ochenta y nueve cosas de su lista. Estaba muy satisfecha de su esfuerzo, pero cuando volvió a llamarme, se sentía desanimada. Ahora que había eliminado ese cúmulo de pequeñeces que la habían fastidiado hasta entonces, tomaba conciencia de que se encontraba frente a una dificultad mucho más seria. Llevaba veintisiete años casada y tenía problemas en su matrimonio. Había negado hasta ese momento los hechos, aun sabiendo que debía enfrentarlos tanto para lograr el éxito que deseaba en su trabajo como para ser feliz en su vida privada. Todas aquellas pequeñeces que había tolerado cumplían la función de distraerla de sus verdaderos problemas vitales.

Una vez que hayas terminado de escribir tu lista de cosas que te molestan, es posible que tengas la impresión de que algunas están más allá de tu control y no sabes cómo eliminarlas. No te preocupes, déjalas en la lista y ocúpate de aquellas que puedas resolver. Una vez, le propuse esta tarea a mi hermana. Sucedió, por supuesto, antes de darme cuenta de que ser el coach de un miembro de la propia familia es absolutamente inapropiado. Hizo la lista y me la mostró. Cuando le dije que lo sentía mucho, pero que no podía seguir trabajando con ella, la dejó completamente de lado. No obstante, una de las dificultades de su lista era que compartía el despacho con un compañero que le desagradaba. Un mes más tarde, y sin mediar intervención por su parte, le cambiaron el compañero de trabajo. Comprobarás que si redactas tu lista, la guardas en un cajón y un mes más tarde vuelves a mirarla, algunas de esas dificultades se habrán resuelto sin que hayas hecho esfuerzo alguno. De modo que, sea como sea, no dejes de escribirla.

2. SUPRIME LOS ESCAPES DE ENERGÍA

¿Crea adicción la cocaína? Por supuesto que no. Lo sé por experiencia,
ya que hace años que la consumo.

TALLULAH BANKHEAD

Una vez que hayas comenzado a eliminar lo que te fastidia (consejo 1), comprobarás que esas pequeñas cosas molestas te absorben una enorme cantidad de energía. Es algo comparable al zumbido del aire acondicionado: no te das cuenta hasta que lo apagas. Muchas cosas consumen nuestra preciosa energía sin que ni siquiera tengamos conciencia de ello. Pongamos por caso la televisión. ¿Cuándo fue la última vez que, después de mirar un programa, te sentiste con energía y vitalidad? También la prensa amarilla consume tu energía con sus habladurías y otras noticias negativas.

El tipo de relación exigente, propia de las personas demasiado necesitadas de atención o afecto, toma una cantidad desmedida de tu tiempo y de tu energía. Sucede lo mismo con cualquier adicción, ya sea el tabaco, el azúcar, ir de compras, los juegos de ordenador, la cafeína, el juego, fumar, el chocolate, la televisión o el sexo. Tú conoces tus adicciones. No hay ningún problema porque bebas una taza de café de vez en cuando, pero más de tres tazas por semana ya es una adicción.

Yo no creía ser adicta a la cafeína. Ni siquiera me gustaba mucho, y sólo tomaba una taza de café diaria por las mañanas. Cuando decidí dejarlo, creí que sería fácil. Después de tres días de soportar unos dolores de cabeza horrorosos, hasta el punto que creía que iba a estallar, comprendí que el café era algo más que una bebida agradable; se trataba de una droga muy fuerte. Prueba y verás. Además, si quieres perder peso, las investigaciones demuestran que la cafeína incrementa la producción de insulina, que a su vez aumenta los depósitos de grasa. Ahora que la he abandonado, tengo más energía y esta se mantiene más equilibrada a lo largo del día. Ya no trajino durante la mañana, creyendo que hago muchas cosas, cuando no es así.

¿Sientes tensión y agobio en el trabajo? No es exactamente el momento de beber un café. Sólo conseguirás aumentar el estrés que ya sientes. En el momento en que dejes la cafeína, no te sorprendas si te aparecen dolores de cabeza. Uno de mis clientes, que era un adicto al café, garantiza la eficacia de la siguiente técnica: dejarlo, pero beber la mayor cantidad de té posible durante un mes y luego pasarse a las infusiones de hierbas. Ahora, este hombre se siente mucho más relajado que antes y tiene mayor energía a su disposición.

Otra clienta, directora de una editorial, era adicta al azúcar. Dos veces por día dirigía sus pasos hacia una máquina expendedora de golosinas. Decidió acabar con su adicción. Cada vez que sentía la necesidad de ir a comprar caramelos o galletas, simplemente se decía: «El azúcar no me ayudará. De hecho, empeorará las cosas». Para ella, este mantra tuvo eficacia. El azúcar, en este caso, cumplía la función de darle un golpe de energía y también de ayudarla a soportar las dificultades inherentes a un proyecto difícil en el que trabajaba. En lugar de utilizar el azúcar, se concentró en la labor que tenía entre manos, y se enfrentó directamente con el proyecto. Como consecuencia, no solamente perdió peso, sino que su productividad laboral aumentó.

¿Cuáles son los seductores escapes de energía que hay en tu vida? No dejes que la timidez te impida buscar la ayuda necesaria para librarte de ellos. Existe todo tipo de programas excelentes de ayuda en 12 pasos para las personas que desean superar sus adicciones: para los problemas de codependencia, para los alcohólicos y también para sus familiares, para las personas que comen compulsivamente, etc. Hay soluciones para todos. Busca el apoyo que te haga falta, a fin de eliminar esta pérdida de energía de una vez y para siempre. Si piensas que puedes arreglártelas solo con tus adicciones, haz una lista y elimina una cada mes hasta que te liberes de todas ellas.

Las adicciones toman posesión de tu vida y es sumamente difícil que las puedas solucionar por tu cuenta. Si tratas de hacerlo y fracasas, no te desalientes. Ese fracaso no significa que no tengas voluntad o que seas una persona débil o mala. Simplemente quiere decir que eres realmente un adicto y lo único que necesitas es un sistema de apoyo fuerte para ayudarte a luchar contra tu adicción y vencerla. Uno de mis amigos, experto en hierbas, opina que la mayoría de las adicciones van asociadas con determinados rituales. Por ejemplo, sacar el papel y enrollar el porro forma parte del placer de fumar marihuana. Si quieres dejar de hacerlo, créate un nuevo ritual más saludable que reemplace el anterior. Por ejemplo, podrías hacer papiroflexia con el papel de fumar. Tómate el tiempo necesario para crearte nuevos rituales, que te gusten y con los que disfrutes. Si tienes una adicción que comienza a consumir tu existencia, el coaching no tendrá efecto alguno, porque ya no dominas tu vida, sino que lo hace esa adicción.

3. Créate diez hábitos diarios

Los buenos hábitos, que ponen bajo control nuestras bajas pasiones y apetitos, nos liberan para que podamos aventurarnos en experiencias vitales de mayor amplitud. Muchos de nosotros dividimos y disipamos nuestras energías dudando de lo que hacemos, cuando la solución es evidente.

Ralph W. Sockman

La mayoría de nosotros poseemos algunos malos hábitos que en realidad no nos aportan ningún tipo de alimento intelectual ni afectivo, ni nos hacen sentir más seguros de nosotros mismos. Es posible que hayan pasado de ser un hábito a convertirse en una adicción, tal como en mi caso, con aquella taza diaria de café antes de que tomara conciencia de que me había vuelto adicta. Los expertos opinan que para cortar con una costumbre, hay que reemplazarla por otra distinta. De otro modo, se volvería a caer en la misma situación anterior. Lo ideal es que quieras reemplazar un mal hábito por uno bueno, esto es, por uno que te aporte mayor energía en lugar de consumirla.

¿Cuáles son las diez cosas de las que disfrutas que te gustaría hacer a diario? Quizá quieras disponer de un cuarto de hora de sosiego para planificar tus actividades del día, o para pensar en algo creativo. ¿Un descanso de diez minutos al llegar a casa después del trabajo para olvidarte un poco de los problemas? O, en lugar de conducir, quizá te gustaría ir al trabajo a pie o en bicicleta. Al mediodía, trata de comer en un parque, bajo un árbol, en vez de ir a una cafetería. O bien llévate tu comida de casa, en lugar de comprarla o de comer en un restaurante de comida rápida. Trata de irte a dormir una hora más temprano y de levantarte una hora antes de lo acostumbrado. No se trata de encontrar nuevos hábitos que veas como una «obligación», sino algo de lo que disfrutes, que realmente te apetezca hacer. Cada persona es distinta y su elección será personal.

Mucha gente vive sometida a tanta tensión, que cuando les propongo esta tarea, tienen problemas para comenzar porque ni siquiera pueden llegar a imaginarse diez hábitos placenteros. Ese fue mi caso. Había perdido por completo el contacto con las cosas que amaba. (Fue en la época en que, camino del trabajo, deseaba que un autobús me atropellase para poder estar en el hospital, tumbada y en paz durante un tiempo.) No podía pensar en otra cosa que no fuese lo que «debería» hacer. Por ejemplo: «Debería hacer ejercicio diariamente» o «Debería comer más verduras». Ninguna de esas cosas me entusiasmaba ni me parecía interesante, de modo que tuve que volver a reflexionar y ver lo que podía resultarme agradable y divertido. Mi lista de diez hábitos terminó siendo una combinación de algunas cosas divertidas y otras que sabía que necesitaba hacer a diario:

1. Ir al trabajo a pie en lugar de tomar el metro. (Controlé el tiempo y me encontré con que, si tomaba el metro, tardaba cuarenta minutos, y caminando, tardaba una hora desde la puerta de mi casa a la del despacho. Saqué la cuenta. A cambio de esos veinte minutos extra, ganaba una hora de ejercicio y ahorraba un dólar y cincuenta centavos de transporte. Este paseo diario terminó siendo una especie de meditación.)
2. Limpiar mis dientes con hilo dental todos los días. Es una especie de «debería», pero no me importa porque mis dientes están espléndidos y me gusta.
3. Llamar diariamente a una amiga o mandar una nota de agradecimiento.
4. Comer fruta fresca (frambuesas, fresas, un mango, una papaya, una pera jugosa...).
5. Hacer algo para «mimarme» todos los días (tomar un baño de espuma, hacerme la manicura, comprar una nueva revista, pasear por el parque, comprar flores frescas para el despacho...).

6. Tomar vitamina C y un complejo multivitamínico (es bastante fácil).

7. Hacer ejercicios diariamente para la espalda. (Siempre he sufrido de dolor de espalda y los ejercicios me ponen en movimiento.)

8. Decirle a alguien: «Te quiero» todos los días.

9. Cada mañana, dedicar un cuarto de hora a planificar mi día.

10. Ordenar mi escritorio todos los días antes de irme a casa.

Una buena idea, en caso de que tengas problemas para abandonar un hábito perjudicial o para establecer uno bueno, es llevar un registro de tus progresos y colocarlo en un lugar visible. El sistema que utilices no tiene gran importancia, pero necesitas algunos elementos visuales para no perder de vista tus objetivos. Por ejemplo, Elaine St. James, en su libro *Simplicidad interior*, sugiere que se utilice el método de la estrella dorada, el premio que solían dar a los niños en los parvularios estadounidenses. Si te ilusionaba conseguir un premio cuando ibas a la escuela, puedes usar ese sistema, o bien créate otro que te convenga, siempre que sea algo que esté a la vista.

El sistema de la estrella dorada consiste en premiarte con una estrella cada día que logres algo que te proponías. Supongamos que quieres dejar de ver la televisión (consejo 32). Cada día que no mires la televisión, cuelgas una estrella en un calendario en la pared, para poderla ver claramente. No tienes que explicarle a nadie lo que significa. De hecho, es mejor no decírselo a nadie. Guarda el secreto; así evitas los comentarios o las críticas ajenas. Una vez que hayas conseguido un mes completo de estrellas, prémiate con algo especial; pero, eso sí, que el premio no sea permitirte el hábito que acabas de dejar.

Quizá prefieras dibujar un gráfico para registrar tus progresos. Algunos de mis clientes recortan fotografías de revistas y hacen un collage que les ayuda a establecer sus nuevos hábitos. Uno de ellos tuvo programado un correo electrónico automático dirigido a sí mismo para que le recordase enviar cada día una nota de agradecimiento, hasta que esto se convirtió en un hábito. Por lo general, nuestra vida está tan llena de preocupaciones que resulta de gran ayuda tener un recordatorio hasta que el nuevo hábito sea tan natural como lavarse los dientes. Es más fácil trabajar para establecer sólo un nuevo hábito por vez, pues tratar de lograr los diez al mismo tiempo resultaría agobiante.

Todo esto puede parecer una tontería, pero de hecho es una gran ayuda tener algún tipo de señalización visual, o convertir este proceso en un pequeño concurso o un juego. Uno de mis clientes, Kendall, que es atleta, era un adicto al azúcar y decidió premiarse con una estrella dorada cada día que no tomara azúcar. No quería ver un solo día en blanco en el calendario. El elemento visual no sólo te muestra concretamente y con exactitud si estás haciendo bien las cosas, sino que te motiva para seguir adelante. Kendall acostumbraba a llevar la cuenta mentalmente y estaba seguro de que se calificaba mejor de lo que realmente merecía. Si no prestaba mucha atención, era fácil que se olvidara, por ejemplo, de las tortitas con jarabe de arce del desayuno. A medida que pasa el tiempo, el registro visual es cada vez más importante. Al cabo de dos semanas sin probar el azúcar, mi cliente no quería echar a perder esa línea perfecta de estrellas doradas. Esta técnica funciona también para adquirir un buen hábito, como puede ser pasear al perro o comer a diario tres raciones de verduras frescas. Escribe tu lista de diez placeres diarios y comienza a disfrutarlos cotidianamente.

4. ELIMINA LOS «DEBERÍA»

Ser bueno, según el concepto normal de la bondad, es fácil. Simplemente requiere una cierta cantidad de terror sórdido, una buena falta de imaginación y esa baja pasión por la respetabilidad típica de la clase media.

OSCAR WILDE

Los «debería» son aquellas cosas que creemos que debemos hacer, que representan una obligación, pero que, de hecho, no nos interesan. Por ejemplo: *debería* perder peso, *debería* hacer ejercicio, *debería* establecer mayores contactos, *debería* usar una talla 38, debería ganar más dinero, debería aprender otro idioma, *debería* hacer esto, aquello o lo otro. Todos estos «debería» te abruman, te desaniman y te alejan de lo que en verdad te interesa en la vida. Estoy segura de que podrías hacer una larga lista con todos tus «debería» ahora mismo, y por cierto, te lo recomiendo. Y una vez que la hayas hecho, haz una bola con esa hoja de papel y quémala. Sí, eso mismo. Debes sacarte de encima los «debería». Es un peso que te agobia, que no te lleva a ningún sitio, y que consume tu preciosa energía vital. Mucho mejor es olvidarlos, y crear otra lista de nuevos objetivos que te pongan en actividad.

¿Cómo puedes saber si estás delante de un verdadero objetivo o de un «debería»? Bien, una manera segura de averiguarlo es preguntarse: «¿Cuánto tiempo hace que lo deseo?». Si hace más de un año, es un «debería» que no tiene vitalidad alguna. No necesitas seguir dándole vueltas y atándote a ese objetivo caduco ni un minuto más. ¡Líbrate de él! ¡Ahora mismo!¡Ya! Ah, protestas porque piensas que si abandonas el objetivo de perder peso, nunca lo conseguirás. Bueno, puede que sea verdad, pero, ¿cuántos años hace que dices que necesitas perder peso? Si hace muchos años, no creo que suceda jamás, de modo que podrías reemplazarlo por otra cosa que tengas un verdadero interés en crear.

Algunos de mis clientes están dispuestos a aceptar este consejo y olvidarse de sus viejos objetivos. Pero la mayoría quiere conservarlos. Es sorprendente lo atados que estamos a estos «debería». Si durante la mayor parte de tu vida has usado una talla 48, ¿a quien le importa que uses o no una talla 38? Si hasta hoy has vivido perfectamente sin saber francés, quizá no necesitas seguir pensando en ese objetivo. Creo que, en caso de no poder desprenderte de esos deseos, lo mejor es transformarlos de manera que puedan ser posibles.

Por ejemplo, en lugar de concentrarte en perder peso, podrías plantearte el objetivo de cuidarte mucho más que hasta ahora. Es una labor que implica una serie de actividades nuevas, como pueden ser: ir a ver a un nutricionista para que elabore un plan de alimentación especial para ti, salir a hacer ejercicio en lugar de instalarte en el sofá, hacerte un masaje terapéutico semanalmente o cada quince días, hacerte un tratamiento facial periódico, inscribirte en esa clase de jazz que siempre te interesó, rodearte de personas que comen tal como a ti te gustaría comer y que tienen hábitos saludables y pasar menos tiempo con aquellos amigos que no apoyen esos nuevos hábitos que intentas incorporar a tu vida. Todas estas actividades conforman un nuevo objetivo más ameno y vital que simplemente decir: «Debería perder peso».

De modo que examina tu lista de «deberías» y deshazte de todos los que puedas. Si realmente ves que hay algunos que te resulta imposible eliminar, busca la manera de delegar en parte la responsabilidad. Imaginemos que realmente debes hacer ejercicio. No puedes permitirte el lujo de tachar esa tarea de tu lista y seguir adelante porque te resulta imprescindible. Contrata a un entrenador, asóciate a un club excursionista o haz cualquier otra cosa encaminada hacia ese objetivo. No sigas agobiándote dejándolo en un «debería».

Supongamos que quieras conseguir un trabajo mejor que el actual, pero todavía no tienes la motivación suficiente. Pon tu currículum al día (también puedes encargar esta tarea a un experto), habla con un «cazatalentos» y deja en sus manos la tarea de encontrarte un nuevo trabajo. Si no te ves capaz de actualizar tu currículum, contacta con una agencia especializada en selección de personal para empresas, o preséntate a distintas entrevistas, y si no logras resultados, entonces deja de lado este objetivo. Es mucho mejor eliminarlo de tu mente y continuar. Inmediatamente sentirás que te has sacado un peso de encima.

Sandy, una asistenta social de cuarenta y cinco años, me contrató porque acababa de divorciarse y quería encontrar una nueva relación afectiva. Para ello, pensaba que debía perder peso, pero no sabía cómo comenzar. Asistía a clases de gimnasia esporádicamente, pero no era suficiente. Decía que carecía de voluntad y disciplina. Le expliqué que, si tenía una estructura de apoyo eficaz, no necesitaría de su voluntad. La incité a que se construyera un sistema de apoyo que le facilitase las cosas. Era una persona muy seria y cuidadosa. Yo estaba segura de que si concertaba una cita para encontrarse con una amiga en el gimnasio, de ningún modo faltaría.

Sandy puso su bolsa de gimnasia en el coche, para poder ir directamente al salir del trabajo. Sabía perfectamente que si iba primero a su casa, ya no iría al gimnasio. Quedó con una amiga que también se había propuesto mejorar su figura. Se encontraron en el gimnasio y terminaron haciendo treinta y cinco minutos de ejercicio. Sandy se sentía magníficamente bien. Sus colegas de trabajo se dieron cuenta de su entusiasmo, y uno en particular, un hombre muy atractivo, le preguntó si le gustaría salir a correr con él. Una cosa llevó a la otra. Muy pronto, Sandy no sólo había perdido cuatro kilos, sino que hacía ejercicio con regularidad y tenía un compañero guapo que la acompañaba.

¿Cuáles son los objetivos que te agobian? Si no has hecho nada al respecto durante el último año, deshazte de ellos inmediatamente o formúlalos de nuevo. Te recomiendo especialmente que si durante años tu objetivo ha sido perder peso, te olvides de él. Recuerda que siempre puedes volver a escogerlo más adelante. Por ahora, no estaría mal que te dieses un respiro y que durante un tiempo te sacases ese peso de encima. Otro de mis clientes, Howard, abandonó su objetivo de perder peso, y en su lugar escogió practicar tai chi. Almorcé con él unos meses más tarde y, si bien no había adelgazado, se lo veía mucho más sereno, seguro y atractivo. Desesperándote no conseguirás nada.

Jim, otro cliente mío, un dinámico especialista en subastas inmobiliarias, era un gran redactor de listas. Cada año nuevo se hacía un número sorprendente de buenos propósitos. Este año, me mostró una lista de veinticinco objetivos, y le pedí que la revisara, para ver si había alguno que perseguía desde hacía más de un año. Además, le pedí que borrara los «debería». Redujo su lista a cuatro objetivos clave relacionados con actividades que le apasionaban. Se sintió muy liberado y sorprendido del resultado. Deshazte ya de esos objetivos inútiles, porque son un escollo para el desarrollo de una actividad eficaz durante el resto del año.

5. ESTABLECE UNOS LÍMITES FIRMES

Una persona pierde su verdadera sustancia del mismo modo que un árbol se destruye con un hacha. Al igual que un árbol, la mente no puede conservar su belleza y continuar viviendo si se la tala día tras día.

MENCIO, SIGLO IV A.C.

Es prácticamente imposible que lleguemos a la excelencia y a la realización personal si no sabemos establecer unos límites claros y firmes. Todos respetamos a las personas que los establecen. Eso quiere decir determinar hasta dónde pueden llegar los demás en su trato contigo. Amén de protegerte, esos límites te ayudan a sentirte lo mejor posible. Por ejemplo, la mayoría de las personas tiene establecido el límite de no aceptar que se las ataque o golpee, sea quien sea el agresor. Aun así, sabemos que hay personas que, por la razón que sea, mantienen relaciones abusivas. Esta gente es incapaz de poner un límite fundamental: «No puedes someterme a malos tratos físicos». De acuerdo, digamos que tienes este límite en su lugar y que nadie te maltrata. ¿Acaso te levantan la voz? Bien, es otro nivel de maltrato; por lo tanto, eso quiere decir que no te proteges del todo. Necesitas, pues, ampliar los límites establecidos. Esto es: «A nadie le está permitido y nadie debe levantarme la voz». No se lo permitas a tu jefe, y tampoco, por supuesto, a tu pareja.

Susan trabajaba como dependienta en unos grandes almacenes. Tenía muchas dificultades con un jefe en extremo exigente, que se desahogaba despotricando contra sus subordinados sin ninguna consideración ni tino. Le gritaba a Susan cada vez que cometía el menor error, la cual, además, permitía que sus compañeros de trabajo le hiciesen bromas sobre sus expresiones típicas y su acento del medio oeste. Por otro lado, una de sus amigas se aprovechaba de ella y se dejaba caer por su casa cada vez que no le apetecía estar en la suya.

La historia de Susan es ilustrativa de una situación de imposibilidad de poner límites. En el momento en que decidió que no podía seguir aceptando que la gente le gritara, ser el blanco de las bromas ajenas y que se aprovecharan de ella, todo comenzó a funcionar mucho mejor. Sus colegas dejaron de burlarse de ella y sus amigos de aprovecharse. Como consecuencia adicional, obtuvo un importante ascenso. La nombraron ejecutiva de ventas, porque su jefe, sus compañeros de trabajo e incluso sus clientes la respetaban más. ¿Cómo logró este enorme cambio? Es muy sencillo. Utilizó el modelo de comunicación en cuatro pasos del consejo 6.

Los límites también dan resultados positivos en el hogar. El novio de una de mis clientas tenía tan mal carácter, que cada vez que se enfadaba le gritaba. Ella creía que ese era un comportamiento normal y que debía tolerarlo. Le pedí que ampliara sus límites. No estaba bien que su novio le gritase, por la razón que fuese. Habló con él; le dijo que le quería mucho y que nunca le haría daño intencionadamente ni lo heriría de modo alguno. La única razón por la que él podía enfadarse era que ella lo hiriese intencionadamente. De modo que si ella llegaba diez minutos tarde a una cita, él podía decirle buenamente que eso le molestaba, pero sin ponerse colérico ni gritar. Al principio, acostumbrado a su conducta habitual, en cuanto algo le molestaba, comenzaba a gritar. Ella le respondía con serenidad. Le hacía ver que le estaba gritando y le preguntaba cuánto tiempo necesitaría para que se le pasase la irritación. ¿Cinco minutos? ¿Treinta minutos? Volvería una vez que se hubiese calmado. Al final, él comprendió la insensatez de su conducta y largó una carcajada.

Una vez que hayas establecido unos límites firmes y te des cuenta de que la gente no te levanta la voz, trata de expandirlos algo más, de modo que los demás no te abrumen con críticas improcedentes que tú no has pedido, o con bromas a tus expensas. Aun si ese tipo de comentarios se hacen por simple diversión, no son para nada divertidos. Son dañinos y, por supuesto, nada aceptables. Los comentarios despectivos te disminuyen, consumen tu energía y reducen tu capacidad de atraer aquello que deseas en tu vida. ¡No los permitas!

Es probable que ahora estés pensando: «Magnífico, pero ¿qué hago si alguien me grita, llega tarde o se aprovecha de mí? Yo sé que ese es mi nuevo límite. Pero los demás, ¿cómo lo sabrán?». Es muy sencillo, sólo necesitas aprender a protegerte con elegancia, de modo que sigue leyendo.

6. Protégete con elegancia

Nadie puede hacer que te sientas inferior si tú no se lo permites.
ELEANOR ROOSEVELT

En la Coach University, aprendí un modelo muy sencillo de comunicación en cuatro pasos para protegerse de los comentarios desagradables. Cada vez que una persona te hiere o te molesta, es porque tú se lo permites. He aquí cómo frenar ese tipo de conductas de una manera efectiva y elegante. (Señoras, estad muy atentas: en este apartado las mujeres tenemos tendencia a ser particularmente débiles.)

1. Informar: «¿Te das cuenta de que estás gritando?», o: «¿Te das cuenta de que ese comentario es hiriente?». O bien: «No te he consultado sobre esa cuestión». Si la persona continúa con su inaceptable conducta, pasa al segundo paso, pero nunca antes de haber dado el primero.
2. Pedir: «Por favor, deja de gritarme». O: «Sólo te he pedido una crítica constructiva». Si la persona todavía no lo entiende y continúa actuando del mismo modo, prueba con el tercer paso.
3. Exigir o insistir: «Insisto en que dejes de gritarme ahora mismo». Si la persona aún persiste en su conducta, da el siguiente paso.
4. Irse (sin entrar en la discusión ni responder de mala manera): «No puedo continuar con esta conversación si sigues gritándome. Me voy». Si, a partir de ahí, tu relación con esa persona no se modifica, puede que necesites dejarla o bien hacer una terapia. Quienes te quieren de verdad respetarán tus límites.

La clave del éxito con estos cuatro pasos es hablar con un tono de voz neutro. No levantes la voz ni hables más bajo de lo habitual. Mantén la calma. Tú sabes cuándo hablas con pasión, con ánimo de crítica o bien con ira. Recuerda que estás informando a la otra persona. Hazte a la idea de seguir esos cuatro pasos con el mismo tono de voz con el que dirías: «El cielo es azul». Que tu tono de voz sea neutro, sin expresar emoción ni agitación. De ese modo, podrás decirle lo que quieras a la otra persona.

Ahora Susan (consejo 5) sabía cómo enfrentarse a su jefe la próxima vez que le gritase. Utilizó este modelo de comunicación en cuatro pasos para informarle con un tono de voz neutro. En este punto debes tener mucho cuidado. Corres el riesgo de perder tu trabajo si no consigues ese tono de voz, de modo que te conviene practicar antes con tus amigos y tu familia, hasta que tengas la seguridad necesaria para hacerlo. Susan cometió un pequeño error en su trabajo al día siguiente, y como de costumbre, su jefe comenzó a descargar su furia sobre ella. Susan, con mucha tranquilidad y sin el menor matiz de sarcasmo o de crítica en su voz, le dijo: «¿Se da usted cuenta de que me está gritando?». Su jefe se quedó completamente desarmado, y entonces Susan agregó: «Por cierto, quiero hacer el trabajo lo mejor posible, y la verdad es que trabajaría mucho mejor si me señalara los errores en un tono más sereno». El jefe de Susan se calmó de inmediato, le pidió disculpas y luego la invitó a comer. Evidentemente, este modelo es una manera de comunicarse muy poderosa y atractiva.

Llegados aquí, probablemente piensas: «Bueno, eso es perfecto para Susan, pero nunca podría hablarle así a mi jefe». Francamente, eso es lo que responden *todos* mis clientes cuando les digo que necesitan informar a sus jefes de que acaban de cruzar un límite. La clave para manejar la situación con tu jefe está en la utilización de un tono de voz neutro y en hacer gala de mucho tacto. *Nunca* le pongas límites a tu jefe, ni a nadie más, delante de otra persona, y sobre todo, no lo hagas en medio de una reunión. También es útil saber ser sutil y hacer los comentarios pertinentes de forma casual. No te interesa crear un gran conflicto a partir de la conducta de tu jefe.

Por ejemplo, un cliente mío llamado Lee, jefe de un departamento de un gran banco, tenía la impresión de que su jefa, la directora de la sucursal, que lo agobiaba con constantes reuniones de control, se había extralimitado en sus funciones. Esta mujer había citado a una reunión a uno de los empleados del departamento de Lee sin informarle antes. Lógicamente, él no quería ofender a la directora, porque de ella dependía, en parte, la cantidad de dinero en bonificaciones que iba a recibir. Al mismo tiempo, se sentía frustrado por la indiferencia que ella parecía mostrar frente a su gestión como jefe de departamento. Al día siguiente, la directora le llamó para hablar de ciertos informes y Lee mencionó al pasar: «Me ha dicho John, mi cajero, que has concertado una reunión con él. Sería más fácil organizar el trabajo si, en el futuro, me informases acerca de tales reuniones». No había más que decir. Lee utilizó un tono informativo directo que, de un modo muy sutil, comunicaba a su jefa que había cruzado los límites. Y creedme, Lee tenía un susto de muerte, pero lo hizo. Cuando en la siguiente ocasión, la directora de la sucursal quiso organizar una reunión, llamó primero a Lee y la programó con él.

Quedaba el problema del control agobiante de la directora. Le propuse a Lee que averiguase el tipo de información particular que ella quería, o, en caso de que no fuese algo específico, que le presentase un breve informe de los resultados y las actividades de la semana, de manera que ella estuviese al tanto de lo que acontecía. Al cabo de un mes, su directora le comunicó que con una reunión mensual sería suficiente, y que podía continuar presentándoles sus informes semanales. Ahora Lee se había ganado la confianza de su jefa y tenía más independencia en su trabajo.

Otra de mis clientas, Marcia, acababa de hacer una enorme transición en su vida. De ser la fuente principal de ingresos de la familia, trabajando a tiempo completo en su profesión de ingeniero, había pasado a ser una madre de tres hijos a tiempo completo. Después del nacimiento de su tercer hijo, había decidido dejar su trabajo y tomarse unos meses para gozar de la maternidad e iniciar una empresa propia gestionada desde su casa. Esto conllevó una reducción repentina y drástica de dinero, provocando que Marcia se sintiese culpable de gastarlo y no aportar algo a la familia. Para terminar de arreglar las cosas, descubrió que la gente acostumbraba a hacer observaciones que la herían, del tipo: «Bueno, ahora que no trabajas tienes mucho tiempo para encontrar clientes para tu negocio», o que desvalorizaban su necesidad de realización, como, por ejemplo: «Debe de ser agradable estar en casa todo el día, con los chicos, y que tu marido te mantenga».

Le señalé que eso demostraba que había desaparecido uno de sus límites: que los demás no podían menospreciar su trabajo. Fue revelador. Marcia puso inmediatamente las cosas en su lugar. Al día siguiente, su marido la acompañó al hospital. Cuando la enfermera preguntó qué trabajo hacía Marcia, él dijo: «Se ocupa de la familia». Marcia se sintió infravalorada por el comentario, y comprendió que ahí había un límite que se había sobrepasado. Más tarde, habló con su esposo acerca de lo sucedido. Él no lo había dicho de una manera negativa, simplemente le había parecido lo más sencillo. Marcia le pidió que, en el futuro, dijese que era una asesora de empresas y que diera el número de teléfono de su despacho. A él le pareció muy bien y estuvo encantado de hacerlo.

Esto nos lleva a otro punto. Cuando informes a los demás, el secreto está en dejarles la posibilidad de una salida elegante. Sin embargo, a menudo no lo hacemos. Permíteme demostrártelo. Tomemos el caso de

Marcia. Cuando su marido respondió: «Lo siento, no lo dije en ese sentido», ella podría haberle dicho: «¡Si! Lo hiciste. ¡Eres un soplón!».

No te rías, todos lo hemos hecho alguna vez. No entres en una polémica. Si la otra persona no se disculpa, es lógico que le pidas que lo haga. A veces, una disculpa no es suficiente, y puede que tengas que pedir una reparación del estilo: «Bueno, está bien que me pidas disculpas por manchar mi traje de lino, pero supongo que me pagarás la tintorería».

Nuestra tendencia natural es no dar los dos primeros pasos e ir directamente al tercero y el cuarto, y por lo general con un tono de voz que no es precisamente neutro. La clave es hablar con serenidad, aclarando las cosas inmediatamente (consejo 7).

Lo bueno es que, con el tiempo, no tendrás necesidad de poner límites, porque la gente no se atreverá a hacerte un comentario desagradable. Existe otro efecto colateral interesante, en cuanto al refuerzo de los límites. Suponemos que, si reforzamos un límite, la gente no nos apreciará, o pensará que somos insistentes o agresivos, o quizás exigentes. En realidad, sucede exactamente lo contrario. Cuando hayas establecido unos límites firmes, la gente dejará de tratarte como si fueseis camaradas de la universidad y comenzará a respetarte. Serás el tipo de persona a quien todo el mundo respeta y trata con cortesía.

Cuando era niña y estaba en primer grado, un chico muy agresivo, uno de los de quinto (ya sabemos cómo te miran los mayores cuando estás en primero), estaba siempre molestándome y asustándome. Se lo conté a mi padre, que me enseñó a dar un puñetazo. Un día, en el patio, Mark estaba con su grupo de amigos y comenzó a burlarse de mí. Me di la vuelta para tenerlo enfrente y le lancé un golpe justo en la nariz. Para mi gran sorpresa y conmoción, Mark cayó redondo al suelo con la nariz sangrando. Sus amigos se quedaron a su lado, boquiabiertos, tan sorprendidos como yo. Tenía terror de que me despedazaran, de modo que escurrí el bulto. Literalmente, puse pies en polvorosa.

Al día siguiente, yo no estaba muy tranquila, pero tuve otra gran sorpresa. Mark se me acercó y me trató con gran respeto. Dejó de reírse de mí, llegamos a ser amigos y fuimos a cazar ranas juntos. En una ocasión, fue a comprarnos un refresco a mi vecina Jamie y a mi, y de vuelta, se le cayó uno al suelo. Le dio el que se había caído a mi amiga, no a mí. Me había ganado su respeto. Esta historia infantil es un gran ejemplo de lo efectivos y poderosos que son los límites. Por supuesto que no sugiero que vayas por ahí golpeando a la gente en la nariz, pero sí que comiences a informar a los demás de cómo deseas que te traten y pedirles que lo hagan.

En el fondo, la gente sabe muy bien que están poniéndote en evidencia y en realidad no se sienten bien haciéndolo. Si lo permites, no sólo te rebajas tú, sino que los rebajas a ellos. ¿Qué límites quisieras establecer ahora que sabes cómo protegerte con elegancia? Trata de encontrar un mínimo de cinco, y anótalos.

7. No ignores lo pequeño

Para llevar a cabo grandes empresas, el primer requisito es tener confianza en uno mismo.

Samuel Johnson

Este consejo hace milagros para adquirir más confianza en nosotros mismos. El poder, la seguridad y el éxito son elementos que van todos de la mano. El secreto es no dejar pasar por alto el menor detalle: acostumbrarte a pedir explicaciones en el momento sobre lo que te molesta, o tan pronto como sea posible y adecuado. Parece fácil dejar que los pequeños comentarios negativos y las indirectas sutiles te «resbalen» y no produzcan, en apariencia, efecto alguno. De modo que muchos de nosotros caemos en el error de asumir que es mejor dejar pasar esas pequeñeces y guardar nuestra energía para las grandes cuestiones.

El problema con esta manera de ver las cosas es lo que cuesta. Todos esos comentarios insignificantes se acumulan y minan tu autoestima. No ignores lo pequeño. Si lo haces, terminará por ser una montaña y explotarás. Hay que reaccionar e informar a la otra persona en el mismo momento: «¿Te das cuenta de que dejaste los platos sucios sobre la mesa?». No hagas lo que yo solía hacer, o sea, recogerlos y decirme: «Bueno, es sólo una pequeño detalle». Y me apuntaba un punto por ser el bueno de la película. Deja de hacer el papel del santo o la santa y comienza a informar a los demás de lo que te fastidia.

La personas verdaderamente «grandes» no toleran las conductas desagradables. Si un compañero o compañera de trabajo te hace alguna observación negativa del tipo: «Realmente no haces más que tonterías», en lugar de dejarlo pasar, simplemente dile: «¿Te das cuenta de que eso ha sido un comentario hiriente?», o: «Oye, eso me ha dolido», o bien la respuesta que sirve para todo: «Esa observación no tiene sentido». No es muy difícil acabar con esos comentarios destructivos, vengan de los amigos, la familia, los compañeros de trabajo o completos desconocidos. Sólo hace falta un poco de práctica, pero si sigues el modelo de comunicación en cuatro pasos (consejo 6) y mantienes tu voz en un tono neutro, pronto verás que la gente no volverá a molestarte con ese tipo de descalificaciones. Nunca más volverás a ser «el bueno» o «la buena», pero mantendrás tus relaciones claras y tu autoestima elevada.

A medida que comiences a poner tus límites, también serás consciente del gran número de comentarios y observaciones desagradables que has tenido que soportar. A la mayoría de nosotros, nos enseñaron que no hacer caso de ello es ser «amable». No estamos acostumbrados a poner las cosas en claro sobre la marcha. De modo que al principio es probable que pierdas la oportunidad de hacerlo en el mismo momento que sucede. June, una de mis clientas, estaba aprendiendo a bailar el *swing* de la costa oeste. Se deslizaba por toda la sala con su amigo, que sabía llevarla, de modo que June daba la impresión de bailar muy bien. Un hombre vino y la invitó a bailar, y aparentemente, ella no podía seguirlo. El hombre estaba frustrado por la inexperiencia de su compañera, así es que le dijo: «Oye, qué torpe eres». June se quedó tan afectada por ese comentario, que no pudo responder en absoluto. Más tarde, comprendió que podría haberle informado en un perfecto tono neutro: «Tu comentario ha sido muy grosero». Ahora, June sabe enfrentarse a las situaciones en el acto. Justamente, hace unos días me dijo con gran regocijo que había reforzado un límite en su trabajo. Su jefe se había ido de vacaciones, dejando a su hijo, un muchacho de edad universitaria, para que se ocupara del negocio. Sintiéndose henchido de poder, ese chico comenzó a criticar a los empleados y a lanzar pequeños comentarios sarcásticos. Mi clienta se sentía muy molesta, porque se daba cuenta de que esa conducta no era aceptable, y con serenidad y firmeza le informó de que ella no estaba dispuesta a aceptar su insinuación de que estaba robándoles ventas a otras personas. Agregó que era incapaz de hacer algo así, y le pidió que le explicase las razones de su comentario. Desconcertado, el muchacho le contestó que sólo bromeaba y la cosa terminó ahí. June estaba contenta de haberlo puesto en su lugar.

No siempre podrás responder de inmediato, pero si sientes que un comentario es hiriente o que está fuera de lugar, no dudes en llamar lo antes posible a la persona que lo haya hecho para aclarar las cosas. Por ejemplo: «Bob, ¿te das cuenta de que el comentario que hiciste ayer al mediodía era grosero? Todavía me duele. Espero que te disculpes».

Muchas personas creen que es demasiado tarde y deciden no hacer nada. Esa actitud está bien si puedes realmente dejarlo pasar, pero no te engañes. La mayoría de la gente sigue guardando rencor años después. El hecho de que June se acordara aún del incidente en el baile es una señal de que la hirió. Si lo hubiera enfrentado sobre la marcha, dudo de que lo recordase todavía. Esas cosas representan una importante pérdida de energía. Es mucho mejor protegerse e informar a la otra persona tan pronto como sientes la ofensa.

Si todavía recuerdas algún comentario que tu primo hizo hace quince años, lo mejor será que lo aclares de una vez por todas, en lugar de esperar otros quince años más. Hablo muy en serio. Si aún le das vueltas a un comentario o un insulto, eso significa que no lo has perdonado. De modo que debes resolverlo de una vez. Llama a la persona en cuestión, dile que hay algo que te ha estado molestando durante mucho tiempo y que quieres aclararlo, y con serenidad, explícale los hechos tal como los recuerdas. Limítate a describirlos, sin cargarlos emotivamente. Puede que esa persona comparta tu visión del incidente, o bien que ni siquiera lo recuerde. Mucha gente será amable y te pedirá disculpas con sinceridad. Otros se pondrán a la defensiva, en cuyo caso es probable que no hayas utilizado un tono de voz neutro. De hecho, no tiene importancia la manera en que respondan. La cuestión es que tú digas lo que no pudiste decir durante años y pidas a la otra persona que se disculpe o que subsane de alguna manera el daño si es el caso. Entonces podrás decirle que la has perdonado.

Tomemos el caso de James. Su novia le había regalado un espléndido viaje para su cumpleaños: dos semanas de vacaciones en Israel para presentarle a su familia. Lamentablemente, James se había olvidado de consultar con su jefe sobre las fechas de sus vacaciones. Sus compañeros de trabajo ya habían decidido las fechas, y cuando James explicó la situación, se negaron a hacer cambios porque ya habían hecho sus propios planes. Les pidió a todos y cada uno si podían hacerle el favor de cambiar la fecha de sus vacaciones, pero todos contestaron que no, de modo que tuvo que cancelar el viaje.

Pues bien, James estaba furioso con sus colegas y con su jefe. Al cabo de tres años, seguía resentido con ellos, aunque ya lo habían ascendido y cambiado de departamento. Le pedí que llamase a esas personas, que les explicase los hechos y les preguntase por qué no habían querido cambiar las fechas de sus vacaciones. James no quería aceptar esta tarea porque pensaba que no serviría de gran cosa. Insistí en que lo probase. Llamó entonces a una compañera de trabajo y le dijo que deseaba aclarar un problema. Le comentó la situación y le pidió que le explicara las razones por las que se había negado a cambiar las fechas de sus vacaciones. La respuesta de su compañera fue que no supuso que ese cambio representase tanto para él, y que si bien más adelante terminó por cambiar su planes de vacaciones, en aquel momento parecían inamovibles. De pronto, James se dio cuenta de que había estado resentido sin motivo alguno, y que había gastado mucha de su preciosa energía. Ni siquiera se molestó en llamar a los demás, porque el incidente se dilucidó con esa única conversación. Comprendió que se lo había tomado como una ofensa personal cuando de ningún modo era así.

Por lo general, llegados a este punto, la gente suele preguntar: «¿No pensarán los demás que uno es demasiado sensible?». Puede que sí. Diles la verdad, que lo eres y que te gustaría que te trataran con respeto. Ser sensible no es un pecado. Al contrario, gracias a tu

sensibilidad, sientes y percibes las emociones y los pensamientos sutiles de los demás antes incluso que ellos mismos. Cuanta más sensibilidad
poseas, mayores serán los límites que deberás poner. Por lo tanto, asegúrate de que sean amplios (consejo 5).

A veces, mis clientes confunden límites con muros. Un límite define
lo que los demás pueden o no pueden hacerte. De hecho, son precisamente esos límites lo que les permite mantener una relación estrecha
contigo. Su inexistencia provoca que una persona se sienta herida con
facilidad y decida protegerse levantando muros y colocando barreras
para guardar las distancias. Cuando tus límites están bien definidos,
automáticamente sientes una mayor seguridad, amén de que puedes
abrirte a las personas que los respetan y aceptan. Pero, cuidado, habrá
quienes no estén dispuestos a hacerlo, y quizá necesites alejarte de ellos,
romper la relación o incluso cambiar de trabajo.

A otros de mis clientes les preocupa dar la impresión de ser quisqui-
llosos o de tener reacciones imprevisibles y crear problemas por cuestiones insignificantes. Pues bien, la realidad es exactamente al revés. Cuanto
mayores sean tu claridad y tu firmeza en el planteo de las situaciones,
menor será la posibilidad de que acabes quejándote de tu suerte. Pasado
un tiempo, no necesitarás decir nada, porque inconscientemente los demás sentirán la presencia de tus límites y no osarán atravesarlos. Piensa en
las personas cuya mera presencia hace que las trates con respeto. Luego
están aquellos de los que sueles reírte. La diferencia entre ambos es que
los primeros tienen fuertes límites. Recuerda que sólo cuando permitimos
que tenga lugar toda una serie de pequeños abusos, perdemos la serenidad y actuamos de modo poco profesional. Con educación, pon las cosas
en su lugar en el mismo momento. Nadie se burlará de ti. Te respetarán.

Un ejemplo ilustrativo viene dado por mi experiencia de trabajo
bancario. En una época, yo era directora comercial de una de las sucursales más conflictivas del banco, que tenía una cartera de clientes que
destacaban por su mal carácter. En el curso de formación de directores,
me enseñaron que una parte del buen servicio a los clientes incluía dejarlos expresar sus frustraciones y luego ayudarles. Como directora, me
encargaba de los peores. Todos aquellos que el servicio de atención al
cliente no lograba conformar, me los mandaban a mí.

Yo me pasaba buena parte del día escuchando a esta gente que despotricaba y gritaba sobre cualquier cosa que le molestase. Decidí probar si esta cuestión de poner límites funcionaba en el banco. A la mañana siguiente, un hombre de cuarenta y cinco años, algo bebido, y muy arrogante, entró en el banco y comenzó a gritarle al equipo del servicio de atención al cliente. Podía oírlo desde mi despacho, de modo que decidí encararme directamente con él y probar mi nuevo sistema. Cuando me acerqué, comenzó a hablarme a gritos sobre un problema que tenía con su cuenta. Entonces le dije, con un tono de voz perfectamente neutro:

—¿Se da usted cuenta de que me está gritando?

—¡No estoy furioso con usted! ¡Estoy furioso con el banco! —me contestó, siempre con gritos.

—Sigue usted gritándome. Haga el favor de calmarse inmediatamente —le contesté. (Paso 2: pedir.)

Esto lo tomó desprevenido, de modo que murmuró algo entre dientes y se fue a cobrar su cheque a la ventanilla. Luego se dirigió al despacho del servicio de atención al cliente y pidió disculpas. A continuación, vino a verme y se disculpó también. Me quedé sin habla. La cuestión de los límites había funcionado. Y no sólo eso, sino que el sistema tenía una enorme fuerza. Así pues, resolvimos el problema de raíz y el cliente se marchó muy contento. Era de suponer que no se volvería a comportar de ese modo. De haberle permitido que gritase y despotricase como de costumbre, se hubiese marchado descontento y la próxima vez sin duda se hubiera comportado igual. Fue una experiencia muy interesante. Inmediatamente le enseñé al personal la estrategia a aplicar cuando los clientes venían furiosos, utilizando el modelo en cuatro pasos y el tono neutro de la voz.

En pocas semanas, el ambiente del banco se había transformado completamente. Los clientes ya no gritaban. De hecho, el lugar se parecía más a una biblioteca, donde la gente está tranquila y circula guardando un respetuoso silencio. El personal se sentía mucho mejor, porque ahora tenía armas para manejar a los clientes de una manera que era a la vez profesional y respetuosa. Poseían mayor energía para dedicarse al trabajo. Ya no sentían pánico de comenzar un día laboral durante el cual deberían enfrentarse a las diatribas y los ataques violentos de los clientes. Fue así de simple y, a la vez, de una eficacia increíble. He utilizado esta herramienta de comunicación para ayudar a numerosas organizaciones, desde hospitales que tenían que hacerse cargo de pacientes desdichados a facultades de derecho que necesitaban ayuda para tratar con los estudiantes descontentos que estaban a la expectativa de que les diesen un trabajo una vez diplomados. Haz la prueba y comprobarás los excelentes resultados del sistema.

8. ELEVA EL NIVEL DE LO QUE CONSIDERAS ACEPTABLE

Vivir es el proceso de llegar a ser, una combinación de estados por los que tenemos que pasar. Las personas fracasan porque escogen uno de esos estados y se quedan en él, lo cual, en cierto modo, representa una especie de muerte.

ANAÏS NIN

La otra cara de la moneda en el tema de los límites es tu manera de actuar con respecto a los límites ajenos. No tiene mucho sentido que pongas límites para evitar comentarios despectivos si, al mismo tiempo, tú haces ese tipo de comentarios sobre los demás. Lo correcto es que, al ampliar los límites que quieres que los demás respeten, amplíes también los que tú debes respetar. Tú puedes elevar el nivel de lo que consideras aceptable. Por ejemplo, yo siempre digo la verdad, sólo doy informaciones constructivas, me alimento con comidas nutritivas, nunca levanto la voz, siempre soy puntual y no doy consejos a menos que me los pidan. Escoge comportamientos que te sientas capaz de adoptar y no aquellos que pienses que «deberías» adoptar. Haz una lista de las personas a las que admiras. Anota sus mayores cualidades y reflexiona acerca de su manera de comportarse. Ahora anota las pautas de conducta que te gustaría adoptar.

Paul, un ejecutivo de una agencia de publicidad muy ocupado, siempre llegaba tarde. Ni siquiera era puntual para acudir a las reuniones de su propio equipo. Incluso sus amigos daban siempre por hecho que llegaría tarde. Muchas personas cometen el error de creer que si llegan tarde, darán la impresión de ser gente importante que tiene muchas obligaciones. Hacer esperar a los demás es una manera de controlarlos. Esto era, precisamente, lo que Paul hacía de un modo inconsciente para tener el control. Era una costumbre muy fastidiosa.

Le pedí que elevara el nivel de lo que consideraba aceptable y llegara siempre puntual a sus reuniones y compromisos. Por vez primera, llegó antes de tiempo a una de sus reuniones. Como es de suponer, su equipo, seguro de la impuntualidad de su jefe, llegó tarde. Grande fue su sorpresa al verlo sentado esperándoles. Una o dos personas comentaron algo. Lógicamente, tendrá que pasar algún tiempo hasta que la gente comprenda que ahora Paul es puntual, pero de todos modos, ya se lo toman más en serio.

Elevar el nivel de lo que consideras aceptable tiene la misma importancia en tu vida privada. Margo, una clienta mía muy atractiva que trabajaba en el negocio de la moda, se quejaba constantemente porque siempre atraía a hombres que no la trataban con respeto. Uno en particular, un antiguo novio, la llamaba y la invitaba a comer pizza y a ver un vídeo en su casa. La invitación incluía, implícitamente, el sexo. Como no tenía otra cosa que hacer, Margo aceptaba. Terminada la cita, se sentía invariablemente muy mal consigo misma: utilizada, fácil, desvalorizada... Le dije que no era esa la cuestión.

Margo era una rubia impresionante y una persona muy agradable. No había nada que reprocharle. Su problema era simplemente un bajo nivel de lo que consideraba aceptable. La siguiente semana no dejó de reflexionar sobre el problema. Cuando su ex novio volvió a llamarla, declinó la invitación. Bromeando un poco y sin creérselo ella misma, le dijo: «No gracias. He elevado el nivel de lo que considero aceptable». En las semanas que siguieron comenzó a atraer hombres agradables que querían salir a cenar con ella y la trataban con respeto y cortesía. Su nivel de lo que consideraba aceptable había pasado a ser, en ese terreno: «Sólo salgo con hombres que me tratan muy bien». No es algo difícil; muchas veces, sólo es cuestión de proponérselo.

9. TODO ES BUENO, INCLUSO LO MALO

No me queda ni uno solo de mis grandes enemigos. Todos han muerto.
Los extraño muchísimo, porque gracias a ellos me conocí mejor.

CLARE BOOTHE LUCE

Aquello que nos parece detestable, doloroso o dañino es una fuente de
belleza, dicha y fuerza si lo encaramos con la mente abierta. Cada
momento es oro para quien tiene la capacidad de reconocerlo.

HENRY MILLER

Es fácil tener una actitud positiva si comprendes que todo tiene su lado
bueno, incluso lo más desagradable. Para apreciar lo bueno de la vida
en toda su plenitud, tenemos que experimentar también su opuesto.
Veamos, por ejemplo, la felicidad. Si nunca sintieses tristeza, ¿sería la
dicha tan maravillosa? Si el mal no existiese, no podrías escoger el bien.
Uno de mis colegas siempre dice: «La desdicha no nos cae encima; la
atraemos para aprender una lección».

Cuando tenía cinco años, sufrí de unos dolores de oído terribles, y
muchas veces debía guardar cama. Era horrible. Como era una niña
aficionada a jugar al estilo de los chicos, odiaba quedarme echada en la
cama, y recuerdo que estaba desesperada por salir a jugar. Un día comprendí que la enfermedad tenía un aspecto muy bueno. Gracias a ella,
podía apreciar lo maravilloso de estar sana.

Esto es válido para todos los aspectos de la vida. Si sólo tuviésemos
días soleados, los daríamos por descontado. Cuando llueve, apreciamos
los deliciosos días de sol. En cierto sentido, entonces, todas las cosas son
buenas. Necesitas el mal para conocer el bien. Necesitas la cólera para
saber lo que es la serenidad. Desde que comprendí esto, a los cinco
años, supuse de un modo natural que todo el mundo tenía esa visión de
las cosas. Ahora veo que pocas personas, en realidad, la tienen. Ver el
lado positivo tiene numerosas ventajas:

- En lugar de quejarte, aprovecharás los buenos aspectos de la situación.

- No te quedarás mucho tiempo en esa mala situación porque no te resistirás a ella. Aquello a lo que te resistes, persiste. Por lo tanto, simplemente te pondrás en acción.
- Aceptarás mejor las emociones que experimentes. Cuando estés triste, vivirás plenamente tu tristeza. Cuando te enfades, vivirás ese enfado. Cuando te sientas feliz, gozarás de esa felicidad.
- No tenderás a emitir demasiados juicios críticos sobre los acontecimientos. La vida es la vida. Se trata sólo de algo que está pasando. Todo lo que sucede es instructivo de una manera u otra. Forma parte de la totalidad de la experiencia vital. En un mundo donde nadie enfermase jamás, no podríamos apreciar la salud. Todos la tomaríamos como algo normal. Quizá lo «malo» sucede para que puedas agradecer lo bueno. Es sólo una sugerencia.

En cualquier caso, las personas optimistas tienden a ser más felices y a tener más éxito en la vida. ¿Por qué no darle una oportunidad al optimismo? Comienza a ver lo bueno en todo aquello que aparentemente es tan negativo. Tómatelo como un reto.

Leí una historia muy interesante en el Wall Street Journal. Hablaba de la inundación que arrasó Missouri en 1993. El titular decía: «El auge comercial de una ciudad de Missouri tiene su origen en una inundación. Los empleados de Chesterfield utilizan un diluvio como oportunidad para reconstruir las empresas». La ciudad de Chesterfield había sido devastada debido a una subida del río Missouri que lo inundó todo. Dos mil quinientas personas fueron evacuadas. Unas pocas intentaron salvar sus bienes, incluyendo al señor Hoffman, que trató desesperadamente y sin éxito de salvar su negocio de recambios de automóviles. A la mañana siguiente, toda la maquinaria estaba bajo el agua y él mismo tuvo que salir por una ventana del segundo piso. Su empresa sufrió unas pérdidas de treinta y tres millones de dólares, de los cuales el seguro sólo pagó un tercio. El desastre de Chesterfield formaba parte de la gran inundación que asoló el medio oeste en 1993. Fue tal el grado de destrucción, que un tercio de los empresarios dejaron la ciudad, abandonando sus firmas arruinadas. Tres años más tarde, los que se quedaron, resistiendo el embate, declararon que el auge comercial se había producido *gracias a la inundación*.

«Es lo mejor que ha sucedido jamás», dijo el señor Hoffman, que había aumentado su personal de 125 a 350. Un distribuidor de artículos de jardinería afirmó: «La inundación fue una buena cosa».

Si bien el precio emocional y material que pagó la comunidad por el desastre natural fue muy alto, la experiencia de Chesterfield prueba que cuando «los propietarios se toman el desastre natural como un obstáculo a superar, en lugar de considerarlo el final trágico de sus empresas, los resultados pueden llegar a ser sorprendentes... En algunas empresas, la tensión física de la limpieza dejó fuera a los empleados perezosos, pero creó un vínculo muy intenso entre los trabajadores que se quedaron. En otras, el hecho de sobrevivir a la crisis infundió una nueva seguridad a la hora de proponerse una expansión de las operaciones o impresionó tanto a los clientes que decidieron hacer pedidos mayores. Al enfrentarse a la reconstrucción, algunos propietarios reestructuraron las operaciones, compraron mejores equipos o hicieron inversiones que habían estado posponiendo».

De modo que ya ves, incluso en las malas situaciones, todo depende de tu manera de verlas.

10. Haz cada día algo que te haga ilusión

La vida no es sólo cerveza y bolos, pero la cerveza y los bolos, o algo mejor del mismo tipo, deben constituir buena parte de la educación de cada inglés.

Thomas Hughes, Tom Brown en la escuela

Es increíble lo aburrida y monótona que puede llegar a ser nuestra vida si no tenemos algo que nos ilusione. Esperamos demasiado tiempo para tomarnos esas vacaciones una vez al año, o para celebrar algún acontecimiento especial. Eso no es suficiente. O quizá sí lo sea, pero realizarse plenamente no es sólo tener lo suficiente, sino vivir en la abundancia. Necesitas abundancia de buenas cosas que te ilusionen; como mínimo, una cada día. No dejes de lado las pequeñas cosas, que suelen ser las más gratificantes.

Para que comiences a pensar, he aquí algunas cosas que podrían hacerte ilusión: media hora a solas, un paseo por el bosque con la persona que amas, una vuelta en bicicleta por el parque, regalarle un hermoso ramo de flores a tu esposa o tu marido, alquilar un vídeo de una película antigua y verla comiendo palomitas con tus amigos, tomar un baño de espuma masajeándote con una esponja natural, abrir una botella de champán y celebrar la puesta de sol, pasarte unas horas en el garaje reparando el coche, comprar flores para tu despacho para alegrarte el día, escribir tu diario, llevar bombones al trabajo y saborearlos con tus compañeros, invitar a comer a tu secretaria, jugar un rato a tu deporte favorito.

Más sugerencias: llamar a uno de tus amigos de quien hace tiempo que no tienes noticias; invitar a tu jefe a comer o a tomar una copa después del trabajo; dar una vuelta en tu moto; comprar una revista que nunca hayas leído antes; comer tu plato favorito; pasártelo bien almorzando con uno de tus compañeros de trabajo; ver una obra de teatro, una ópera o una orquesta de jazz; hacerte una manicura durante la hora del almuerzo; contratar a una asistenta para encontrarte la casa limpia cuando abres la puerta después de un largo día de trabajo; ir a un nuevo restaurante.

Cada día necesitas algo que te haga ilusión. Anótalo en tu calendario si es necesario, pero asegúrate de que cada día tienes algo especial que te espera. Esto hace que los días más monótonos sean divertidos, y evita el abatimiento y el desinterés por la vida, que siempre te ofrece infinidad de cosas maravillosas.

A veces, en lugar de muchas cosas pequeñas, la ilusión por algo grande puede crear una situación muy distinta. Byron, un hombre de cincuenta y seis años, propietario de una empresa, tenía sus días tan ocupados y con tanto trabajo, que no disponía de tiempo para cualquier tipo de diversión. Pasaba por una depresión y visitaba a un psiquiatra. Le sugerí que se dedicase a algo que le hiciera ilusión, que diese valor a su vida. No era un hombre muy optimista, pero entonces sucedió algo casi milagroso.

Encontró una casa en la montaña y le encantó. Le dio ánimos. Pensó que podría escribir un libro en esa casa, que estaba situada en uno de los parajes más bellos del lugar. Compró la casa y toda su actitud dio un giro radical. Ahora tenía algo que le ilusionaba, un objetivo que hacía que su vida mereciese la pena. Hoy en día, si bien tiene todavía muchas dificultades, Byron siente que, aun en el peor de los casos, podría soportar lo que fuera porque tiene esta casa en la montaña para vivir allí si lo desea.

Marjorie llevaba una vida espléndida. Compartía una hermosa casa con su novio, que la quería y la apoyaba. Acababa de iniciar un nuevo negocio que le entusiasmaba y asistía a cursos que le interesaban. Pero un día, al despertar, descubrió que no quería levantarse. Le sugerí que diseñara su mañana ideal. A la semana siguiente, me la trajo: Quería levantarse a las ocho de la mañana y hacer veinte minutos de meditación. Luego, pasear por el bosque cerca de su casa durante media hora. Entonces, tomaría una ducha y se comería unas magdalenas recién sacadas del horno, acompañadas de té, en el porche, mientras escribía su diario. Comprendió que necesitaba un cierto tiempo de serenidad y soledad por la mañana, para pensar y planificar el día. También se dio cuenta de que todos los elementos de su mañana ideal eran perfectamente posibles. Ahora Marjorie está contenta de levantarse y comenzar el día porque se concede el tiempo que necesita para sus pequeños placeres.

¿Cuál es tu mañana ideal? ¿Cuál es tu noche ideal? ¿Cómo sería tu vida si comenzaras cada día con una mañana ideal y lo terminaras con una noche ideal? Concédete todos los elementos que puedas de tu día ideal y te sentirás más feliz que antes y tu día estará mejor organizado. Tómate unos minutos ahora para describir por escrito tu día ideal con todo detalle, desde el momento en que te levantes por la mañana hasta que te duermas por la noche. Recuerda que este es tu ideal, de modo que no te limites en ningún sentido. (Mi mañana ideal tiene una asistenta que llama a mi puerta y me trae cruasanes frescos, fruta y una tetera llena de té. Esto todavía no ha sucedido... de momento.)

II

Rectifica tu proceder

El espacio es casi infinito. De hecho, pensamos que es infinito.

DAN QUAYLE

En la primera parte, aumentaste tu poder innato incrementando tu energía a la vez que suprimías sus «escapes». Ahora es el momento de crear espacio para lo que deseas. Cuanto más te realices en todos los ámbitos, mayor atracción ejercerás, y lógicamente, más sitio necesitarás para recibir lo que llegue. No puedes recibir cosas para las que no tienes espacio. Un ejecutivo muy ocupado me dijo que quería una mujer en su vida. Dado que tenía una agenda más que sobrecargada, le pregunté de dónde pensaba conseguir tiempo para dedicarle a una mujer.

Si quieres iniciar una nueva relación de pareja, primero necesitarás dejar la que tienes. Si quieres nuevos clientes, quizá ha llegado el momento de ordenar los archivos de tu despacho. Cada vez que quieres algo nuevo en tu vida, debes crear el espacio necesario para incorporarlo. De hecho, no importa lo que elimines. Después de todo, la materia es en esencia simplemente energía, de modo que *todo* lo que suprimas te dará más espacio. Quizá si limpias el garaje consigas un nuevo cliente. ¿Alguna vez te has dado cuenta de lo bien que te sientes después de ordenar un armario? No es cosa de magia. Es un principio que se basa en las leyes de la física: La naturaleza aborrece el vacío. Crea un vacío, y el universo te enviará cosas para llenarlo.

11. Despeja tu vida

El placer de la posesión, sea de chucherías o de descendencia, de libros, piezas de ajedrez o sellos de colección, está en el hecho de mostrarla a los amigos que no tienen una necesidad inmediata de mirarla.

AGNES REPPLIER

¿Te gustaría que en tu vida irrumpiera algo nuevo y maravilloso? ¿Otro trabajo, una nueva amistad, una oportunidad? ¿Una relación amorosa? Crear espacio es una de las maneras más sencillas y efectivas de atraer lo nuevo. Si tienes una sensación de estancamiento, comienza por despejar el terreno. Revisa los archivos de tu despacho, y tira todos los viejos papeles, esos informes y artículos que guardas por si acaso un día los necesitas. Para simplificar las cosas y hacer esta labor con ganas, imagina que te han ascendido y que, por lo tanto, te mudas a otro despacho.

Una de las jefas de venta de mi banco me dejó pasmada. La habían designado para un puesto donde tenía que dirigir otro equipo, y después de limpiar su escritorio, sólo se llevó una carpeta con papeles. Cuando le pregunté cómo era posible que necesitase tan poco, me dijo que el nuevo departamento ya tenía toda la información que su trabajo requería. Por supuesto que esta mujer tenía razón, pero me impresionó mucho, pues ya sabemos que la mayor parte de las personas llenan entre dos y seis cajas con carpetas, informes, archivos y objetos personales; un material que, con toda probabilidad, nunca necesitarán.

Destina media hora o una hora diaria durante una semana sólo para poner orden en tus papeles, y te sorprenderá la cantidad de papel inútil que has acumulado. El día que te asciendan, ya lo tendrás todo listo para partir.

Una vez que hayas ordenado tu despacho, despeja el terreno en tu casa. Es un espacio sagrado, donde debe ser posible que te relajes y te cargues de energía para seguir con tu trabajo. Si al llegar a casa, te encuentras con un espacio caótico y poco confortable, no lograrás esa recarga de energía. Si, como yo, eres de esas personas que nunca tiran nada, quizá necesites buscar ayuda. Para empezar, te recomiendo que leas *Clutter Control* [El control del desorden], un libro con muy buenas ideas sobre el tema, escrito por Jeff Campbell.

Luego, pídele ayuda a una de tus amistades o contrata a un profesional en la materia. Lo mejor es que te preguntes: ¿He utilizado esto en los seis meses pasados? Si la respuesta es no, y no se trata de un material para una época especial, como sería el caso de los adornos navideños, tíralo. No es fácil, pero lo conseguirás cuando hayas adquirido un poco de práctica. Lo mejor es que llames a una amiga de confianza, muy organizada, que te diga cosas como: «Este bolso no hace juego con tu estilo actual», o: «Dime, ¿cuantas cremas hidratantes y de maquillaje necesitas?», o: «Vaya, no sabía que jugabas al tenis. ¿Cuánto hace que no sacas la raqueta del armario?».

Antes de tener tiempo de pensártelo demasiado, llena unas cajas y llévalas a una institución de caridad. Si las guardas en el trastero, tendrás la tentación de ir a revolverlas en mitad de la noche. En cierta ocasión, tiré un montón de cartas de amor, y esa noche bajé a buscarlas y las saqué de la basura. De acuerdo, soy algo sentimental. Si eres incapaz de desprenderte de las cosas que tienen un valor sentimental para ti, pon en práctica la siguiente estrategia, idea de uno de los participantes de mi seminario: crear una «caja de urgencias» con aquellos objetos especiales que te gusta guardar y te hacen bien. Cuando te agobie el desaliento, abre la caja y esos recuerdos te animarán. (Las viejas cartas de amor son la prueba de que eres una persona a quien se puede querer y que sabe querer.)

Si no sabes por dónde empezar a ordenar, dedícate en primer lugar al rincón de la izquierda de tu dormitorio, y ordena una habitación por vez. Acabar con el caos es una terapia increíble, que genera una enorme cantidad de energía. Por esta razón, es el primer problema que abordamos en el programa de coaching, de modo que te armes con la energía necesaria para afrontar los objetivos más importantes.

Muchos de mis clientes vienen a verme porque se sienten estancados y tan cansados que les falta ánimo para salir de la rutina. No comprenden que el caos que les rodea absorbe su energía. El 90 por ciento del tiempo viven en medio del desorden, aunque este no sea visible. En cierta ocasión, estaba dando un seminario en Inglaterra y una de mis clientas me invitó a alojarme en su casa. Era un espacio blanco, inmaculado, amplio y moderno, absolutamente delicioso. Supuse que no tenía nada que ordenar. Pero cuando elogié su maravillosa y ordenada casa, me confesó que tenía los armarios repletos de papeles, libros y revistas. De modo que pasó las siguientes semanas ordenando sus archivos y juntando viejas revistas y libros que luego regaló a sus amigos y a la biblioteca pública, pues sabía que nunca los leería de nuevo. Un mes más tarde, le ofrecieron dos trabajos distintos y le surgió la oportunidad de asociarse con un amigo para montar un negocio. De pronto, la obstrucción en su vida había desaparecido. Lo que más me sorprendió fue que esta mujer decidió vender su magnífica casa en Londres y mudarse a la costa. Al liberarse del caos, tuvo la energía suficiente para atraer nuevas y mejores oportunidades profesionales, responder a ellas y liberarse incluso de su casa, que, si bien era preciosa, la mantenía atada a un trabajo que no quería para poder pagar la hipoteca.

Una vez que hayas creado espacio, el universo se ocupará de llenarlo. Por lo tanto, ten mucho cuidado. Aprende a decir: «No, gracias» cuando lo que se te ofrece no es lo que realmente deseas. Por ejemplo, piénsatelo bien antes de aceptar que tus amigos o tu familia te den cosas para que las guardes. Si aceptas, establece un límite de tiempo preciso, y aclara lo que sucederá una vez cumplido el plazo convenido.

A medida que vayas creando un abundante espacio, tendrás más sitio para las cosas buenas que irrumpan en tu vida. Piénsalo como si fuese un ritual. Haz una maleta con toda la ropa que no te queda bien o que está pasada de moda, y dónala a una institución de caridad. Al dejar la maleta, piensa: «Estoy eliminando todo lo viejo y caduco para que algo nuevo y mejor entre en mi vida». Puede parecer una simpleza, pero cada vez que limpio a fondo, consigo un cliente nuevo. Al final, siempre es una cuestión de equilibrio de energía. La energía vinculada a tus posesiones, una vez liberada, crea el espacio para lo nuevo.

12. CONTINÚA DESPEJANDO

Nunca subestimes los efectos del caos en tu vida.
KAREN KINGSTON, HOGAR SANO CON EL FENG SHUI

Si tu costumbre de guardarlo todo es, si no congénita, de esas que se remontan a la noche de los tiempos, no podrás ordenar tu despacho o tu casa en pocos días. Acuérdate de preguntarte: «¿Hay algo en casa o en el trastero que no necesite?». Se trata de una prueba realmente difícil. Es increíble lo que una persona puede acumular a lo largo de los años. Del mismo modo que no se puede pretender perder peso de un día para el otro, tampoco es lógico creer que podrás ordenarlo todo de una sola vez. Me animó mucho leer que Alexandra Stoddard, la autora de *Living a Beautiful Life* [Vivir una vida maravillosa], pone orden una vez al mes. Es un proceso constante. Como sucede por lo general, todo se facilita con la práctica. Pronto percibirás la señal de alerta y te encontrarás pensando: «Bueno... esto podría servirme algún día...», o: «Esto me recuerda a alguien que quiero», y en ese momento sabrás de inmediato que debes arrojarlo a la basura.

El proceso de limpieza parece perpetuarse por sí mismo. Una vez que tomas conciencia de que puedes vivir sin tantas cosas, es más fácil dar los pasos siguientes y hacer una valoración real de ciertos objetos que jamás hubieses pensado desechar. El primer paso que dio Ed, uno de mis clientes, fue tirar todo lo que no había utilizado desde hacía más de un año. Ahora se ocupa de lo que no ha utilizado en los últimos seis meses. Le regaló la olla eléctrica de cocción lenta a una hermana y el robot de cocina a la otra. Ed tenía esos pequeños electrodomésticos guardados en un armario porque en su cocina no cabía ni un alfiler. De ahí en adelante se produjo un fenómeno interesante: comenzó a valorar más el espacio que las cosas. De hecho, empezó a sentir que las cosas invadían el espacio.

Fue una gran transformación, teniendo en cuenta que su pasión por atesorar era tal, que tenía cantidad de cosas que no valían ni un céntimo amontonadas en el trastero. Pronto sintió los beneficios. Su armario de archivos en el despacho tenía lugar para los documentos nuevos. Cuando necesitaba algo, podía encontrarlo en unos minutos, en lugar de perder horas buscando en la maraña de papeles de su escritorio. En su casa, Ed podía abrir la puerta del armario sin que se le cayese nada en la cabeza. Pensaba con mayor claridad, y comenzó a darse cuenta de ciertas cosas que antes no había percibido. Entonces conoció a una mujer que inmediatamente le gustó, y por una vez no sintió vergüenza de invitarla a su casa después de una salida romántica. Siguió recordándose a sí mismo que las cosas no son más que cosas. Un proverbio chino nos ayuda a ver las cosas en perspectiva: «Pretender satisfacer los deseos con la posesión es como utilizar una varilla de bambú para apagar un incendio».

Para eliminar lo innecesario, utilicé un ardid muy sencillo: guardar solamente dos cosas extra. ¡Todo un acierto! Ya no necesito ponerme a pensar para decidir qué debo desechar. Aun así, sentía claustrofobia en mi propia casa, invadida por tantas cosas inútiles que me agobiaban, por bellas que fuesen. Tener demasiado puede llegar a ser tan terrible como tener muy poco.

Me sentí lista para dar otro paso. Tenía seis almohadas para mi cama de matrimonio, y tres cojines de decoración. De acuerdo con la fórmula «sólo dos cosas extra», necesitaba dos almohadas para mí y dos para los invitados, es decir, cuatro. De inmediato le di un par a una amiga que las necesitaba. Apliqué el mismo principio a la ropa de cama. Tengo una cama; por lo tanto, sólo necesito tres juegos de sábanas. Eliminé los juegos incompletos, escogí los tres que me gustaban más y llevé el resto a una institución. De pronto, tenía espacio de sobra para guardar las sábanas.

Es muy fácil. Si utilizas esta fórmula, habrás racionalizado tu hogar en un momento. Prueba con la cocina. Eliminé un montón de tazas de café decoradas con unas frases ridículas. Es una manera rápida de crear una reserva de espacio instantánea. No te olvides del despacho. Dale a uno de tus colegas el sacapuntas automático que nunca utilizas. En lugar de tener un cajón lleno de bolígrafos y plumas, quédate con los tres que más te gusten. Inmediatamente, sentirás que te has liberado de un peso.

Esto es coherente con la máxima: «Menos es más». Menos objetos equivalen a una mayor energía disponible. Otro ejemplo sería el de ciertas religiones, cuyos adeptos se visten sólo con un taparrabos. Puesto que aprecias las cosas materiales, no digo que llegues a ese extremo, pero guarda sólo aquello de lo que en verdad disfrutes.

Elimina todas aquellas pertenencias que ya no tienen sentido para ti o que no te ayudan a sentirte mejor. Puede que ese florero sea muy útil, pero, ¿te gusta? Un solo jarrón de buen diseño destaca más que cinco apiñados. Da los objetos que no te hacen falta a alguien que los pueda utilizar y apreciar. Comienza por eliminar las pequeñas cosas (ropa, muebles, libros...) y luego te resultará fácil hacer lo propio con las grandes, como un trabajo insatisfactorio o una relación que ya no te aporta nada.

13. ¡SIMPLIFICA! ¡SIMPLIFICA! ¡SIMPLIFICA!

¡Simplicidad! ¡Simplicidad! ¡Simplicidad! Os digo: dejad que vuestras posesiones no sean más de dos o tres, y no cien o mil. En lugar de contar hasta un millón, contad hasta media docena y llevad vuestras cuentas en la uña del pulgar.

HENRY DAVID THOREAU

Ahora que has aligerado tu carga de cosas materiales, estás en condiciones de abordar otras maneras de simplificar tu vida. Si sientes que tu agenda te desborda, que tienes demasiadas cosas que hacer y gente que ver, es hora de simplificar. Todo en la vida absorbe energía, tanto las cosas materiales como el trabajo, las obligaciones sociales y los compromisos familiares. Cuanta más energía tengas a tu disposición, más atracción ejercerás y más éxito tendrás en todos los ámbitos.

La mayoría de las personas piensan que el hecho de estar muy ocupadas y tener una agenda sobrecargada es una señal de éxito. Lo que no comprenden es que, al estar tan ocupadas, no son capaces de darse cuenta de lo que sucede a su alrededor, con la consiguiente pérdida de oportunidades. Sólo esto ya constituye un incentivo poderoso para ser muy cuidadosos en la utilización de nuestro tiempo y nuestra energía. Las personas que tienen éxito se reservan tiempo libre para descansar cuando las cosas no suceden tal como se esperaba. (La mayoría de las veces, las cosas no suceden tal como se esperaba, algo a tener muy en cuenta para comenzar.)

Lo mejor que he leído sobre este tema es un pequeño libro de Elaine St. James titulado *Simplifica tu vida*. Sugiere cosas tales como consolidar las inversiones, mudarse a una vivienda más pequeña que la actual, eliminar el césped natural y colocar uno artificial, comprar al por mayor, abandonar el sistema de llamadas en espera, tirar los esmaltes de uñas, tener un vestuario sencillo, levantarse una hora más temprano y todo un conjunto de otros consejos prácticos que te ayudarán a simplificar cada una de las áreas de tu vida.

También puedes aprovechar las ventajas de la tecnología actual para simplificar tu vida, siempre que eso se traduzca en un ahorro de tiempo. Un cliente mío, Donald, un agente de la propiedad inmobiliaria muy ocupado, se pasaba la mayor parte de la jornada en el coche. Cada tanto, se detenía para llamar al contestador telefónico de su despacho. Se compró un teléfono móvil y ahora recibe las llamadas directamente. Esto simplificó mucho su vida, y se siente más tranquilo que antes, pues sabe que no perderá ninguna llamada importante.

El caso opuesto es el de una clienta que también tenía un móvil. No podía gozar de un solo momento de intimidad porque la gente podía encontrarla estuviera donde estuviese. Así es que su manera de simplificar su vida fue utilizar un contestador. Por lo tanto, debes tener la seguridad de que los últimos avances tecnológicos mejorarán tu calidad de vida. Es fácil que nos quedemos atrapados en las últimas novedades del mercado, sin evaluar de antemano si ese producto responde a nuestras necesidades reales y a nuestra manera de vivir.

Otra clienta, que trabajaba para una agencia de empleo, estaba de viaje hasta cuatro días por semana. Descubrió que el banco en línea era una manera formidable de simplificar su vida. Mientras viajaba, podía pagar sus cuentas y obtener sus extractos bancarios utilizando el ordenador portátil. Antes solía regresar a su casa y pasarse el fin de semana poniendo al día sus cuentas. Ahora lo hace en el hotel, de modo que tiene los fines de semana libres para divertirse.

Thomas es asesor de empresas y trabaja en su casa. Antes llevaba la contabilidad manualmente. Cada trimestre debía pasarse más de un día para hacer la declaración del impuesto sobre la renta, y le fastidiaba perder tanto tiempo con un trabajo tedioso. Le sugerí que se comprara un buen programa informático de contabilidad y que invirtiera en pagarle algunas horas a un informático para que fuese a su casa, le instalara el programa y le enseñara a usarlo. No tiene sentido luchar con los manuales durante horas si puedes tener a un experto que te enseñe. Thomas está maravillado con el resultado. Ahora sólo tiene que entrar al ordenador para saber exactamente la cantidad que tiene que ingresar en concepto de impuestos, y puede llenar el formulario en cinco minutos. Además, dispone de un balance inmediato, del informe de pérdidas y beneficios y de todos los elementos necesarios para controlar y hacer progresar su negocio. Eso sin contar el dinero que se ahorra por los servicios del gestor, pues le entrega los informes en perfecto orden.

¿De qué manera podrías simplificar tu vida? Piensa modos de aprovechar los últimos avances tecnológicos para organizarte mejor. Ahora, anota diez formas de comenzar a simplificar tu vida hoy mismo.

14. Contrata a una persona para las tareas domésticas

Los adjetivos que describen con más fidelidad la naturaleza del trabajo doméstico son: invisible, repetitivo, agotador, improductivo, nada creativo.

Angela Davis

Una manera rápida y fácil de cambiar la manera de proceder y rectificar errores es delegar determinadas tareas. En caso de que te guste hacer la limpieza de la casa, este apartado no es para ti. No obstante, si eres como yo, y limpiar el baño, aun si tienes tiempo, no te resulta precisamente placentero, contrata a una persona que lo haga. Yo no creía que pudiera permitirme una asistenta, que cobra 40 dólares por día. Después de diplomarme, pagaba las deudas de mi tarjeta de crédito y de un préstamo para estudiantes y vivía en un pequeño estudio en Manhattan. Me criaron acostumbrada a hacer las tareas de la casa. Mi madre nunca tuvo ayuda. De modo que me resistía a la idea de tener una asistenta, y seguía pensando que lo podía hacer yo misma.

Un sábado comprendí que mis fines de semana eran un tiempo precioso y que merecía un poco de descanso y de diversión. Lógicamente, nunca encontraría el tiempo para descansar si tenía que limpiar yo misma. Acabé con el problema. Decidí llamar a una asistenta para que viniese una vez por mes. Es una de las mejores decisiones que he tomado en mi vida. Volvía a casa después del trabajo y la encontraba brillante. ¡No tenía que limpiar! Luego, cada vez que la asistenta iba a venir, ordenaba un poco. Así fue cómo descubrí que tenía demasiadas cosas dando vueltas. Las puse en una caja que guardé dentro del armario. Así comenzó un proceso de orden que duró un año (consejo 11).

Unos meses más tarde, le pedí a la asistenta que viniese dos veces por mes. Ahora mi apartamento está siempre limpio, y no tengo que preocuparme si tengo invitados. Es un regalo que me ofrezco a mí misma, una manera de tratarme con cariño. Decidí que era inadmisible no buscar ayuda. Aun si piensas que no puedes permitírtelo, te liberará, de tal modo que puedas encontrar un trabajo mejor o tener tiempo para proseguir tus estudios y adquirir la formación necesaria para lograr un salario mejor.

Siempre me ha dejado pasmada la cantidad de parejas con hijos, que pertenecen a un nivel socioeconómico alto, poseen una excelente formación, tienen éxito profesional, cuentan con dos salarios y hacen el trabajo doméstico ellos mismos. Luego se quejan porque no tienen tiempo. Es una pérdida de tiempo y de energía absolutamente ridícula. Conozco a un camarero soltero de Manhattan que contrató a una asistenta aunque él ganaba sólo unos pocos dólares más por hora que ella. Sabía que le convenía.

Otro cliente mío, un conferenciante profesional, decidió aprovechar las tres horas que tenía a la asistenta en casa para hacer llamadas destinadas a conseguir contratos y posibles clientes. Le parecía que esa era la única manera de justificar el gasto que representaba la ayuda doméstica. Al día siguiente, recibió una llamada y consiguió una conferencia con unos honorarios de 1.200 dólares, lo que no estaba nada mal como rentabilidad de una inversión de 50 dólares en la asistenta.

Deja de tratar de hacerlo todo y comienza a delegar el mayor número de cosas posible. La paz mental y el hecho de sentir que te cuidas bien valen el dinero que gastes. Es cierto que hay personas que dicen que les gusta hacer la limpieza de la casa. El peligro de limpiar tu propia casa es que puede crearte la falsa ilusión de que estás logrando algo importante, cuando en realidad le darías mejor utilidad a tu tiempo si trabajaras en tus grandes objetivos y en la consecución de tus sueños. Podrías pasarte la vida sólo limpiando la casa y no lograr jamás escribir esa obra de teatro que proyectas, tomar lecciones de navegación a vela o mantener el contacto con tus familiares y amigos.

15. No temas buscar ayuda

La diferencia entre el rico y el pobre es que el pobre lo hace todo con sus propias manos, mientras que el rico contrata manos para que lo hagan todo.

BETTY SMITH

No tengas miedo de buscar ayuda. Es una manera de delegar tareas. En ese sentido, los hombres suelen ser mejores que las mujeres. No te sientas culpable por contratar a una asistenta, un entrenador o una secretaria. Una de mis clientas estaba muy nerviosa porque tenía que hacer una exposición de diez minutos, asistir a la presentación de un nuevo programa informático que salía a la venta y llevar el gato al veterinario. ¡Todo eso durante la hora de la comida! Un ejemplo perfecto de la mentalidad de la mujer maravilla hecha realidad. Le pregunté por qué razón llevaba el gato al veterinario. ¿Estaba muy enfermo? No; su marido no podía llevarlo y el gato necesitaba sus vacunas anuales. Estamos hablando de una mujer muy brillante, con un nivel de ingresos que está dentro del 10 por ciento de los más altos del país. Trabaja a tiempo completo y acaba de poner un negocio propio; está casada y tiene dos hijos pequeños. Siente que debe hacerlo todo, y hacerlo a la perfección. Es una gran empleada, esposa, madre, ama de casa, mujer de negocios y cocinera. Hasta ahora, lo ha llevado todo adelante, pero el coste es tremendo, y se traduce en una cuota de estrés adicional, resfriados frecuentes, agotamiento y frustración.

Le pedí que reorganizase su programa de actividades en función de sus necesidades personales y que eliminara diez cosas que creía que debía llevar a cabo esa semana. Concertó una nueva cita para ir al veterinario, cambió la exposición para otro día, y de pronto, su vida se había vuelto bastante más fácil. Para hacer bien las cosas, necesitas el tiempo y el espacio necesarios. Contrata a una asistenta, llama a una canguro y manda la ropa a la lavandería. Hazte con un sistema de apoyo de modo que te libere para hacer lo que realmente te gusta. Consulta a un informático en lugar de aprender por tu cuenta un nuevo programa de ordenador. Por supuesto que tendrás un gasto inicial, pero a largo plazo lo amortizarás de sobra con el tiempo y la frustración que te ahorrarás.

Cada vez que te esfuerces demasiado y sientas frustración, pregúntate cómo podrías delegar la tarea o conseguir la preparación adecuada para llevarla a cabo con menos esfuerzo. Después de desesperarme tratando de hacer mi declaración de la renta, me di cuenta de que valía la pena que delegara esa desagradable labor a otra persona que la encontrase placentera. (Aunque no lo creas, hay personas a quienes les encanta hacer declaraciones de la renta.) Contraté a un contable y un gestor. ¡Qué descanso!

Siempre existe un experto que goza haciendo el trabajo que a ti te desagrada, y que además lo hace mejor. Mi contable adora hacer balances, y los hace con entusiasmo. No puedo decir lo mismo con respecto a mí misma. Dejar la declaración de la renta en manos de alguien a quien le gusta hacerla tiene mucho sentido. Y además, a ti te procura el tiempo y la energía que necesitas para dedicarte a lo que te apetece.

16. PERFECCIONA EL PRESENTE

El paraíso está donde vivo.

VOLTAIRE

El pasado y el futuro,
lo que podría haber sido y lo que fue
indican un final que está siempre presente.

T. S. ELLIOT

Si eres una persona que siempre dice «no tengo suficiente» («no tengo suficiente dinero», «no tengo suficiente tiempo», «no tengo suficiente espacio»), hay algo que debes aprender. La vida es una gran maestra. Si te escuchas decir: «No tengo suficiente... (llena el espacio en blanco)», hay algo imperfecto en tu situación actual. No obstante, uno de los principios que utilizamos en el coaching es que el presente es perfecto. Como no podemos cambiar este principio, habrá que cambiar otra cosa. Por ejemplo, cuando estaba llena de deudas, pensaba que no tenía suficiente dinero. Si ese es el problema, la solución obvia parece ser ganar más. Pero gastaba el dinero con mayor rapidez que lo ganaba. Un día me di cuenta de que las deudas no estaban tan mal, porque para saldarlas me veía obligada a modificar mi manera de manejar el dinero. Se suponía que debía aprender algo. Tenía que aprender la forma de ahorrar y dejar de despilfarrar. Comprendí que si no lo hacía, cuando llegase a tener mucho dinero, no sabría cómo utilizarlo con responsabilidad en lugar de malgastarlo en insignificancias. En tres años, pasé de estar endeudada a tener ahorrado lo suficiente como para cubrir los gastos de un año (consejo 24). Había aprendido la lección.

Un día, sentada en la sala de mi encantador apartamento de Nueva York, donde tenía todas mis posesiones terrenales distribuidas en tres habitaciones, me encontré pensando que no tenía suficiente espacio. Era una vieja pauta que emergía. ¿Cómo podía ser posible, si el presente es perfecto? Estaba claro que necesitaba aprender la manera de vivir con menor cantidad de cosas. ¿Qué hacer con los montones de papeles que tenía en el despacho? El problema no era la falta de espacio, sino que necesitaba aprender a eliminar papeles. La cuestión era planteárselo como un reto y un juego. Lo interesante es que una vez que dominas el juego, por lo general ganas el premio. Cuando aprendí a vivir rodeada de menos cosas, mi casa se transformó en un lugar con mucho espacio. No sé por qué, pero necesitaba aprender a manejarme con los papeles. Lo cierto es que, en lugar de quejarme de la falta de espacio para guardar cosas, perfeccioné el presente y eliminé todo lo que pude. Cuando insistes en que no tienes suficiente de lo que sea, ¿a qué te refieres en realidad? ¿Qué nuevas habilidades o hábitos necesitas adquirir? Comienza ahora mismo por perfeccionar tu presente.

17. DEJA DE CAMBIAR LAS COSAS DE LUGAR Y ORGANÍZATE

Uno debe vivir de acuerdo con lo que piensa, o terminará pensando de igual manera que ha vivido.

PAUL BOURGET

Tómate el tiempo necesario para elaborar sistemas que te faciliten aún más la vida. Muchos de mis clientes, tanto empleados de empresas como profesionales, tienen la sensación de que les falta tiempo para organizarse. Están demasiado ocupados. El resultado es que trabajan en medio de un ambiente caótico y demencial, rodeados de montones de papeles. Grave error. No comprenden que duplicarían su productividad si estuviesen bien organizados. Según los informes de los propios trabajadores, en el mundo laboral actual, casi la mitad del tiempo se pierde moviendo papeles de un lado para otro. Una encuesta realizada en catorce empresas de siete ramos distintos reveló que los altos ejecutivos dedican el 46 por ciento de su tiempo a papeleos innecesarios, los ejecutivos de nivel medio el 45 por ciento, los profesionales el 40 por ciento y el personal administrativo el 51 por ciento. ¡Qué espantosa pérdida de tiempo! Es hora de comenzar a organizarse.

Empieza por reservar una hora a la semana estrictamente para organizar, sistematizar o automatizar, y no para hacer el trabajo que tengas entre manos. Podrías pasar esa hora, por ejemplo, enseñándole a tu secretaria cómo ocuparse de una tarea que hasta ahora siempre has hecho tú, o diseñando una hoja de cálculo en el ordenador que te evite hacer las cuentas manualmente, o domiciliando tus facturas en el banco para no tener que hacer talones todos los meses. El tiempo que invertirás para organizar el sistema te dará unos grandes dividendos en tiempo ahorrado en el futuro. Pasa quince minutos archivando papeles, tirando los que no sirven y ordenando tu escritorio. Cuanto más te organices, sistematizando o automatizando los procesos, mayor será el tiempo del que dispondrás para destinarlo a la ejecución de proyectos interesantes.

Una de mis colegas me enseñó un truco. No logró dominar el problema del caos de sus papeles hasta que no eliminó las bandejas del escritorio: ¡Un concepto muy radical! Descubrió que si carecía de una bandeja para dejar los papeles, estaba obligada a ocuparse de cada documento o informe en el momento mismo que lo recibía. Utilizaba un método con cuatro opciones llamado TRAD: Tirarlo – Resolverlo – Archivarlo (lo que no se podía resolver el mismo día iba a un archivo de documentos pendientes o de ese proyecto en particular) – Delegarlo. Como beneficio adicional, ahora que no tenía que buscar lo que necesitaba entre un montón de papeles, podía encontrarlo en una fracción de segundo. Se impuso la costumbre diaria de poner en orden todo lo que estaba sobre su escritorio. Esta conducta le procuraba la satisfacción de sentir que había logrado resultados concretos cada día. A la mañana siguiente no se sentía agobiada por el montón de documentos que la esperaban sobre su escritorio. Por término medio, los administrativos tienen un trabajo acumulado que suma unas cuarenta horas de papeleo, y por lo general se pasan veinte minutos diarios buscando distintos elementos. Utiliza esos veinte minutos para archivar y organizar, y ganarás diez días completos de trabajo en un año.

Uno de mis clientes se pasa una hora con su secretaria cada mañana revisando todo el trabajo que habrá que realizar durante el día. El resto de la jornada transcurre como en un sueño, sin problemas ni interrupciones. Dedica una hora al día a organizar tu trabajo. Te maravillará comprobar la cantidad de tiempo libre que conseguirás. No sólo te sentirás más feliz, sino que tendrás el doble de productividad el resto del día o de la semana. Si quieres tener éxito y realizarte plenamente, es vital que destines tiempo para organizarte.

18. Aprende a decir que no, y dilo a menudo

Después de tomar una decisión, aunque sea errónea, llega la serenidad.

Rita Mae Brown

Ahora que has organizado el caos de tu vida, con lo que has logrado crear un vacío (consejo 11) y tienes tiempo libre, cuídate. A tu vida llegará todo tipo de gente, invitaciones y oportunidades. Eso no significa que debas aceptar todo lo que te llegue indiscriminadamente. Pon en juego tu espíritu crítico. A algunas personas les preocupa que, si dicen «No, gracias», se termine la serie de nuevas oportunidades. De hecho, sucede al revés. Al decir que no, reservas espacio para las oportunidades y relaciones adecuadas.

Muchos de mis clientes están siempre agobiados por los compromisos laborales y las obligaciones sociales. Dicen que sí en lugar de decir que no. Las mujeres, en particular, tienen tendencia a tratar de ser agradables, y necesitan sentirse apreciadas. Es un fenómeno cultural. Surge del hecho que se educa a las mujeres para que sean buenas, y a los hombres para que sean rectos. La consecuencia es que a las mujeres les resulta más difícil que a los hombres decir que no. Esto también explica por qué los hombres detestan preguntar direcciones (se supone que deben saberlas de antemano).

A aquellos clientes que acostumbran a decir que sí a casi todo, les pido que, durante una semana, digan que no a cualquier oferta o petición. Si más tarde cambian de idea, siempre pueden retractarse. Pero la primera respuesta debe ser: «No». «No, muchas gracias pero no puede ser.» Incluso a las mujeres que tienen mucho éxito les resulta difícil llevar a cabo esta tarea, pero llegan a romper el hábito de decir que sí cuando comienzan a ver que el cielo no caerá sobre su cabeza si dicen que no. Sus amigos no las abandonarán, y su perro las seguirá queriendo.

Si no puedes decir que no directamente, deja el asunto en suspenso por algún tiempo. Contesta algo así como: «Gracias por la invitación, pero ahora mismo no se si podré. ¿Te puedo llamar mañana para confirmarlo?». Suele ser difícil determinar sobre la marcha si uno quiere o no hacer algo, y nuestra respuesta inicial está basada, por lo general, en la necesidad de agradar a la otra persona. Tal respuesta produce un «sí» instantáneo cuando en el fondo queremos decir que no. Si te das algo de tiempo para pensarlo, siempre puedes llamar al día siguiente y aceptar la invitación, declinarla o proponer otra solución.

Si te invitan a una boda u otro acontecimiento especial, no es obligación que vayas. Piénsatelo uno o dos días, y si sientes que realmente te interesa, ve. Por supuesto, en el caso de que tengas muchas ganas de aceptar, no lo dudes y di que sí inmediatamente.

Janet era un caso típico de persona que dice que sí a casi todo. Tenía la sensación de que, si su jefe le pedía que hiciese algo, siempre debía decir que sí, pues de lo contrario, daría la impresión de no ser eficaz. Como consecuencia, tenía en mano demasiados proyectos y estaba hasta el cuello de trabajo. Cuando me contrató, le preocupaba la posibilidad de perder su trabajo, porque acababa de entregar un proyecto importante unos días después del plazo fijado. Su jefe, que estaba muy descontento, le había sugerido que debía organizarse mejor para cumplir los plazos de entrega de los trabajos. Janet le explicó que no había podido terminarlo a tiempo porque estaba muy ocupada con otro proyecto que le parecía más importante. La respuesta de su jefe fue que no era cuestión de excusas, sino de hacer el trabajo.

Lógicamente, Janet estaba muy disgustada. Le sugerí que hablase de nuevo con su jefe y le diese una lista de todos los proyectos en los que trabajaba en ese momento, para que él mismo la ayudase a fijar las prioridades. De ese modo, cada vez que él le asignase uno nuevo, ella podría decir: «No, ahora no puedo, porque estoy trabajando en el proyecto XYZ». Si su jefe le asignara otra tarea, podría preguntarle: «¿Este trabajo tiene mayor prioridad que el XYZ? Si es así, necesito un plazo más amplio para el XYZ».

Es posible que tu jefe no sea consciente de todos los trabajos que haces al mismo tiempo, de manera que será sin duda una gran ayuda ponerlo al corriente de la situación y pedirle que defina las prioridades. Por supuesto que quieres que se te considere un miembro del equipo dispuesto a emprender nuevos proyectos. No obstante, debes tener cuidado de que la calidad de tu trabajo no se vea perjudicada al querer cumplir con tantas obligaciones a la vez.

A las personas que tienen problemas para decir que no en su trabajo, también les pasa lo mismo en su vida privada. Jean se quejaba de que no tenía una gran vida social, excepción hecha de un puñado de viejos amigos. Le pregunté si disponía de tiempo para ello. Comprendió que en realidad no era así. Comenzó a decir que no a los favores que los demás le pedían continuamente, con el fin de disponer de las noches para su vida social. Jean siempre había pensado que, si una persona le pedía un favor y ella no tenía nada importante que hacer, debía aceptar. De modo que estaba siempre ocupada haciendo cosas para los demás, y se había ganado una reputación de persona muy bondadosa y solidaria. Por supuesto, eso le impedía tener tiempo libre para su propia vida, pero hasta ese momento no se había sentido capaz de negarles un favor a sus amigos y conocidos.

En unos minutos, ideamos una respuesta que Jean utilizaría cuando alguien la llamase. Decidimos que diría: «Me gustaría mucho hacerlo, y te agradezco que hayas pensado en mí. De hecho, tu ofrecimiento (servir en el comedor del hospital de niños, ocuparse del puesto de una organización benéfica en la feria de artesanía, etc.) me honra, pero lamentablemente no puedo aceptarlo. Quizá tal otra persona esté disponible».

Jean pensaba que debía tener una excusa para negarse y, al mismo tiempo, no quería mentirles a sus amigos. Le dije que no necesitaba mentir. No era necesario justificarse o explicar las razones de su negativa. Ya era suficiente el hecho de que no lo desease. En caso de que algún amigo o amiga la presionase, siempre podía responder: «No me interesa trabajar en ese proyecto», o bien: «En este momento estoy ocupada con otros proyectos».

Trabajamos con la técnica de la información repetida. Es un concepto del libro *Cuando digo no, me siento culpable*, de Manuel J. Smith, que ya se ha convertido en un clásico. Se trata de responder repitiendo siempre la misma frase en un tono neutro y sin levantar la voz. Por ejemplo, si a Jean le decían: «Ah, la verdad es que te necesitamos. El año pasado hiciste una labor maravillosa», ella respondería: «Muchas gracias. Me encantó ayudaros el año pasado, pero este año no puedo aceptar». Entonces la otra persona puede tratar de hacer que Jean se sienta culpable diciendo algo como esto: «Lo entiendo, pero, ¿qué haremos si tú no vienes?». A lo cual ella respondería: «Muchas gracias de nuevo por tener tan alto concepto de mí, pero la verdad es que no puedo aceptar».

Jean se sintió muy cómoda con este tipo de respuesta, porque quería complacer a sus amistades, pero también tener algo de tiempo libre para ella. Al día siguiente, la llamó una amiga para pedirle que la ayudara en la boda de su hija, y Jean, muy amablemente, se negó. Su amiga no se enfadó por ello y Jean no tuvo que cargar con otra tarea más.

Inesperadamente, dos amigas a quienes Jean no había visto desde hacía un año, la llamaron. Habían pasado muy buenos momentos con ella. ¿No le gustaría renovar la amistad? Lo hizo, y programaron una serie de salidas juntas.

Por supuesto, el trabajo voluntario y las obras de caridad pueden ser muy gratificantes. Muchas veces animo a mis clientes a hacerlo, para que, después de su día laboral, tengan ese sentimiento de satisfacción del que carecen en su trabajo. Una clienta mía, Theresa, dedicaba más tiempo a su trabajo como voluntaria que a su empresa. Entretanto, había acumulado 10.000 dólares de deuda en su tarjeta de crédito. Le señalé que, antes de dedicar tanto tiempo a ayudar a los demás, debía ayudarse primero a sí misma. No podía permitirse trabajar como voluntaria porque necesitaba todo el tiempo del que podía disponer para conseguir que su empresa saliera a flote. Una vez pagadas las deudas, y con su negocio floreciente, podría dedicarse a su trabajo voluntario.

Este programa de coaching te ayudará a conseguir tiempo, espacio y dinero, de modo que entonces te resultará natural ofrecerte con generosidad para hacer trabajos voluntarios en instituciones de caridad y otras organizaciones que te interese apoyar.

19. Selecciona tus amistades

No puedes matar el tiempo sin ofender a la eternidad.

Henry David Thoreau, Escritos

No frecuentes gente sólo para matar el tiempo, o porque son los únicos amigos que tienes. O bien disfrutas, o no merece la pena que pases tiempo con ellos. No aceptes las relaciones que no te satisfagan completamente. Puede que tengas que abandonar algunas amistades, cosa que no siempre es fácil. Quizás eso signifique que has madurado, has cambiado, y que la amistad que mantenías con algunas personas ya no te llena. A veces, terminamos frecuentando gente por costumbre, y mantenemos una amistad más tiempo de lo necesario. Es una situación que implica un coste en vitalidad, y que a la larga dificulta que atraigas a las personas con quienes realmente disfrutarías. No hace falta provocar un conflicto innecesario. Simplemente, aléjate, deja de frecuentar a esas personas aunque debas pasar por un periodo de soledad.

Un cliente mío, Joe, tenía una amiga con la que se sentía muy bien, pero que después de un año se había vuelto bastante informal. Llamaba a último momento para cancelar una salida, o bien decía que vendría a cenar y no aparecía. Joe decidió que no quería una amiga así, de modo que utilizó el modelo de comunicación en cuatro pasos (consejo 6) para informarle de que su conducta era inaceptable. Por desgracia, su amiga no se dio por enterada, de modo que Joe dejó de llamarla o de pensar en salir con ella. De vez en cuando tienen encuentros casuales, pero la amistad se ha enfriado. Él ha cambiado. Unos meses más tarde, Joe encontró una amiga nueva, formidable, y además, dos antiguos compañeros suyos de la universidad se instalaron en la ciudad. Ahora se encuentra rodeado de buenos amigos, que le aprecian y son fiables.

Si te decides a entrar de lleno en el proceso de coaching, es muy probable que dejes de lado algunos viejos amigos y entables nuevas amistades. La vida es demasiado corta para desperdiciarla con personas que no son capaces de tratarte con el amor y el respeto que mereces. Crea espacio para nuevos amigos y colegas que realmente te estimulen y te aprecien.

20. APLICA LA TÉCNICA DEL FENG SHUI
EN TU HOGAR Y EN TU TRABAJO

No hay dinero mejor gastado que el utilizado para la satisfacción hogareña.

SAMUEL JOHNSON

El Feng Shui es un antiguo arte chino destinado a acondicionar el ambiente de modo que favorezca el bienestar físico y económico. Se trata de una disciplina reciente en el mundo occidental. En Oriente se ha practicado durante miles de años. Un maestro de Feng Shui sabe lo que necesitas para crearte un entorno armónico con el fin de que aumente tu energía y logres tu plena realización.

Después de asistir a un curso de Feng Shui, descubrí que necesitaba trasladar el escritorio al lado opuesto de la habitación. La orientación de la pared que daba al noroeste era más favorable para progresar en los negocios. Desde que cambié de lugar mi escritorio, mi empresa ha experimentado un crecimiento en progresión geométrica. Como añadido, esa demostró ser la mejor solución también en un sentido decorativo. La habitación da la impresión de ser más amplia que antes, aunque ahora hay más muebles. Esa es la magia del Feng Shui.

Anne, una psiquiatra, estaba preocupada por su trabajo porque siempre tenía problemas económicos. Me contrató para ayudarla a mejorar su situación financiera. Hacía poco que se había mudado a un nuevo apartamento y le sugerí que contratase a un maestro de Feng Shui para que organizara el espacio de la mejor manera para ella. Una semana después de la visita de ese maestro, Anne me llamó maravillada. Al hacer unos cambios en su casa que le costaron relativamente muy poco dinero, se había producido una sensible diferencia en la manera en que ella se sentía. En una semana tuvo tres nuevos clientes, y todos se habían inscrito en un programa de terapia intensiva. Era evidente que de la noche a la mañana su trabajo había dado un salto tremendo. Se sentía próspera, dichosa y realizada. Su nueva sensación de prosperidad y realización la llenaba de energía, que utilizaba para crear un programa de promoción de su trabajo.

He aquí algunos consejos prácticos de la técnica del Feng Shui:

- Asegúrate de que puedes abrir y cerrar las puertas sin problemas, incluidas las de los armarios, que puede que no se abran completamente debido a la ropa que hay colgada en ellos. (Yo tuve que mover un estante en el baño porque impedía que la puerta se abriese completamente. Ahora el cuarto de baño parece más amplio que antes).
- Si tus ventanas dan a un hospital o a un cementerio, coloca cortinas o persianas.
- Si no hay ventana en el cuarto de baño, coloca un espejo en la pared opuesta al lavabo. Se dice que aumenta la circulación del aire.

- Nunca diseñes o compres una casa con el cuarto de baño ubicado en el centro, porque absorberá toda la energía.
- La puerta de la entrada principal nunca debe estar frente a un baño. En ese caso, mantén siempre la puerta del baño cerrada y coloca un espejo del lado exterior de la misma. De hecho, es una buena idea tener bajada siempre la tapa del inodoro, y la puerta del baño cerrada, independientemente de la ubicación que este tenga.
- No coloques tu cama bajo un techo con grietas, y no duermas bajo vigas a la vista.
- Elimina todo el desorden de tu casa, tu lugar de trabajo y tu trastero (consejo 11). Siempre debes tener espacio sobrante, ya sea en las estanterías de los libros, en el armario, en el vestidor o en la nevera.
- Coloca papeleras donde las necesites, tanto en tu casa como en el trabajo. Cada mañana o cada noche, vacíalas todas. (Mi abuela lo hacía instintivamente después del desayuno, porque eso hacía que se sintiera bien y le daba la sensación de comenzar bien el día.)
- Repara, reemplaza o descarta todo lo que esté roto o dañado en tu casa o en tu lugar de trabajo. No desperdicies tu valiosa energía soportando un fax que siempre se atasca, electrodomésticos que no funcionan bien, ropa manchada o hecha jirones, etc.

Estos son sólo algunos consejos básicos que no hacen justicia a todo el mérito de este arte milenario. Para disponer de una evaluación concienzuda de tu casa y tu lugar de trabajo, busca el asesoramiento de un maestro de Feng Shui. Vivir en un ambiente adecuado incrementará tu capacidad de atraer buenas oportunidades y éxitos.

John, otro de mis clientes, es un conferenciante profesional muy conocido. Me contrató porque tenía muchos problemas para concentrarse. Hacía años que hablaba de escribir un libro. Tenía muchas ideas, pero no lograba ponerse en marcha. Lo primero que hicimos fue comenzar a trabajar para eliminar todo lo que le molestaba y todo lo que fuese innecesario. Cada semana se deshizo de, por lo menos, un montón de papeles, incluso de viejos libros y de ropa. Contrató a un maestro de Feng Shui para que reorganizase su casa. El maestro se limitó a disponer de otro modo el mobiliario existente y a sugerir algunas modificaciones muy sencillas. John se quedó muy impresionado con el resultado. Con tan poca cosa, se había logrado un cambio increíble. Se sentía mucho más cómodo en su despacho y no se distraía, porque el escritorio ahora ocupaba una posición más favorable y ya no estaba repleto de papeles. Por primera vez en muchos años, pudo concentrarse y escribir. Seis meses más tarde ya tenía terminada la mitad del libro.

Una de mis clientas era una próspera asesora de empresas que trabajaba en su pequeño apartamento. Cuando me contrató, no sólo deseaba aumentar el nivel de su negocio, sino que quería volver a tener citas románticas. Era una mujer joven, vivaz y atractiva que no debía tener problemas para atraer a un hombre. Le pregunté qué guardaba debajo de su cama. Dado que utilizaba todo el espacio que encontraba para guardar sus papeles, tenía allí cajas llenas de material de oficina y sobres de correo. Dormía, literalmente, con su empresa. Cuando se dio cuenta de esto, sacó todo ese material y lo colocó en uno de los armarios de su despacho. A la semana siguiente, tuvo su primera cita romántica desde hacía tiempo. No tengo explicación alguna para el sorprendente efecto del Feng Shui. Lo utilizo porque funciona. Haz la prueba y observa los resultados.

III

Haz que el dinero trabaje para ti

Existe gente que tiene dinero y gente que es rica.

Coco Chanel

Es obvio que, si tienes mucho dinero, es más fácil que obtengas éxito en lo que emprendas. Pero esto no sucede tanto por el hecho de que poseas dinero, sino más bien porque el dinero no te posee a ti, o, en caso de que no lo tengas, porque la carencia de dinero no te posee a ti. Es tan poco interesante hacer que tu vida gire alrededor de la falta de dinero como alrededor de la abundancia del mismo. El objetivo es lograr que el dinero sea uno de los aspectos de tu vida, pero de ninguna manera tu preocupación primordial. Claro está que es más fácil decirlo que llevarlo a la práctica.

La falta de dinero es una de las razones habituales (quizás sería más correcto decir «excusa») que la gente utiliza para explicar sus insatisfacciones en la vida y su imposibilidad de hacer lo que en verdad le apetece. Lo he escuchado infinidad de veces: «Si tuviese suficiente dinero, haría XYZ y sería más feliz». He observado que esas mismas personas, cuando llegan a tener ese dinero, no realizan sus sueños y siguen siendo igualmente desdichadas, lo que prueba que su problema no era la falta de dinero.

Está claro, pues, que el dinero no hace la felicidad. Pero, por otro lado, la falta de dinero tampoco. El secreto es aprender a manejarlo y tener el suficiente para dejar de preocuparse por la cuestiones económicas.

Cuando lo logres, comenzarás a sentirte más libre con respecto a tus finanzas.

Básicamente, existen dos maneras de conseguir más dinero: gastar menos y ganar una mayor cantidad. Pon en práctica las ideas y los consejos de esta parte y pronto estarás en camino de la independencia económica (consejo 29). No me refiero a que consigas pagar todas tus facturas pendientes, sino a tener dinero ahorrado e invertido o suficientes fuentes de ingresos de modo que no *debas* trabajar para vivir. Puedes *escoger* trabajar para vivir, pero no tienes por qué hacerlo si no te interesa.

21. DI LA VERDAD ACERCA DEL DINERO

Resultó ser que el dinero era exactamente igual que el sexo; si no lo tenías, sólo pensabas en él, y cuando lo lograbas, pensabas en otras cosas.

JAMES BALDWIN

¿Qué es el dinero, al fin y al cabo? Sabemos que no es una mágica panacea, no compra la felicidad, el amor o la salud. No es un bien escaso, aunque la mayoría de la gente piensa que sí. No es una medida de tu grado de inteligencia o de tu talento. En el mundo, hay muchos genios pobres y muchos pobres verdaderamente necios. El dinero es tan sólo una herramienta. Como toda herramienta, puede utilizarse para hacer el bien o para hacer el mal. La mayoría de las personas colocan en el dinero una carga emocional. Todavía es un tema tabú, que a muchos les incomoda tocar. Nos puede decir mucho sobre tu manera de ser, dado que la forma en que lo gastas suele revelar tanto tus necesidades como aquello que realmente valoras.

Antes que nada, debes tener una idea exacta de lo que el dinero representa para ti. Es decir, qué es lo que tú crees que es el dinero. Actuamos en función de lo que creemos; por lo tanto, los resultados que conseguimos en la vida dependen de esas creencias. De modo que si quieres cambiar tu situación en el terreno del dinero, merece la pena que examines atentamente tu relación con él. Antes de comenzar a examinarla, te propongo una serie de frases para que las completes:

Creo que el dinero es...
Mi problema o dificultad con el dinero ahora mismo es...
Una de las maneras de manejar bien el dinero es...
El éxito económico es...
Si pudiera modificar mi relación con el dinero, haría...
Si tuviese todo el dinero que quiero, sería...
El mayor cambio que quisiera hacer con relación a mi manera de manejar el dinero es...
Mis padres me enseñaron que el dinero es...

Las ideas limitadas crean finanzas también limitadas. Es probable que, si piensas que para hacer dinero tienes que luchar y trabajar con gran esfuerzo, no te sea fácil alcanzar la riqueza. Miranda creía que el dinero era la representación del mal. Nunca lo había dicho directamente, pero asociaba el hecho de poseer mucho dinero con todos los aspectos que detestaba del país: la codicia, la corrupción, los opulentos burócratas y los políticos de la derecha. Por lo tanto, me pareció lógico que no sólo careciera de ahorros, sino que tuviese deudas considerables y que más de una vez le rechazaran los talones. Dado que pensaba que el dinero era inherentemente malo, evitar tenerlo en su cuenta era en ella instintivo. Una vez que descubrió lo que en realidad pensaba del dinero, tomó la decisión de modificarlo. Desde entonces, consideró que el dinero era una herramienta que podía utilizar para fines positivos. Comenzó a pagar sus deudas, abrió una cuenta de ahorros e incluso aprendió a controlar sus fondos.

Las ideas corrientes sobre el dinero se reflejan en expresiones tales como: «Es asquerosamente rico», «El dinero llama al dinero», «El dinero es la raíz de todo mal», «No puedes comprar el amor con dinero», «Cuando te mueras, no te lo llevarás contigo», «Las mejores cosas de la vida no cuestan un céntimo», «El dinero no lo es todo». Anota todas tus creencias sobre el dinero y luego reemplázalas por otras nuevas, como, por ejemplo: «Disfruto de mi dinero», «Agradezco el dinero que tengo y lo utilizo para hacer realidad mis sueños», «Tengo dinero suficiente para realizar grandes proyectos y para compartirlo con generosidad». Modificar tus creencias limitadas y expandirlas es el primer paso hacia tu libertad económica.

A veces, no es fácil decir lo que uno piensa realmente del dinero. Un cliente mío, Jeff, vicepresidente de recursos humanos en una gran empresa de servicios financieros, se inscribió en unas clases mensuales que yo daba para aprender a atraer el dinero. Como la mayoría de la gente, pensaba que si lograba aumentar sus ingresos, resolvería sus problemas y cancelaría su deuda de la tarjeta de crédito. En el curso de las tres horas de la primera clase, descubrimos que Jeff creía que trabajar y darle el dinero necesario a su esposa eran su responsabilidad y su problema. Le dije que debía hablar con su mujer y ponerla al corriente de su verdadera situación económica, para que pudieran decidir juntos, como pareja, sus objetivos. No era una tarea fácil, pero Jeff habló con Mindy, su mujer, y le contó la verdad. Después de hacer algunos cálculos, llegó a la conclusión de que gastaban mensualmente entre 2.000 y 4.000 dólares más de lo que ganaba. Por lo tanto, resultaba una cifra anual de alrededor de 50.000 dólares más de lo que ganaban. A ese paso, no tardarían mucho tiempo en arruinarse. Tenían una deuda exorbitante en sus tarjetas de crédito y estaban viviendo muy por encima de sus posibilidades.

Buscaron la ayuda de un asesor financiero que estuvo de acuerdo en trabajar con ellos gratuitamente siempre que se prestaran como «cobayas» en un programa dedicado a ayudar a las parejas a resolver su situación económica. Dejaron de utilizar las tarjetas de crédito y de ser excesivamente generosos con los amigos y con las respectivas familias; también disminuyeron sus constantes salidas a cenar, el envío de la ropa a la tintorería y las vacaciones caras. Comenzaron a pagarlo todo en efectivo. Lo más increíble es que Jeff dice que este cambio no les ha hecho sufrir en ningún momento. Para ellos, comprobar lo poco que pueden llegar a gastar es como un juego. Cada día los dos se sientan para controlar sus gastos y los dividen en tres categorías: 1. Necesarios, 2. Optativos, 3. Erróneos. Mindy ha dado un giro de ciento ochenta grados. Ha resultado ser de gran ayuda para Jeff a la hora de reducir los gastos. Recorta cupones y recorre las distintas tiendas de comestibles para conseguir las mejores ofertas. Siempre le gustó cocinar, y ahora ambos han descubierto que comer en casa es más agradable y saludable que comer fuera constantemente. Tampoco se privan de todo. En su quinto aniversario de boda, fueron a cenar a un restaurante elegante y se gastaron 200 dólares, pero en lugar de utilizar la tarjeta de crédito, experimentaron la gran satisfacción de pagar en efectivo. Además, como ya no salen todas las noches, la ocasión fue realmente especial.

Entonces, como caída del cielo, les llegó una herencia de 2.000 dólares de uno de sus tíos. Ya habían comenzado a atraer dinero. Estuvieron tentados de no decirle nada al asesor financiero sobre este ingreso imprevisto y despilfarrarlo en unas vacaciones. No obstante, decidieron que tenían un compromiso con sus objetivos, de modo que, en lugar de tomarse esas vacaciones, lo utilizaron para cancelar la deuda de una de sus tarjetas de crédito. Todo esto sucedió en el espacio de un mes. Puedo asegurar que, en vista de su entusiasmo y de la energía con que llevan adelante su plan, pronto acabarán con sus deudas y estarán bien encaminados hacia su independencia económica.

Si sientes que no puedes eliminar una serie de ideas que te limitan y te estancan, prueba el método de escuchar una grabación subliminal titulada *Attracting Infinite Riches* [Atraer infinidad de riquezas], editada por Alphasonics International. Son mensajes positivos del tipo: «Creo prosperidad», «Me siento bien ganando dinero», «Multiplicar el dinero es divertido», «Soy feliz con mi riqueza», «Ríos de riqueza vienen hacia mí»... El sonido de la grabación se asemeja a los murmullos de un arroyo, de modo que puedes escucharla en tu casa y en el trabajo y nadie sabrá lo que estás haciendo. De hecho, yo tenía esa cinta puesta cuando vino uno de mis amigos a visitarme. Comentó que mi casa tenía un ambiente de sosiego y que los ruidos de la ciudad parecían confundirse con el sereno murmullo de un arroyo. Es un método que a mí me ha dado muy buenos resultados. Cada vez que pongo la cinta, aparece un cliente nuevo o una oportunidad para dar una conferencia. A pesar de las opiniones en contra, que desdeñan las grabaciones subliminales, yo creo que, dado que utilizamos tan sólo una parte de nuestro cerebro, bien podemos intentar utilizar el resto. Dudo que nos haga daño alguno.

22. JUEGA AL JUEGO DEL MULTIMILLONARIO

Pasado un tiempo, quizás descubras que no es tan agradable tener
una cosa como desearla. No es lógico, pero suele ser verdad.

SPOCK, STAR TRECK

De vez en cuando, no viene mal jugar al juego del multimillonario. En una reunión con tu familia o con amigos, pregúntales: «¿Qué haríais si tuvieseis mil millones de dólares?». Luego, cada uno responde. Observa las respuestas. Es un ejercicio excelente. Te aconsejo que tomes papel y bolígrafo y escribas una lista de un mínimo de cien cosas que te gustaría hacer, tener o ser. No te limites. Parte de la base de que no tienes problemas de dinero. Escribe todo lo que pase por tu mente. No te censures; siempre podrás hacerlo más tarde. Si tener un Mercedes o un Rolex es un viejo deseo, anótalo. ¿Qué tal tomar clases de danza, hacer un largo viaje o aprender submarinismo? Anota todo lo que desees o quieras, todo aquello con lo que fantaseas, sueñas y que te ilusiona. La mayoría de las personas se quedan bloqueadas muy pronto. No pueden pensar en cien cosas que les gustaría hacer, tener o ser. Ve más allá de tus límites y trata de imaginar algo más. No te preocupes, es sólo un juego.

Cuando hayas terminado la lista, revísala. Primero: ¿Cuántas de todas estas cosas quieres realmente? ¿Quieres un Mercedes? ¿Qué cambiaría en tu vida si tuvieras un Mercedes? ¿Pagarías el mantenimiento? Con frecuencia nos olvidamos de que el precio real de un objeto incluye el coste del mantenimiento. ¿Has conducido ya uno?

Uno de mis clientes, Richard, se pasó un verano conduciendo un Mercedes en East Hampton. Al final de ese periodo, comprendió que no quería un coche así. Primero, aceleraba con lentitud. Segundo, su motor era diesel, de modo que tenía que dar todo un rodeo para encontrar una gasolinera que tuviera gasóleo. Tercero, tenía un problema con las ventanillas, de modo que había que llevarlo al taller a menudo para que las arreglaran y pagar una cantidad desorbitada por cada reparación. Cuarto, le aterrorizaba la idea de que la carrocería se abollara o se rayara. No, gracias. ¿Quién quiere tantos fastidios y dolores de cabeza? Richard se dio cuenta de que se sentía mucho más feliz cuando conducía su viejo Honda, porque no tenía que preocuparse por lo que pudiera pasar o por si se lo robaban.

Haz el mismo proceso con todos los demás puntos de tu lista. ¿Realmente quieres ser cantante de ópera y llegar a la fama? ¿O, dado el tiempo y el trabajo que requiere, te parece perfecto seguir cantando en la ducha? Finalmente, elige las diez cosas de tu lista que verdaderamente deseas hacer, tener o ser en la vida, todo aquello que lamentarías no haber hecho si estuvieses en tu lecho de muerte. Por ejemplo: «Ay, siempre quise ir a visitar la Acrópolis de Atenas y nunca fui». Dicho sea de paso, jamás he oído hablar de nadie que en medio de su agonía se quejase porque nunca tuvo un Rolex. Por lo general, lamentamos lo que no *hicimos* o lo que no *dijimos*: perdonar a ciertas personas, pedir perdón por un daño que hicimos, no haber pasado más tiempo con los seres queridos o haberse perdido una experiencia vital. De modo que, si comprendes esta perspectiva, ten por seguro que puedes ahorrar mucho dinero. Asegúrate de que las diez cosas que escojas reflejen el mundo de tus valores. No hablo de valores morales, sino de aquello que para ti tiene una importancia esencial. Ahora que sabes lo que quieres, escoge un objetivo para tu vida y comienza a perseguirlo hoy mismo. Verás que, cuando hayas decidido cuáles son tus necesidades y las solventes (consejo 43), querrás muchas menos cosas que antes.

Cuando escribía este libro, llevé a cabo una variante de este ejercicio. Para mantener el entusiasmo cuando me desanimaba y quería abandonar, hice una lista de todo lo que quería comprar con el dinero que recibiese de anticipo. (En esa época todavía no tenía ni agente ni editor.) El resultado fue una lista muy modesta, teniendo en cuenta que soy una ex adicta a ir de compras. Quería un abrigo magnífico, un conjunto de jersey y chaqueta de cachemira, unas tumbonas y unas plantas para el patio, unas gafas de diseño y una alfombra nueva para el salón. Hice la lista colocando al lado de cada artículo su precio aproximado y me olvidé de ella. Al poco tiempo, un editor me hizo una oferta por el libro. Entonces, miré la lista para ver lo que había deseado y me quedé sorprendida. Mientras tanto, ya había conseguido casi todo lo que pensaba pagar con el anticipo. Una amiga me había regalado las macetas, mi tía las plantas, y mi prima la alfombra. Había encontrado un jersey de cachemira en las rebajas, y luego me di cuenta de que no me gustaba porque pica (a veces las cosas no son tan magníficas como uno cree). Me compré un abrigo de lana de camello que era perfecto. Las gafas de diseño eran lo único que me faltaba, pero me di cuenta de que tampoco me interesaban demasiado. Las que tenía estaban bien, y además las usaba poco. De modo que pude hacer toda una lista nueva para utilizar el dinero del anticipo.

Tómate unos minutos para jugar al juego del multimillonario y escribe tu lista sólo por diversión. Escoge las diez cosas que más te interesen y descubre lo que realmente deseas.

23. Deja de tirar el dinero por la ventana

El dinero no lo es todo en la vida siempre que tengas el suficiente.

MALCOLM FORBES

Cuando trabajo asesorando a mis clientes, el error más común que cometen en relación con el dinero es creer que la solución más adecuada para resolver sus problemas económicos es hallar la manera de aumentar sus ingresos. Es la razón por la que muchos incautos caen continuamente en trampas del tipo: «Hágase rico en un día», y por la que juegan a la lotería. «Quizás esta vez me toca el gordo y soluciono todos mis problemas...» La dificultad inherente a este modo de pensar es que el dinero no es la respuesta a todos los problemas.

Un estudio evaluó a los ganadores de la lotería y el impacto que produjo este acontecimiento en su vida durante los seis meses siguientes. Los mismos investigadores estudiaron a otro grupo interesante: el de las personas que, debido a un accidente, se habían quedado parapléjicas para el resto de su vida. Los estudios coincidían en que, seis meses después del suceso, ambos grupos experimentaban el mismo nivel de felicidad. De modo que ganar la lotería sólo te otorgará un grado de dicha similar al de ser parapléjico o parapléjica. No está mal.

Partiendo de esa base, la manera más rápida de resolver tus problemas económicos es afrontarlos, es decir, averiguar las razones profundas por las que gastas de más o por las que tienes problemas económicos. Si no lo averiguas, se te irá de las manos todo el dinero extra que ganes, tal como te sucede normalmente. Si consigues dejar de tirar el dinero por la ventana, cualquier suma extra que tengas aumentará con rapidez y comenzará a trabajar para ti.

¿Cómo tiras el dinero? Lo más curioso es que el exceso de gastos es expresión de carencias afectivas o emocionales. En nuestra cultura, los medios de comunicación nos condicionan para que creamos que si necesitamos algo, sólo tenemos que comprarlo. Ya está. Eso nos aporta un sentimiento de bienestar inmediato. Por desgracia, no es más que una ilusión. El hecho de comprar no responde a una necesidad del objeto adquirido, sino a determinadas necesidades emocionales. La única manera de hacer frente a una necesidad emocional es tener clara conciencia de cuál es, y luego, buscar la manera de solventarla. No hay dinero en el mundo que alcance para cubrir tus necesidades afectivas. Simplemente, no puedes evadirlas.

Veamos el ejemplo de Linda, una mujer soltera, ambiciosa, ejecutiva de publicidad en Chicago que, en comparación con la mayoría, ganaba una buena cantidad de dinero. Cuando comenzó con el coaching, tenía una deuda acumulada de 19.000 dólares en sus tarjetas de crédito. Cada cheque que recibía iba a su cuenta corriente para pagar sus descubiertos. Vivía sola en un apartamento grande y hermoso, por el que pagaba 1.100 dólares mensuales de alquiler. Tenía gustos bastante caros. Se vestía con ropa y zapatos de diseño, con la excusa de que era importante que diera una buena imagen a sus clientes. A los treinta y cuatro años, sus únicos ahorros eran los de la jubilación, que recientemente había utilizado como garantía para pedir un préstamo y reducir los intereses de sus tarjetas de crédito. Vivía al límite, atrapada por su trabajo y estresada al máximo, haciendo juegos malabares con una tarjeta para pagar la otra. Sabía que tenía que hacer algo, porque estaba con la soga al cuello. Cuando comenzó el coaching, no tenía idea de que la razón de sus gastos excesivos era una enorme necesidad de sentirse amada. Cada vez que se compraba un precioso jersey nuevo o un par de zapatos, se sentía amada por un instante. Por desgracia, esa sensación no era duradera. Muchas veces, no llegaba siquiera a usar lo que compraba. Se trataba de gastar dinero más que de tener un objeto en particular.

Una vez que Linda hubo comprendido que su necesidad real era afectiva, comenzó a pensar en la manera en que podía sentirse rodeada de afecto sin que le costase dinero. Le impuse la tarea de encontrar cinco personas que estuviesen dispuestas a darle amor y rodearla de atenciones. La sola idea de pedirles a los demás que la quisiesen la hacía sentirse incómoda, lo cual confirmaba que esa era la verdadera necesidad que debía solventar (si no te resulta difícil o incómodo pedirle a otra persona que solvente una de tus necesidades, es probable que tu conducta no esté motivada por una verdadera carencia).

Después de empujarla un poco, Linda se decidió y llamó a su madre para pedirle que la telefoneara cada semana durante uno o dos meses y le dijese que la quería mucho. Luego le pidió a su hermano que le enviara una postal una vez por mes, diciéndole de alguna manera que la quería. Incluso le pidió a su novio que le hiciese masajes en la espalda una vez por semana. El sentido de esta tarea era exagerar las cosas, de manera que su necesidad de cariño estuviese tan satisfecha que nunca más dominase su conducta.

No te preocupes, no tendrás que hacerlo toda la vida, sino sólo durante unas semanas, de seis a ocho, hasta que sientas que tu necesidad desaparece. En cuanto Linda comenzó a sentirse querida, comprendió algo muy interesante: podía entrar a una tienda sin sentir la compulsión de comprar. Ese deseo fue desapareciendo gradualmente, con toda naturalidad. Linda pudo ver que sus compras excesivas no eran más que el síntoma de una necesidad más profunda (las pautas de conducta inusuales tienen siempre una necesidad emocional detrás). Comprendió que jamás podría comprar suficientes zapatos o blusas como para llegar a satisfacer su necesidad de amor. Nunca se tiene suficiente de lo que uno realmente no necesita.

Ahora Linda está preparada para hacer ciertos cambios en su estilo de vida. Aceptó llevar un cuaderno de notas durante un mes para registrar hasta el último centavo de sus gastos, de tal modo que pudiese ver adónde iba su dinero. Anotó todos sus gastos fijos mensuales (alquiler, electricidad, gas, alimentos, seguros) y agregó todos sus gastos variables (comer afuera, ir al teatro, ropa, manicura, etc.). Fue una gran sorpresa cuando se dio cuenta de que gastaba alrededor de 10.000 dólares anuales en ropa y zapatos. También comprobó que sus pequeños gastos diarios influían en su presupuesto. Gastaba entre 5 y 10 dólares cada día en comer fuera al mediodía. Sólo comprar un bocadillo y un refresco ya suponía un gasto mínimo de 5 dólares. ¡Esto representaba 1.200 dólares anuales sólo para comer al mediodía! El café y el bollo del desayuno, que le costaban el precio en apariencia insignificante de un dólar y medio, sumaban 360 dólares al año. Linda decidió modificar algunas de sus costumbres y llevarse la comida al despacho, tomar el desayuno en casa o comprar sólo una o dos piezas de ropa nueva cada temporada. Luego empezó a buscar un lugar más pequeño para vivir, pero como su apartamento le gustaba, decidió que era mejor compartirlo con alguien. Encontró a una persona que viajaba a menudo y a quien le convenía compartir el alquiler. Con sólo esos cambios mínimos, de repente ahorraba 1.400 dólares mensuales. De esa suma, destinó 1.100 a pagar sus deudas y el resto fue a una cuenta de ahorros. Linda sintió que nunca había tenido tanto control sobre su vida. Además, descubrió que inconscientemente había estado esperando la llegada de un hombre que la socorriera y pagara sus deudas. Por supuesto, ahora que tenía controladas sus finanzas, podía atraer a hombres que tuvieran éxito y dinero. La probabilidad de atraer a los demás aumenta sensiblemente si *no* los necesitas. Todas las que esperáis a vuestro príncipe azul y todos los que esperáis a vuestra mujer ideal, podéis facilitaros la vida: primero, poned en orden vuestras finanzas.

24. Paga tus deudas

Si vosotros, pues, no sois fieles en las riquezas mundanas, ¿quién os confiará las riquezas verdaderas?

Lucas, 16,11

En los últimos veinte años, tener deudas se ha vuelto socialmente aceptable. Antes, la gente ahorraba dinero para lo que quería, y compraba cuando tenía el suficiente. Ahora sucede exactamente lo contrario. Queremos las cosas ya, de modo que nos endeudamos y pagamos intereses absurdos. El coste de la cultura del «lo quiero ya» es alto, y no hablo sólo de los intereses. Va mucho más allá de ese problema. Tener deudas es estresante. Te has acostumbrado tanto a endeudarte y a utilizar las tarjetas de crédito para hacer compras, que ni siquiera te das cuenta de lo estresante de la situación. Cuando estés libre de deudas, podrás comprobar el descanso que se siente, aun si ahora te parece tan sólo una bonita fantasía.

Cuando comencé a trabajar después de diplomarme, ya ganaba más dinero que mis padres. Por primera vez en mi vida, me sentí rica. Jamás había tenido cinco tarjetas y una línea de crédito. Cada semana recibía correo con la cuenta de alguna de las tarjetas. Temblaba de miedo de abrirlo, porque no sabía con exactitud cuánto había gastado. Siempre me espantaba un poco, porque era más de lo que esperaba. No tenía idea de lo estresante que todo esto era hasta que pagué las tarjetas y el crédito de estudios por medio del plan que Jerrold Mundis describe en su libro *How to Get Out of Debts: Stay Out of Debts and Live Prosperously* [Cómo librarse de las deudas: vive sin deudas y con prosperidad]. Es una obra excelente que aporta soluciones muy buenas. Me llevó cerca de dos años pagar los miles de dólares que debía, y ahora, cada vez que utilizo la tarjeta de crédito, me aseguro de pagar toda la deuda a fin de mes.

Las deudas son estresantes y consumen nuestra energía. En esa situación es muy difícil tener ánimos para atraer a las personas y las oportunidades que uno desea. Cuando no se tienen deudas, es lógico sentir alegría y despreocupación, pero no es fácil dar una impresión relajada y agradable si se sufre el agobio del dinero.

La vicepresidenta de un banco, una mujer con gran habilidad financiera, tenía unos dos mil dólares de deudas en su tarjeta de crédito. No era algo que le preocupase demasiado, hasta que asistió a mis seminarios. Comprendió que esa deuda podía estar costándole algo más de lo que creía. Rápidamente sacó dinero de una de sus inversiones y pagó su deuda. Más tarde me llamó para contarme la gran diferencia que había notado y para darme las gracias. Se sentía más libre y más desenfadada que antes. Este pequeño acto la incitó a hacer otras cosas que deseaba desde hacía años y que había postergado hasta ese momento. Por fin, se compró el mobiliario de dormitorio de madera de cerezo que quería y comenzó a remodelar su casa según su propio proyecto y su presupuesto. En lugar de hacer como la mayoría de la gente y pedir un crédito, utilizó sus ahorros para no crearse nuevas deudas. Por supuesto que no todos tenemos ahorros para pagar nuestras deudas de inmediato. Desde luego, yo no los tenía en su momento, pero si se elabora un plan para pagar las deudas y se cumple, con el tiempo se consigue estar libre de gravámenes.

Para esclarecer mi punto de vista, veamos el ejemplo de otra de mis clientas, Barbara. Le encantaba ir de compras. Pensaba que si fuera rica, sería feliz, porque podría comprar sin pensárselo ni lo más mínimo y sin tener que preocuparse nunca más por el dinero. De modo que pasaba su tiempo ocupada en ganar más y más dinero. Detestaba su trabajo, pero le procuraba unos buenos ingresos, que utilizaba para liquidar las deudas de las tarjetas de crédito que había utilizado en todas sus compras. Pero cuando llegó al límite máximo de sus tarjetas, y habiendo gastado todo el dinero de su cuenta corriente, se dio cuenta de que tenía problemas. Fantaseaba con la idea de conocer a un hombre adinerado, que se enamorase de ella y liquidase sus deudas. Por fin, cuando no pudo conseguir ni siquiera un crédito de su banco local, se dio cuenta de que lo mejor que podía hacer era dejar de construir castillos en el aire y encontrar un modo de resolver el problema.

Elaboramos un plan para que liquidara sus deudas, adaptado a sus necesidades y que seguramente funcionaría, pero Barbara se sentía muy desalentada. Dada la tasa de interés sobre la deuda de sus tarjetas de crédito, terminaría pagando miles de dólares suplementarios y tardaría unos siete años en liquidarla. Le dije que no se preocupase, que no le llevaría tanto tiempo si cumplía el plan con exactitud. Para comenzar, en lugar de concentrarse en liquidar sus deudas (eran sólo un síntoma), lo que debía hacer era encontrar la verdadera causa del problema. ¿Cuál era el deseo insatisfecho que quería satisfacer con sus compras? Una vez que lo identificamos (ser apreciada) y encontramos una manera de solventarlo, Barbara descubrió que ya no necesitaba ir de compras. Por primera vez desde sus años de instituto, pudo entrar en una tienda sin sentir la compulsión de comprar. Fue un enorme avance. En el pasado, siempre compraba algo, aunque sólo fuese un pequeño bloc de notas o un esmalte de uñas.

Aunque no tuviera tiempo para ver lo que necesitaba *realmente*, también entraba en el círculo vicioso de comprar y endeudarse.

Averigua cuáles son tus necesidades y cómo satisfacerlas de una vez y para siempre (consejo 43). Tu vida dará un vuelco. Si tienes la impresión de estar al límite de tus deudas, busca un asesor o una empresa consultora que se ocupe de negociar con los bancos un sistema de pago dentro de tus posibilidades. Ellos pueden ocuparse de los pagos. Tú les aportas una cantidad fija por mes, y ellos la dividen y pagan cada una de tus deudas según los acuerdos que hayan convenido. Este servicio tiene dos grandes ventajas:

Ellos negocian todos los arreglos necesarios con tus acreedores.
Pueden lograr que las cuotas mensuales sean menores.

Para muchas personas, un convenio de este tipo representa una verdadera liberación, porque es su única manera de salir de las deudas sin arruinarse completamente. La desventaja es que no llegues a aprender de la experiencia. Hay personas que necesitan sentir un verdadero dolor antes de hacer los cambios necesarios en su manera de manejar el dinero.

Pagar las deudas es la base para la construcción de un sólido respaldo financiero. La habilidad y los hábitos que desarrolles para liquidar tus deudas son los mismos que necesitas para crearte una reserva de dinero. No te desalientes. Si tienes la sensación de hundirte bajo el peso de las deudas, lee el libro de Mundi ya mencionado. Cuanto más fielmente sigas los pasos recomendados en ese libro, más pronto liquidarás tus deudas y mayor facilidad tendrás para atraer lo que deseas.

25. HAZ UN AYUNO DE DINERO

La riqueza no consiste en tener posesiones, sino en tener pocos deseos.
ESTHER DE WAAL

En nuestra sociedad basada en el consumo, es fácil olvidarse de que el dinero no compra la felicidad. Las últimas investigaciones prueban que puede ser aun peor de lo que imaginamos. Alfie Kohn, en su artículo «In Pursuit of Affluence at a High Price» [El alto coste de perseguir la opulencia], que salió publicado en el *New York Times*, escribe: «No sólo se ha demostrado que poseer cosas es insatisfactorio, sino que aquellas personas que consideran la opulencia como una prioridad en su vida, suelen tener por término medio un nivel de bienestar más bajo que los demás».

Los investigadores en psicología citados en este artículo afirman lo siguiente: «La búsqueda de objetivos que son reflejo de necesidades humanas genuinas, tal como querer sentirse conectado con los demás, resulta ser de mayor beneficio psicológico que pasarse la vida tratando de impresionar a otras personas o de acumular ropa de última moda, artilugios elegantes y dinero para comprarlos. Esta última búsqueda apunta a utilizar la compensación material para resarcirse de las carencias afectivas».

El doctor. Richard Ryan concluye: «Cuanto más ahínco ponemos en buscar la satisfacción en los bienes materiales, menos la encontramos. [...] Esa satisfacción tiene una vida muy corta, es fugaz».

Estas palabras dan cuenta de razones suficientes para abandonar los objetivos materiales y concentrarse en el desarrollo de vínculos afectivos, así como en la tarea de mejorar como ser humano. Esa es, exactamente, la esencia de este programa de coaching (consejos 43 y 44). No obstante, para comenzar a descubrir otras fuentes de gratificación, de mayor vitalidad y profundidad —dado el mercantilismo existente, que funciona como un señuelo de indudable poder—, quizá necesites tomar algunas decisiones drásticas destinadas a romper tu costumbre de ir de compras.

Una de las maneras más rápidas de cortar con el hábito de gastar en exceso es hacer un ayuno de dinero. También podríamos llamarlo un ayuno de gastos. No gastes nada durante treinta días. No hagas compras de ninguna clase, excepto las indispensables, como el papel higiénico, la pasta de dientes, los alimentos, etc. Evita toda otra compra. Si quieres, haz una lista de lo que desees comprar, pero durante este periodo de treinta días, NO COMPRES NADA. Trata de ir al supermercado sólo una vez a la semana, y no compres chicles ni una revista a la salida. Lo mejor es que, antes de comenzar el ayuno, ya hayas adquirido lo necesario para ese mes. Si necesitas hacer un regalo para una boda o un cumpleaños, adquiérelo de antemano. De esa manera evitarás la tentación de entrar a una tienda.

A menos que tu situación económica sea muy difícil, conserva la asistenta y otros ayudantes que tengas. Al primer signo de estrés financiero, corta también con esos gastos y te sentirás mucho mejor. Una vez que la situación haya mejorado, siempre puedes contratarlos de nuevo. No merece la pena vivir al límite.

Rebecca, una madre de familia con tres hijos, que no trabajaba fuera de casa, tenía afición a las compras. La idea de seguir un ayuno de dinero la intrigaba. Era todo un reto. ¿Podría vivir un mes sin gastar dinero? Una decisión como esta puede representar un progreso enorme para una persona que necesita comprar con regularidad. Cuando se decidió a hacer el ayuno, comprendió que gastar es una manera rápida, pero no necesariamente creativa, de solucionar los problemas. Gastar es una costumbre que fácilmente se convierte en una adicción.

Rebecca cumplía rigurosamente con su ayuno. No gastaba dinero, y descubrió una riqueza de recursos que hasta entonces ignoraba. No podía comprar libros, de modo que fue a la biblioteca pública y encontró una fuente interesante y ciertamente desperdiciada. Podía pedir los libros en préstamo, leerlos y devolverlos luego, sin gastar nada. Una gran solución a dos problemas: se ahorraba 80 dólares al mes en libros y no tenía que encontrar lugar para guardarlos. En cuanto a los espectáculos, puesto que no podía ir un cine y pagar 8 dólares cada vez, recurrió a los vídeos gratuitos de la biblioteca. Tenían incluso CDs y discos en préstamo.

Rebecca estuvo a punto de cometer el error de comprarse una bolsa para llevar los libros que estaba a la venta en la biblioteca por 15 dólares, pero se dio cuenta de que también podía llevarse los libros en una de las bolsas de plástico del supermercado y ahorrarse ese dinero.

Dado que no podía comprar bollos para el desayuno de sus hijos, tomó la costumbre de prepararles una comida sana, con tortitas de harina de trigo sarraceno y fruta fresca. El desayuno se convirtió en un agradable ritual familiar, y Rebecca se sintió mejor sabiendo que su familia se alimentaba de modo más saludable. Comenzaba a descubrir que gastar no era tan maravilloso como parecía.

¿Y en cuanto a hacer ejercicio? Rebecca quería tomar clases de yoga y descubrió que en el gimnasio ofrecían una clase gratis una vez por semana. Pidió en préstamo un vídeo de yoga en la biblioteca e hizo que sus hijos también participaran. En lugar de salir con su marido al cine y a cenar, hacía unos bocadillos y daba largos paseos por la playa con él. Tuvieron tiempo para hablar de su vida y hacer proyectos juntos, lo cual fortaleció su vínculo. Y en vez de pagar una canguro, hizo un arreglo con una amiga que también tenía hijos para cuidar los de ella una noche, y viceversa.

Rebecca pensó que sería agradable tener un animalito en casa. En lugar de comprarlo, hizo amistad con el gato del vecino, que maullaba delante de su puerta cuando quería cariño. Ella le acariciaba detrás de las orejas un cuarto de hora y ambos quedaban satisfechos. Lo mejor es que no tenía que limpiar la bandeja del animalito. Los mismos vecinos tenían además dos perros. Agradecían que los hijos de Rebecca los sacaran a pasear y jugasen con ellos. Recuerda que si adoptas un animalito, aunque no te cueste nada, su manutención significa un gasto considerable al año, si tienes en cuenta la comida, las vacunas, el champú, el veterinario, etc.

Este ayuno de dinero ayudó a Rebecca a entrar en contacto con los placeres simples de la vida, que tienen una gran riqueza. Descubrió todo tipo de actividades gratuitas y maravillosas que de otra manera nunca hubiese conocido, y lo entretenido que resultaba encontrar soluciones creativas. De hecho, el primer mes fue tan ameno, que decidió hacerlo un mes más y ver lo que podía aprender. Ah, sí, me olvidaba... Rebecca ahorró 500 dólares con su ayuno.

El ayuno de dinero será un juego para cualquier persona que haya pasado por la experiencia de hacer un régimen para adelgazar. Una vez que hayas cortado con el hábito de gastar, descubrirás el placer de ahorrar. Tener dinero extra es algo muy agradable. Te da una sensación de seguridad, junto con independencia y la libertad de hacer lo que te apetezca. ¿Quién no lo desearía para sí?

26. Gana el salario que mereces

Negocié con la Vida
para obtener sólo un penique,
y eso era lo que me daba.
Pero cuando de noche mi escaso haber contaba,
rogaba a la Vida que lo aumentara.

La Vida es recta y justa
y te dará lo que le pidas,
pero una vez fijado el jornal
tu labor deberás realizar.

Por un salario miserable trabajé sin descanso,
sólo para agotarme y acabar aprendiendo
que la Vida me hubiera dado de buen grado
cualquier cosa que le hubiera pedido.

Jessie Belle Rittenhouse

Ahora que has reducido tus gastos, es hora de trabajar en la segunda parte de la ecuación del dinero: aumentar tus ingresos. Si trabajas en una empresa, puedes pedir un aumento. Si tienes tu propio negocio, puedes aumentar tus honorarios o tus porcentajes, o bien agregar un nuevo producto o servicio. Si ya consigues más de lo que marca el mercado, quizá podrías optar por el pluriempleo.

Comencemos por la manera de pedir un aumento. Primero, debes hacer una pequeña investigación para saber el salario que cobran otras personas que hacen el mismo trabajo que tú en otras empresas. Se puede determinar el salario medio consultando revistas o periódicos. Son datos que se encuentran en las bibliotecas públicas. También puedes consultar a amigos tuyos que trabajen en otras empresas. No te sorprendas si descubres que tu salario es menor que la media del mercado. Si, por el contrario, ganas más que el promedio de las personas en tu misma situación, no dejes que eso te impida pedir el aumento. Merece la pena retener a un buen empleado.

En segundo lugar, haz una lista de todos tus logros durante los últimos seis meses o un año y redacta un pequeño informe titulado: «Trabajos terminados hasta la fecha». Se trata de elaborar una serie de argumentos sólidos para probar que mereces el aumento. Utiliza la mayor cantidad de cifras y datos concretos posibles y demuestra que, gracias a la calidad de tu trabajo, has contribuido a la buena marcha de la empresa. Cita los proyectos en los que has trabajado y sus resultados. Por lo general, tu jefe no recordará todos los trabajos que hayas hecho. Cuando piensas que a *menudo* ni siquiera tú los recuerdas exactamente, es comprensible que un directivo, aunque sea responsable de pocos empleados, no los tenga demasiado presentes. Un buen sistema que muchas personas utilizan es redactar un informe trimestral de la labor realizada, con copia para su archivo personal. Si lo haces así, tu jefe ya tendrá esos informes como referencia en el momento en que deba evaluar la calidad de tu tarea. Eso sí, al redactarlo, *nunca* menciones tus fracasos. Es posible que tu jefe haya olvidado que eran de tu responsabilidad, de modo que, por favor, no se lo recuerdes. Limítate a mencionar los logros.

Muchas empresas les piden a sus empleados una autoevaluación. Ten mucho cuidado cuando toques el tema de un posible ascenso o de las condiciones salariales. Deja de lado todo lo que pueda ser un aspecto negativo, porque probablemente la misma empresa lo haya pasado por alto. Es lamentable, pero por lo general las decisiones salariales se toman en función de lo que se percibe y no de los logros reales. No te boicotees. Por otra parte, tampoco quieres dar la impresión de que estás intentando conseguir un ascenso. Una manera segura de abordar el tema es mencionar tu área de interés para un desarrollo posterior. Por ejemplo, si trabajas en el sector de producción de la empresa y quieres aprender más sobre ventas, consigna esta área como algo para mejorar y pide que te ofrezcan la posibilidad de hacer prácticas a fin de desarrollar tus capacidades al respecto. Darás así una impresión de profesionalidad. Las grandes empresas planifican los salarios con tiempo. Por lo tanto, tu jefe evaluará tu aumento de sueldo entre nueve meses y un año antes de que te lo conceda. Una razón más para no esperar al último minuto e informar desde ahora mismo a tu jefe de los resultados de tu trabajo.

En tercer lugar, después de escribir el informe, pídele una entrevista a tu jefe para tratarlo con él personalmente. Aun si tu empresa ya utiliza el sistema de informes trimestrales, no dejes pasar un solo trimestre sin tener la opinión de tu jefe sobre los resultados de tu trabajo. Debes tener la seguridad de que estás en buen camino y de que respondes a las expectativas de la empresa. Si no lo preguntas, ¿cómo vas a saberlo? En caso de que no respondas a dichas expectativas, es mucho mejor saberlo a tiempo, de modo que puedas corregir las cosas. Si es así, registra todos los progresos que hagas a partir de ese momento con respecto a cualquier problema, y entrevístate otra vez con tu jefe para hablarlo y asegurarte de que esté al corriente de la gran calidad de tu trabajo.

En cuarto lugar, pide lo que deseas. Si eres ejemplar en tu labor, eso quiere decir que trabajas mejor que el promedio de los empleados. Pedir lo que deseas te colocará en una categoría especial, dado que la mayoría de las personas temen pedir un aumento. En un momento dado, tu jefe tendrá una suma de dinero disponible para repartirla entre los componentes de su equipo. ¿Quién crees que tendrá mayores posibilidades de lograr una parte sustanciosa? La persona que lo ha pedido con ayuda de buenos argumentos, incluso frente a otra que también hace un buen trabajo, pero que no se mueve para que se lo reconozcan.

Bien, estos consejos son válidos para pedir un aumento. Pero, ¿qué pasa si trabajas por cuenta propia? En ese caso, existen muchas formas de aumentar los ingresos. La primera y la más sencilla es reducir los gastos, pero puesto que ya lo has hecho, lo más adecuado sería aumentar tus tarifas o porcentajes. Aconsejo a mis clientes que vayan hasta donde el mercado lo permita y aumenten sus porcentajes cada año o cada seis meses, según el tipo de negocio que tengan. Para hacerlo, es necesario que mejores continuamente tus servicios, de modo que ese aumento convenga a tus clientes. O bien puedes mantener los honorarios en el caso de los clientes que ya tengas y aplicar el aumento a los nuevos. Una vez más, tus decisiones dependerán del tipo de negocio que tengas, de los precios del mercado y del nivel del servicio que ofrezcas.

Otra solución es el pluriempleo. Puede ser una excelente manera de aumentar tus ingresos y al mismo tiempo experimentar un campo de actividad distinto. Muchos de mis clientes no se sienten satisfechos con el trabajo que realizan, pero tampoco están seguros de lo que realmente les interesa. El pluriempleo puede constituir una forma segura de probar otro campo de interés, trabajando a tiempo parcial en lo que te interesa. Eso sí, ten cuidado y no exageres. Si dedicas demasiado tiempo a tu actividad secundaria, eso puede terminar afectando a la calidad de tu trabajo estable. Averigua si la empresa donde trabajas acepta el pluriempleo, o si necesitas un permiso. Tu trabajo en otra actividad puede crear un conflicto de intereses y podrías poner en peligro tu trabajo actual. Si tienes dudas en cuanto a tus posibilidades reales de tiempo para llevar adelante el pluriempleo, apaga el televisor. Los espectadores de televisión en Estados Unidos dedican a ello por término medio unas veinte horas semanales, tiempo suficiente para un trabajo a tiempo parcial.

¿Cómo encontrar otras formas creativas de aumentar tus ingresos? Quizás uno de tus pasatiempos te podría ofrecer una cierta entrada de dinero, si utilizas tu creatividad. Si, por ejemplo, eres una gran bailarina y te gusta salir a bailar por la noche, podrías ganar dinero dando clases o lecciones privadas. ¿Y si aprovechas alguna de tus dotes naturales? Quizá te organizas muy bien y te gusta poner orden en el caos. Podrías hacerlo profesionalmente.

En cuanto a los sistemas de ventas a multinivel,[2] a menos que hayas nacido con el talento para vender, disfrutes haciendo llamadas y tengas una inmensa red de conocidos, me mantendría lejos de ellos. La mayor parte de la gente no tiene tanto talento para vender como para que le procure ingresos interesantes. Las buenas expectativas desaparecen una vez que han llamado a la puerta de sus doscientos amigos y colegas.

Dedica diez minutos para anotar diez maneras con las que tú podrías aumentar los ingresos.

---

2. Sistema de ventas en el que una persona paga a la empresa una cuota inicial para las muestras y el material. Su trabajo es principalmente reclutar a otros vendedores, y luego, hacer algunas ventas. El beneficio se obtiene sobre todo de la comisión por las ventas que hagan los vendedores reclutados por el primero, que, en el caso de que estos últimos consigan a su vez vendedores, tendrá también una comisión por las ventas de estos, y así sucesivamente. (*N. de la T.*)

27. ABRE UNA CUENTA DE RESERVA

La raíz de todo mal está en codiciar el dinero.

SAMUEL BUTLER

El dinero no hace la felicidad, pero calma los nervios.

SEAN O'CASEY

Mi idea de lo que era una reserva de dinero solía concretarse en una tarjeta de crédito que todavía tuviera algo de saldo disponible. No tenía ahorros, excepto un plan de jubilación, y ya lo había utilizado como garantía para un préstamo. No comprendía el sentido del ahorro. Después de todo, un 3 por ciento de interés no era gran cosa, aparte que era mucho más agradable gastar que ahorrar. ¿Para qué preocuparme?

Lo increíble del sistema de contar con una cantidad de dinero de reserva es que no lo aprecias hasta que no lo pones en marcha. Tienes que experimentarlo para poder comprenderlo, y de hecho, vivirás tal cambio que nunca volverás al sistema anterior.

Abrí mi primera cuenta de ahorro con el objetivo de reunir la cantidad necesaria para vivir seis meses, es decir, unos 15.000 dólares, teniendo en cuenta que vivo en Manhattan. En aquella época, me parecía una empresa enorme e imposible, que me llevaría años de ahorro. Lo logré en un año. El dinero apareció a raíz de situaciones imprevistas: mi contable encontró que debían hacerme una devolución de impuestos y mi equipo de ventas obtuvo bonificaciones gracias a los objetivos cumplidos trimestralmente. Además, le pedí al banco que todos los meses transfirieran 500 dólares de mi salario a mi cuenta de ahorro. De ese modo, no podía gastarlos.

Bien, la cuenta de reserva que te propongo no es para hacer un viaje transatlántico con ese dinero ni para despilfarrarlo en un frenesí consumista en unos grandes almacenes. Para eso, necesitas otro tipo de cuenta. De hecho, me refiero a una protección contra los golpes inesperados que acontecen en la vida.

Puede que te preguntes el sentido que tiene ahorrar, si no vas a utilizar el dinero para hacer el gran viaje que sueñas. Estos ahorros son para cuando se pinchan los cuatro neumáticos de tu coche al mismo tiempo o para pagar el billete de avión para ir a ver a tu abuela, que se ha roto la cadera. Son para ayudarte en los momentos difíciles de la vida, de modo que puedas hacer lo necesario sin preocuparte por el dinero.

Tener cubiertos de seis meses a dos años de gastos te dará una enorme ventaja en el trabajo, tanto si trabajas por cuenta propia como si lo haces en una empresa. Las personas que ahorran tienden a trabajar con los clientes que les interesan y a dejar de lado aquellos que les resultan molestos. En la labor que realizo con mis clientes, intento elaborar el perfil de sus propios clientes ideales. De ese modo, al hacer una prospección, detectan cuáles son aquellos con los que trabajarán mejor.

El propietario de una empresa que tiene ahorradas cantidades sustanciales de dinero, puede permitirse perder a los clientes que no corresponden al perfil por él previsto, y enviárselos a otra empresa que pueda responder a sus necesidades o a su tipo de personalidad particular. Si tienes graves dificultades con el dinero, tenderás a bajar el nivel de lo que consideras aceptable y a trabajar con la primera persona que aparezca.

Si trabajas en una empresa, podrás establecer tus límites con más tranquilidad (consejo 5) y no aceptar condiciones de trabajo que estén por debajo de lo que consideras aceptable. Tendrás la certeza de que, en el peor de los casos, cuentas con lo necesario para dejar ese trabajo y buscar otro mejor. Una reserva de dinero es clave si queremos sentir confianza en nosotros mismos. En el desarrollo de mi profesión, he trabajado con muchos clientes que estaban atrapados en su trabajo porque tenían enormes deudas. Son los mismos que temen ponerles límites a sus jefes cuando estos se extralimitan. Irónicamente, son también los que no se atreven a pedir ese aumento que tanto necesitan.

Deja de vivir con tus miedos y comienza a ahorrar. Disponer de una cierta cantidad de dinero ahorrado te ayudará a sentir mayor tranquilidad y seguridad. Con más confianza y esta relajante sensación de sosiego, disminuirán tus preocupaciones y ansiedades. No te pido que me creas, sino simplemente que vivas la experiencia, porque entonces sabrás a qué me refiero.

28. COMIENZA POR AHORRAR EL 20 POR CIENTO DE TUS INGRESOS

Quiero ser rica, pero no quiero hacer lo necesario para lograrlo.

GERTRUDE STEIN

Por lo general, las personas tienden a ser o bien ahorrativas, o bien gastadoras. Lo bueno es que son aspectos modificables. Si tu tendencia natural te lleva a gastar, puedes cambiarla, aunque para ello quizá necesites una razón de peso. Lou, un cliente mío, era una de esas personas que gastan muchísimo. Le gustaban las antigüedades y andaba siempre a la caza de oportunidades. No veía qué sentido podía tener el ahorro. ¿No se ahorraba para luego gastar el dinero de todos modos? Las personas que ahorran se estremecerán con esta opinión, pero eso era lo que Lou pensaba en aquel momento.

Puesto que el acto sigue al pensamiento, no puede sorprendernos que Lou tuviese deudas acumuladas en sus tarjetas de crédito y nada ahorrado. Era una sangría constante, de tal manera que, cada vez que cobraba algo, el dinero iba directamente al pago de sus deudas. Todo cambió para Lou cuando le expliqué el concepto de la independencia económica: tener dinero suficiente o fuentes de ingreso tales, que no tuviese que trabajar para vivir (consejo 29).

¡Qué buena idea! Lou nunca había imaginado que fuese posible. Después de todo, no pertenecía a una familia opulenta, y no heredaría una empresa o un capital. Tenía un buen salario, pero gastaba más de lo que ganaba. Lou siempre había pensado que la independencia económica era «otra gente». Por su parte, él tendría que trabajar toda su vida para vivir. Pero he aquí que aparece esta coach, que ya está en camino de su propia independencia, y le dice que esa independencia también es posible para él. La perspectiva de Lou cambió. Por primera vez en su vida, tenía una motivación para ahorrar. Quería lograr la libertad y la seguridad características de la certeza de no necesitar trabajar para vivir.

La verdadera clave de la independencia económica es comenzar a ahorrar el 20 por ciento de los ingresos netos. Haz que lo transfieran automáticamente de tu salario o tu cuenta corriente a una cuenta de ahorro o a un fondo de inversión. Ahora estás de camino hacia tu independencia económica. Ese es un objetivo válido para ahorrar. O bien reduces tus gastos un 20 por ciento o aumentas tus ingresos el mismo porcentaje. Mejor aún, haz las dos cosas y lograrás tu independencia económica en la mitad de tiempo (reducir los gastos es la manera más rápida de comenzar).

Uno de mis colegas, que ahora tiene cerca de sesenta años, dice que cuando consiguió su primer trabajo, con dieciocho años, pensó que podía vivir bien sólo con el 80 por ciento de lo que ganaba y ahorrar el resto. Siguió dejando aparte ese 20 por ciento sin cesar, y sin grandes esfuerzos, manteniendo sus trabajos fijos, y hoy en día es multimillonario. No le costó nada. Sólo ahorrar el 20 por ciento de sus ingresos netos. Manejó sus finanzas de tal manera que podía vivir con el 80 por ciento restante. El secreto de la independencia económica consiste en ahorrar con constancia a lo largo del tiempo.

El tremendo beneficio en términos de seguridad, libertad y confianza bien merece esos cambios menores en tu estilo de vida necesarios para ahorrar el 20 por ciento. Si no puedes, comienza con el 10 por ciento hasta que logres ahorrar el 20 por ciento. Averigua quiénes pagan los mejores intereses y pide que elaboren un plan de ahorros individual de modo que no tengas que preocuparte por los detalles. Luego ya puedes olvidarte y relajarte sabiendo que has tomado las medidas necesarias para tu futuro.

29. JUEGA AL JUEGO DE LA INDEPENDENCIA ECONÓMICA

He sido rica y he sido pobre. Créeme, cariño, ser rica es mejor.
SOPHIE TUCKER

Una vez que hayas creado una reserva de dinero para seis meses (consejo 27) y que te hayas acostumbrado a ahorrar el 20 por ciento de tus ingresos (consejo 28), el paso siguiente es comenzar a jugar para lograr la independencia económica. No te enfades porque haya dicho *jugar*. Juega y comprueba lo que sucede. Si no has terminado con las etapas anteriores, esto puede parecer agobiante, en cuyo caso será mejor que por ahora lo pases por alto, hasta que te sea posible. El juego estará siempre aquí, esperándote.

Tener independencia económica es contar con los medios suficientes como para no tener que volver a trabajar jamás. Es decir, poder vivir con comodidad de los intereses de tu capital. Si decides trabajar, es una opción que escoges por el puro placer de hacer lo que te place. Bien, es un juego que merece la pena. No tienes nada que perder, excepción hecha de tus deudas.

El primer paso es darse cuenta de que todos (y por supuesto, eso te incluye a ti) podemos jugar. No necesitas ni enormes ingresos, ni heredar un capital, ni haber nacido en la riqueza ni ganar la lotería. El segundo paso es decidir la cantidad de dinero que necesitas realmente para ser independiente. La mayor parte de las personas tienden a sobreestimar la cantidad y piensan en millones de dólares, pero yo no estoy hablando de vivir en la opulencia. Viviendo de manera muy sencilla, puedes hacerlo con el interés de un capital de 150.000 dólares. A un interés del 5 por ciento, te aportaría un beneficio de 750 dólares. Y eso sin trabajar. Cualquier actividad extra que realizaras implicaría elevar esa cifra. Si crees que es una idea absurda, lee el libro *La bolsa o la vida*, de Joe Domínguez y Vicki Robin. Te ayudará a cambiar tu mentalidad en este aspecto. Una de mis clientas calculó que, si ella y su esposo ahorraban 2.000 dólares mensuales durante quince años, podían jubilarse a los cuarenta y vivir de los 30.000 dólares anuales de intereses sobre su capital.

Sólo por el simple hecho de estar en camino hacia tu independencia económica, atraerás oportunidades mejores. Pronto encontrarás que dispones de dinero para invertir en otros proyectos que te darán más dinero. En mi caso, si no hubiera tenido dinero ahorrado, habría dudado en concretar uno de mis proyectos, un programa grabado en casete: *Irresistible Attraction: A Way of Life* [Atracción irresistible: una forma de vida]. La grabación ahora es una entrada de ingresos muy útil. Hice el trabajo una vez y obtengo beneficios cada vez que la vendo. No sólo es una manera de ganar dinero, sino que también da buenos frutos en otros aspectos. Las personas a quienes les gusta el casete suelen tomar la decisión de participar en uno de mis talleres o comenzar un coaching.

El programa grabado es una manera sencilla y poco costosa de que los clientes potenciales conozcan el sentido de lo que ofrece mi empresa.

Otro beneficio de tener dinero extra es que comenzarás a ampliar las fronteras de tu pensamiento como no lo hiciste jamás. Puesto que el pensamiento dirige la acción, es posible que te encuentres con magníficas e inesperadas sorpresas. (Evita las fórmulas del tipo «hágase rico rápidamente» o los sistemas de ventas multinivel. He descubierto que, por lo general, las personas que participan en esos programas suelen tener deudas considerables y ganar salarios por debajo de lo normal. Por lo tanto, son programas que cuentan con la existencia de gente que sufre de una diabólica mezcla de desesperación y codicia.)

Supongamos que para lograr tu independencia económica necesitas 150.000 dólares. ¿Cómo los conseguirás? Si encontrases la manera de ahorrar o ganar 50 dólares diarios extra, lo lograrías en un periodo de diez años sin contar los fines de semana. Podrías iniciar un negocio aparte de tu trabajo, conseguir otro empleo, cursar estudios o algún tipo de formación para conseguir un mayor salario o reducir tus gastos un 50 por ciento e invertir lo que ahorres. O hacerlo todo a la vez y conseguirlo en un tiempo récord.

No hace falta ser una lumbrera. Tan sólo se trata de ser constante y ahorrar, porque con el tiempo, se acumula más de lo que uno piensa. La palabra clave es *constancia*. Abre otra cuenta de ahorro o un fondo de inversión con el fin de lograr tu independencia económica. Aunque sólo puedas ahorrar 5 dólares diarios, comienza a jugar el juego de la independencia económica. Una vez que hayas comenzado, se te ocurrirán otras ideas. Y recuerda que reducir los gastos es, por lo general, la manera más rápida de tener mayor capital. La gente suele quedarse fijada en la necesidad de aumentar sus ingresos. Sin embargo, reducir los gastos es más fácil y más rápido que tratar de aumentar los ingresos. Revisa tus gastos fijos importantes, como el alquiler, las hipotecas o los plazos del coche.

Una de mis clientas, de sesenta años de edad, y su esposo han decidido vender su gran casa familiar para construirse una de menores dimensiones, que será perfecta para sus actuales necesidades. Sus hijos han crecido, y viven en sus propias viviendas. Con esta operación financiera, mis clientes no tendrán que pagar hipoteca, construirán su nueva casa según su presupuesto y todavía les quedará dinero para ahorrar. ¡Una gran idea!

No te permitas caer en la trampa de pensar que reducir los gastos es sinónimo de sufrimiento. Por lo general, implica una mejora de la calidad de vida. Mi clienta y su esposo están encantados porque la nueva casa supondrá mucho menos trabajo para mantenerla en buen estado que la anterior.

No te preocupes si no consigues ahorrar 50 dólares diarios. Es perfectamente válido comenzar con una suma pequeña. Si gastas 5 dólares para comer al mediodía, llévate la comida al trabajo y pon ese dinero en tu cuenta de ahorro para tu independencia económica. Un sinnúmero de pequeñas cantidades se acumulan más rápido de lo que uno supone.

Lo bueno de todo esto es que no tendrás que esperar hasta lograr tu independencia económica para comenzar a cosechar los beneficios. Sólo el hecho de saber que realizas una acción constante dirigida hacia tu objetivo, que tienes un programa de independencia económica, reducirá de manera drástica el estrés y la ansiedad que tengas por el dinero. No tendrás miedo de envejecer y tener que depender de tu familia para que te mantenga y te cuide. Gozarás de calma y seguridad frente a las crisis, sabiendo que cuentas con una reserva de dinero en efectivo. Es esencial si quieres atraer lo que deseas en la vida. Cuanto más dinero tengas, más oportunidades se te presentarán. Tu confianza aumentará porque podrás decir: «Quédese con el trabajo» y no preocuparte por el pago de la hipoteca. Los empresarios se interesarán por ti porque no necesitas el trabajo, sino que lo haces porque te apetece. Si te decides a jugar, no tienes nada que perder y sí mucho que ganar.

30. Protege tus bienes

Ya no necesitas rezar si se anuncia un temporal, pero, eso sí, debes estar asegurado.

BERTOLT BRECHT

Teniendo en cuenta la Ley de Murphy, si tienes un seguro nunca lo necesitarás, pero si no lo tienes, sucederá una catástrofe. Me sorprende la cantidad de personas que carecen de un seguro médico. Sé que es caro, pero también lo es que te atropelle un autobús. No es un chiste; a una de mis amigas la atropelló un autobus hace poco, y sobrevivió, pero con una rodilla fracturada y sin los dientes superiores. Tuvo suerte. Es malo que te golpee la desgracia, pero peor aún si no tienes un seguro. Y eso es algo que siempre te sucederá en el periodo que queda al descubierto entre la supresión de una póliza y la contratación de la siguiente. Un cliente mío acababa de mudarse a un nuevo apartamento y no había tenido tiempo de contratar un seguro. Entraron ladrones en su casa y perdió miles de dólares en aparatos electrónicos y joyas de familia irreemplazables.

Ya seas inquilino o propietario, un seguro del hogar es indispensable. Y también lo es un buen seguro médico. Un seguro de vida no; sólo lo necesitas si tienes esposa, marido o hijos que necesiten una suma global en caso de que fallezcas repentinamente, o si te asocias con un compañero en un negocio y dependes de su capital. Si esa persona muere, ¿podrás comprar la empresa? Haz lo necesario para que tu socia o socio tenga un seguro que cubra la inversión realizada.

Por lo general, los seguros de vida permanentes son una pérdida de dinero. Se contratan por periodos indefinidos, y son válidos mientras se paguen las primas. Las compañías de seguros guardan una parte de las primas para pagar la cantidad que se deba a los beneficiarios al fallecimiento del asegurado, y coloca el resto en un fondo de inversión. Si se decide cancelar la póliza, la compañía aseguradora devuelve una parte de los ahorros, una vez deducidos los gastos, las comisiones y otros honorarios.

Puestos a elegir, es preferible el seguro temporal, cuyas primas son considerablemente más bajas que las primeras. Este garantiza una suma de dinero fija sólo en caso de fallecimiento. Con cualquier póliza que invierta el capital, los primeros pagos cubren las comisiones de ventas y los gastos generales, de modo que en la mayor parte de los casos es preferible hacer un seguro temporal y utilizar la diferencia de dinero de las primas para hacer uno mismo la inversión.

Por supuesto que, si no confías en tu capacidad de ahorrar y quieres tener la seguridad de que tu familia contará con dinero en caso de que fallezcas, podrías hacer un seguro de vida universal. No obstante, como recomienda Burton G. Malkiel, presidente del Chemical Bank y catedrático de economía en la Universidad de Princenton, en su excelente libro *Un paseo aleatorio por Wall Street*, si tienes la disciplina del ahorro, contrata un seguro temporal renovable, de modo que puedas renovar tu póliza sin pasar por un examen médico anual: «Los llamados seguros temporales con primas renovables decrecientes, renovables por una suma de dinero progresivamente menor, dinero que el seguro paga al fallecimiento del asegurado, son convenientes para la mayoría de las familias, porque con el paso del tiempo (a medida que tanto los hijos como los recursos económicos de la familia crecen) la necesidad de protección suele reducirse». Malkiel advierte que «las primas de los seguros temporales aumentan abruptamente cuando uno llega a los sesenta o setenta años. Si sigues necesitando un seguro llegado a este punto, te encontrarás con que las primas de los seguros temporales se vuelven prohibitivas. Pero el mayor riesgo a esas alturas no es el de fallecer prematuramente. Al contrario, es el de que se viva tanto, que uno termine agotando su capital».

Lo importante es informarse bien, buscar asesoramiento y encontrar en cada caso o en cada país la solución más aceptable. Sobre todo, evita pagar comisiones, honorarios u otros gastos. En cualquier caso, siempre es preferible pagar una cuota fija.

¿Qué relación tienen los seguros en general con el hecho de que atraigas lo que deseas? *La paz mental es muy atractiva.* Además, no te interesa perder el dinero que has ahorrado con tanto esfuerzo.

Un avión monomotor se estrelló en Phoenix, Arizona. De todas las casas existentes, el avión cayó justamente sobre la que no estaba asegurada. El pilotó saltó en paracaídas y no había nadie en la casa, de modo que no hubo heridos. Sin embargo, el seguro que hizo el dueño de la casa al comprarla formaba parte de la hipoteca; por lo tanto, caducó al liquidarse esta última. El propietario del pequeño avión tampoco tenía seguro. Los dueños dejaron la casa, que durante años mostró las señales de la catástrofe. No tuvieron suerte. Tener un seguro es una de las formas de no llamar al desastre.

No olvidemos el seguro de mayor importancia: proteger a tus hijos y/o tus bienes inmuebles con un testamento o un fideicomiso revocable.

Como cada lugar tiene sus leyes, lo mejor es consultar con un abogado o con un notario para tener la seguridad de que el testamento o el fideicomiso sea válido y esté escrito de manera que tus deseos se ejecuten correctamente. ¿Tienes tutores legales designados para el caso de que ambos, tú y tu esposa o tu marido, fallezcáis? Prepárate para lo peor y te sentirás mucho mejor, sabiendo que tus hijos estarán bien cuidados. Un buen abogado puede ayudarte en estos temas y en todo lo relacionado con tu fideicomiso o tu testamento.

Aun en el caso de no tener familia, es conveniente que hagas un testamento de modo que, si te sucede una desgracia y te conviertes en un vegetal, no pases el resto de tu existencia sobreviviendo gracias a la conexión con una máquina mientras te despojan de todo lo que ganaste en tu vida.

Otro seguro que no suele tenerse en cuenta, en el caso de Estados Unidos, es el de minusvalía para autónomos o empresarios. El activo de mayor valor de una empresa es su propietario. Si es tu caso, y sufres una minusvalía, es posible que no puedas seguir dirigiéndola. Por lo general, los empleados están asegurados para estas emergencias, pero este tipo de seguro no tiene cobertura si dejas tu empleo para montar tu propia empresa. Mucha gente ignora que es muy difícil, como autónomo, contratar un seguro de minusvalía. Por lo tanto, es muy importante que contrates un seguro de minusvalía individual unos meses antes de dejar el trabajo para iniciar una actividad por cuenta propia.

Siguiendo con los seguros, no olvides proteger los documentos de valor. Cada uno de nosotros guarda los papeles y objetos de valor a su manera: la escritura de la casa en un cajón del escritorio, las monedas de oro escondidas en una caja debajo de los jerseys, los pasaportes en una carpeta... Es perfecto, hasta que se rompe una cañería y la casa se inunda, se produce un incendio o cae un árbol sobre el tejado. Cosas más extrañas se han visto. Entonces te das cuenta de lo valiosos que eran tus papeles. No esperes a que caiga un rayo. Anótalo y dispón de un sábado para dedicarte a proteger tus documentos y objetos de valor, y hazlo bien esta vez. En caso de que desarrolles tu actividad laboral en tu casa, haz lo mismo con todos los documentos e informes importantes de tu empresa.

El ordenador de uno de mis clientes se estropeó. Por suerte, había hecho una copia de seguridad de toda la base de datos de sus setecientos clientes. De lo contrario, hubiese perdido sus nombres, direcciones, teléfonos y otras informaciones importantes. Preserva toda esa información vital. Haz dos copias de seguridad y guarda una de ellas en una caja de seguridad del banco, como medida de previsión en caso de que tu casa se incendie.

El primer paso es hacer copias de todos los documentos de valor, incluyendo certificados de nacimiento, documentos del coche, escrituras, contratos, documentos legales, testamentos, números de las cuentas bancarias, tarjetas de crédito, inversiones, préstamos, planes de jubilación, seguros médicos, pólizas de seguros, pasaportes, certificados administrativos y la tarjeta de la seguridad social. Haz copias de todo y guárdalas separadas de los originales. Archiva tus originales en una caja fuerte con protección ignífuga en tu casa, o en una caja de seguridad del banco (se pueden alquilar por poco dinero). Si viajas con frecuencia, guarda tu pasaporte en un lugar que esté a mano y ten una fotocopia en la caja fuerte.

Aprovecha para hacer un inventario de tus objetos de valor, incluyendo las alianzas de oro, las antigüedades, el anillo de diamantes de tu abuela y todos los aparatos electrónicos y electrodomésticos: ordenador, televisor, estéreo, etc., con los números de serie. Anota el valor aproximado de cada objeto y guarda las facturas como prueba. Si tienes los recibos y crees que un determinado objeto ha aumentado de valor, consigue un certificado, ya se trate de una antigüedad, una obra de arte o una joya que quieras asegurar. Es muy difícil probar el valor de un objeto que ya no existe.

Para terminar, graba en vídeo o fotografía tus objetos de valor. Pon la lista y las facturas, los certificados y las fotografías en una carpeta, y guárdala en la caja de seguridad del banco o en tu caja fuerte. En este último caso, la caja debe empotrarse dentro de una pared o estar atornillada bajo el suelo de modo que los ladrones no puedan llevársela. Ten en cuenta que los bancos no siempre aseguran los objetos guardados, de modo que tu póliza personal debe cubrirlos también.

El próximo paso concierne a tu ordenador. Es muy improbable que alguien entre en tu casa y te robe todos los archivos y papeles que tengas, pero es muy probable que te robe el ordenador. Aun si tu ordenador está asegurado, los datos suelen ser irreemplazables. Haz siempre copias de seguridad de todos los archivos importantes, ya sea en disquete o en CD. Guarda una copia en el banco y otra en tu casa, y no dejes de ponerla al día, semanalmente o cuando sea necesario. También puedes ponerle al ordenador un cable con cerrojo que lo bloquee, de modo que no puedan llevárselo. Los portátiles son, bueno, son eso, portátiles, y por lo tanto, fáciles de transportar.

Puede que todo esto parezca un enorme trabajo, pero una vez que tengas todos tus documentos bien protegidos, habrás tomado medidas para evitarte horas de dolores de cabeza en caso de accidente o desgracia. Yo lo aprendí debido a una triste experiencia. Mi ordenador se estropeó durante una tormenta eléctrica (desenchufa todos los aparatos eléctricos en caso de una de esas tormentas; no hay nada que los proteja en caso de que caiga un rayo). Lo llevé a reparar. Aunque me dieron uno nuevo, perdí todos los datos del disco duro excepto los pocos que había copiado. Si a uno de tus amigos se le ha estropeado el ordenador, haz una copia de seguridad de inmediato. Es una muestra de sabiduría tomar nota de esos mensajes sutiles, o de las señales de alarma del universo que te advierten que la próxima vez te podría suceder a ti.

Una cosa más: pon en conocimiento de una persona de confianza el lugar donde guardas tus documentos de valor y la manera de retirarlos en caso de que caiga un rayo o suceda algún desastre. Sólo te llevará unas horas, y una vez hecho, puedes ponerlo al día todos los años para agregar nuevos valores, cambiar el testamento, etc. Toma todas las medidas de prevención porque, según la Ley de Murphy, si lo haces, las probabilidades de que te suceda un desastre serán menores. La verdad es que no tiene sentido ahorrar dinero para que luego lo gastes en pagar las consecuencias de una catástrofe.

IV

Saca tiempo de donde no lo hay

Tu problema es que crees que tienes tiempo.

Buda

Todos nos quejamos de la falta de tiempo. Vivimos como si el tiempo fuese una cantidad fija, pero no lo es. Se expande y se contrae según la actividad que llevemos a cabo. La ironía es que, cuanto más ocupados estamos, más rápido parece pasar. Si quieres tener la sensación de disponer de tiempo, haz menos cosas.

Mientras dirigía un seminario en Kansas City, conocí a un músico que, en uno de sus viajes alrededor del mundo, había perdido su pasaporte y su cartera, de modo que terminó viviendo con algunas personas en las playas de Hawai, comiendo fruta de los árboles y pescando. Le parecía que tenía todo el tiempo del mundo. No había calendario, no tenía reloj y el clima era siempre una delicia. Después de pasar, según sus cálculos, unos dos años allí, salió a la búsqueda de la civilización y regresó al continente. Se quedó pasmado cuando descubrió que sólo había estado ausente cuatro meses.

Uno de mis clientes, Richard, tenía miedo de morirse. Era comprensible, porque su padre había fallecido a los cuarenta y cinco años y él tenía cuarenta y seis. Corría de un lado a otro para llevar a cabo sus cada vez más numerosas actividades, que organizaba como podía en su apretada agenda. Daba la impresión de haberlo logrado todo. Era alto, rubio y elegante, y tenía la apostura desenfadada del surfista del sur de

California que había sido. Era una dínamo en su campo de actividad, la asesoría de empresas. Tenía un BMW. Figuraba entre los mejores jugadores de tenis del club local y jugaba bastante bien al golf.

Los problemas aparecían las raras veces que detenía su frenética actividad. Las cosas ya no eran tan brillantes. Y, si bien estaba siempre ocupado, se sentía disperso. Sabía que trabajaba mucho, pero sus finanzas andaban mal. Mantenía dos hogares, lo cual le había creado enormes deudas que lo acosaban. Sus nuevas ideas tenían un enorme potencial, pero hacía falta mucho tiempo para que diesen beneficios reales.

Por el momento, y como medida provisional, trabajaba por cuenta propia para distintas empresas. Su hermano, un arquitecto, le había ofrecido un trabajo a tiempo parcial, pero Richard temía aceptarlo porque en ese caso debía dejar de lado sus proyectos sobre futuros negocios. Tenía, además, otras dificultades. Desde que dejara a su esposa, su hija se había distanciado y no quería mantener contacto con él. Un día, Richard se sentía eufórico, y al día siguiente, desesperado.

—Le he cerrado la puerta a Dios —me dijo.

Tomé aliento y le contesté:

—Richard, lo que quiero es que te liberes completamente del pasado, de modo que te sientas libre de vivir tu propia vida.

Hubo un largo silencio, después del cual me dijo que su esposa quería que las cosas permanecieran tal como cuando convivían, con la misma casa, el mismo coche, etc., como si nada hubiese sucedido, como si aún viviesen juntos.

—¿Cuánto tiempo lleváis así? —le pregunté.

—Unos siete años —me respondió.

—Pues ya es hora de dar por terminada esa relación —le dije.

A la semana siguiente, Richard me informó que había visto a un abogado para pedir el divorcio. En cuanto a la cuestión laboral, le pedí que se concentrara en uno o dos proyectos que le garantizaran ingresos inmediatos. También le pedí que elaborara un presupuesto y redujera sus gastos un 50 por ciento.

A medida que hablábamos, la conversación siempre terminaba girando alrededor del tiempo. Richard llegaba siempre tarde. Por lo general, tenía una buena excusa. En el momento en que estaba a punto de salir para ver a un cliente, telefoneaba otro en perspectiva. «Es difícil dejar de lado una situación importante», me explicó. Al final, también llegaba tarde a nuestras entrevistas. Por supuesto que podía ganarse la vida de esa manera. ¿No era prueba suficiente lo ocupado que estaba y los buenos resultados que lograba? No obstante, en algún lugar era consciente de que se excedía y se agobiaba. Lo que más le dolió fue que, agotado después de una febril ronda de entrevistas con sus clientes, perdió su posición en el ránking de tenis de su club local durante un breve periodo.

Le hice dos sencillas recomendaciones: disponer de media hora todas las mañanas para planificar el día y reflexionar (consejo 35) e imponerse la obligación de llegar diez minutos antes a cada entrevista. Mi argumento de oro fue: «¿Has observado que los ejecutivos de mayor nivel siempre dan la impresión de tener tiempo libre? Cuando vas a comer con ellos, están esperándote, serenos, compuestos y tomando un aperitivo. ¿Quién es el que lleva ventaja?».

Su nueva óptica dio frutos inmediatamente. A la semana siguiente, Richard consiguió un gran contrato. Llegó temprano a la entrevista con un nuevo cliente, de modo que lo hicieron entrar al despacho para que esperase. Observó que en las paredes había fotos del ejecutivo en cuestión jugando al tenis y al golf. Naturalmente, ambos comenzaron a hablar de su mutua afición a los deportes y convinieron un día para jugar juntos al tenis.

En cuanto a los frutos a largo plazo, parecen bastante prometedores. Aquellos veinte minutos de reflexión le dieron a Richard una amplia perspectiva de lo que se había estado perdiendo. Comenzó a concederse tiempo para meditar, «para agradecer a Dios los dones del día anterior», según sus propias palabras. También me dijo: «Eso me permite dejar que el día venga a mí». Richard ha aceptado el trabajo que su hermano le había ofrecido, y está en camino de liquidar sus deudas. Hizo lo necesario para que se produjera una clara ruptura con su ex mujer: pedirle el divorcio. Él y su novia son ahora miembros de una iglesia y se han comprometido. Además, está preparándose para poner en marcha su nueva empresa. Incluso su hija se ha acercado otra vez a él y ahora pueden hablar. Lo mejor de todo es que ya no oscila más entre la euforia y la desesperación. «Me has salvado la vida», me dijo. Pero lo único que él tenía que hacer era darse tiempo para pensar.

En los consejos que siguen a continuación, descubrirás formas sencillas para disponer de tiempo.

31. LLEVA UN REGISTRO DE TU USO DEL TIEMPO

Cuanto más capaz sea una persona de dirigir conscientemente su vida, mayor será su tiempo disponible para utilizarlo de un modo constructivo.

ROLLO MAY, *MAN´S SEARCH FOR HIMSELF*
[EL HOMBRE EN BUSCA DE SÍ MISMO]

Tengo la certeza de que pasamos la mitad de nuestro tiempo con personas que no nos gustan particularmente y haciendo cosas que nos dan poco placer. En consecuencia, no disponemos de tiempo para las personas y las cosas que realmente nos interesan.

ALEC WAUGH, *ON DOING WHAT ONE LIKES*
[HACIENDO LO QUE NOS GUSTA]

Cuando no sabes en qué se te ha ido el dinero, la solución es llevar un registro de gastos durante un mes. Lo mismo sucede con el tiempo. ¿Trabajas arduamente, llegas temprano al trabajo y te marchas tarde y no te alcanza el tiempo para todo lo que debes hacer? ¿Sientes que el día no tiene suficientes horas para cumplir con todas tus tareas? ¿Pasas demasiado tiempo ocupándote de los asuntos rutinarios y no puedes dedicarte a los proyectos importantes tanto en el trabajo como en casa?

Durante una semana, anota cada 15 minutos en qué utilizas tu tiempo. Escribe todo lo que hagas desde el momento en que te levantes hasta que te vayas a dormir, incluso las llamadas telefónicas y los descansos para ir al baño o tomar un café. Ya sé que es una tarea tediosa, pero sólo necesitas hacerlo durante una semana, y luego puedes extrapolar los datos y reorganizar tu vida de acuerdo con los resultados. Para facilitarte esta tarea, consigue una agenda que ya tenga marcados intervalos de quince minutos, de modo que sólo tengas que apuntar la actividad que realices. Además, escoge una semana normal, que refleje tus horarios habituales, no una de vacaciones. Entonces ya estarás en condiciones de comenzar tu registro del uso que haces del tiempo.

Eres la única persona que verá estas anotaciones, de modo que no cambies tus horarios para mejorar el resultado. Registra con la mayor exactitud posible lo que haces durante una semana normal. Por supuesto, incluye cosas como ducharte, vestirte, secarte el cabello, preparar el desayuno para la familia, tomarlo, leer el periódico, conducir al trabajo, charlar con los colegas, planificar el día, responder el correo electrónico, enviar faxes, etc. Apúntalo todo. Al final de la semana, sabrás con exactitud en qué gastas tu tiempo y podrás tomar algunas decisiones inteligentes basadas en la realidad. Muchas personas se quedan consternadas cuando descubren la cantidad de tiempo que pasan haciendo tareas en apariencia importantes que en realidad no son satisfactorias, o que podrían delegar con facilidad.

Eso fue lo que descubrió un cliente mío, Michael, un director de recursos humanos, después de revisar las actividades que había registrado. Michael vivía con su mujer y sus dos hijos en una hermosa casa en las afueras de Londres. Todos los días viajaba una hora y cuarenta minutos para ir y otro tanto para volver de su trabajo. En total eran 16,6 horas semanales sólo para desplazarse, casi tanto como un trabajo a tiempo parcial. Michael habló con su jefe acerca del tiempo que perdía y llegó a un acuerdo con él para trabajar dos días por semana en su casa, lo cual le ahorraba 6,6 horas semanales. A fin de aprovechar al máximo el tiempo que pasaba en el coche, tenía libros o textos de autoayuda grabados en casetes que pedía en préstamo a la biblioteca local.

Las llamadas telefónicas representaban otra gran fuente de tiempo perdido. Se pasaba once horas por semana al teléfono. Cierto es que buena parte de su trabajo implicaba esas llamadas, pero Michael descubrió además que luego también le llevaba tiempo pasarles a sus empleados las informaciones recibidas en ellas. Asimismo perdía mucho tiempo haciendo llamadas innecesarias y personales. Llegó a la conclusión de que una conversación por teléfono de dos minutos era más productiva que una de doce. Decidió decirles a los que le llamaban que disponía sólo de unos minutos. De esa manera, eliminó los detalles innecesarios y logró que sus interlocutores fuesen concisos.

Michael se sorprendió al comprobar que se pasaba dos horas y quince minutos mandando faxes y controlando que todos los documentos pasaran correctamente. Su ordenador tenía un fax, pero nunca había aprendido a utilizarlo. Le pidió a un colega que le enseñara (le llevó diez minutos) y comenzó a beneficiarse de las ventajas de la tecnología. Finalmente, le molestaba el hecho de pasarse tres buenas horas por semana buscando documentos e informes en su escritorio. Tenía notas pegadas por todas partes, tanto en el escritorio como en el ordenador, y tantos papeles que le quedaba muy poco espacio para trabajar. Pensaba que estaba muy bien organizado porque encontraba las cosas rápidamente, pero el registro de su tiempo reveló que no era tan organizado como creía. Michael decidió entonces aprovechar esas tres horas. Cada día, dedicaba una hora a eliminar los montones de papeles de su escritorio, creando carpetas para guardar los proyectos y enviando los documentos viejos al archivo o descartándolos (consejo 17). Sacó todas las notas que tenía pegadas y decidió guardar la lista de asuntos pendientes en el ordenador.

La otra gran fuente de pérdida de tiempo surgía de las interrupciones de su jefe y sus compañeros de trabajo. Era un director apreciado y se enorgullecía de su estilo abierto y de estar disponible, de modo que su equipo tenía la costumbre de entrar en su despacho en cualquier momento. El tiempo que esto le suponía era de cuatro horas y cuarto por semana. Michael decidió que quería seguir con este sistema, pero combinado con una cierta política de puerta cerrada. Cuando tenía que trabajar en un proyecto que exigía un alto grado de concentración, cerraba la puerta y ponía un cartel que decía: «Estoy ocupado». Comunicó a su equipo que, a menos que se tratase de una emergencia, no debía molestársele cuando la puerta estaba cerrada. Logró tal productividad en las dos horas que su puerta permanecía cerrada, que su equipo comenzó a hacer lo mismo. Como resultado, se produjo un aumento del 25 por ciento de la productividad del departamento.

En cuanto a su jefe, Michael abrió un archivo llamado: «Entrevistas con el jefe», en el que apuntaría las preguntas que tuviera que hacerle y los temas que quisiera plantearle. Si tenía alguna duda que consultarle, apuntaba la pregunta directamente en el informe y lo colocaba en el archivo correspondiente, archivo que luego llevaba a la entrevista. Le pidió a su jefe que mantuvieran una reunión semanal de media hora. En esa conversación, tocaba todos los temas apuntados. Así, se ahorraba dos horas y media semanales.

Con respecto a su hogar, Michael se dio cuenta de que llegaba a casa agotado y se sentaba frente al televisor durante media hora antes de cenar y luego otras dos horas y media. Un total de quince horas semanales (véase el consejo 32). ¡Una enorme pérdida de tiempo! Decidió que podía dedicarse a hacer algo más satisfactorio y gratificante. Después de cenar, daría un paseo con su esposa y sus hijos para hacer un poco de ejercicio. Luego, en lugar de sentarse frente al televisor, leería algún libro o jugaría al ajedrez o al Scrabble con los chicos, una vez que hubieran hecho sus deberes. Era mucho más relajante y divertido para toda la familia.

Calcula con exactitud el empleo de tu tiempo y comprueba lo que haces realmente. Pregúntate si quieres pasarte la vida de esta manera o no. Luego, comienza a automatizar, delegar y eliminar las fuentes de pérdida de tiempo. Dedica el tiempo que ganes de este modo a trabajar en uno de los grandes objetivos de tu vida (consejo 51).

32. Apaga el televisor

[Ver televisión] es una transacción en un solo sentido, que requiere absorber un determinado material sensorial, sea cual sea, de una determinada manera. De hecho, no existe otra experiencia en la vida que permita tanta absorción y exija tan poca expresión.

Marie Winn

En su libro *Fluir, una psicología de la felicidad*, Mihaly Csikszentmihalyi comparte décadas de investigación sobre la «felicidad», aquellos periodos durante los cuales la dicha de la gente es tal, que hace que la vida merezca la pena. Sus investigaciones revelan que las experiencias de genuina satisfacción acontecen en un estado de conciencia llamado «flujo», un estado de concentración especial e intensa en que se experimenta una sensación de trascendencia.

Csikszentmihalyi define numerosas actividades diferentes y las clasifica como de «flujo alto» o de «flujo bajo». Las de flujo alto requieren un grado especial de concentración, lo cual quiere decir que la mente participa activamente en la actividad realizada. No nos sorprenda entonces que la televisión sea una de las de flujo más bajo. El mencionado estudio confirma lo que siempre sospeché: la televisión absorbe nuestra energía.

¿Cuánto tiempo hace que, una vez apagado el televisor después de ver un programa dijiste: «Ahora voy a comenzar a escribir una gran novela»? De hecho, ¿alguna vez has tenido ganas de hacer algo después de ver la televisión? Sucede lo mismo con otras actividades parecidas, como ver vídeos, los juegos de ordenador, etc., que son también una perdida de tiempo. Después que hayas calculado la utilización de tu tiempo (consejo 31), sabrás exactamente cuánto te roba la televisión.

La adicción a la televisión tiene las mismas características que cualquier otra, ya sea a la comida, la cafeína, el juego, el alcohol o cualquier otra sustancia o actividad. Y al igual que la adicción a la cafeína, está aceptada y fomentada socialmente. Aun si no te interesa el programa, puede que lo mires sólo porque los demás lo hacen. El estadounidense medio se pasa unas seis horas diarias delante del televisor.[3] Es decir, cuarenta y dos horas por semana. Más que suficiente para hacer un trabajo a tiempo completo.

Si crees que no te alcanza el tiempo, pásale el televisor a un amigo durante una semana y verás cuánto tienes disponible.

Uno de mis clientes tenía la costumbre de mirar los programas matinales mientras se preparaba para salir a trabajar. Creía que era una utilización eficaz del tiempo. Le gustaba ver las noticias y el informe sobre el tiempo, y le parecía una excelente forma de comenzar el día. Le

---

3. La media en España, para la población en activo, es de dos horas y diez minutos por día, o sea, quince horas por semana (datos de la SGAE). La media para la totalidad de la población a partir de los 4 años es de tres horas y dieciséis minutos por día. (N. del E.)

sugerí que dejara de hacerlo durante una semana. Una vez pasada esa semana, no salía de su asombro. Sentía mayor serenidad y se organizaba mejor. Creyó que sería un error no ver las noticias, pero no lo fue en absoluto. Ahora disfruta de la calma matinal y siente menos estrés durante el día.

Otro caso es el de una de mis clientas, que vivía sola y se sentía mal porque veía demasiado la televisión. La dejó de golpe. Llevó el televisor a casa de una amiga. Pronto se dio cuenta de que había reemplazado la televisión con otra adicción, las novelas policiacas. Le pareció que no era un gran progreso. No obstante, se dio cuenta de que leer novelas no absorbe tanta energía como la televisión. Podía dejar el libro en cualquier momento, e irse a cortar el césped o a preparar la cena. Cuando lo analiza, comprueba la gran cantidad de energía que le absorbía la televisión.

Joanne, una mujer de unos cuarenta años que acababa de divorciarse, se quejaba porque no tenía citas románticas. Le pregunté qué hacía por la noche, y no me sorprendió que me dijera que veía la televisión. Aunque estuviera ocupada en otros menesteres, tenía el televisor encendido de modo que la casa no pareciese tan silenciosa. El peligro de la televisión es que uno se siente en compañía y con la ilusión de estar rodeado de gente.

Es frustrante, porque en realidad no te relacionas con nadie. Le sugerí a Joanne que no viera la televisión durante una semana. No podía. Era una verdadera adicta. Le propuse otro sistema. Le dije que hiciese una lista de todas las actividades o cursos que siempre le habían interesado, pero que había dejado de lado por falta de tiempo. Quería hacer algún trabajo voluntario, ir a clases de baile y correr una maratón. Se inscribió en un programa de entrenamiento para una maratón, que además se ocupaba de conseguir que los patrocinadores de la maratón diesen dinero para obras benéficas. Joanne lograba así alcanzar tres de sus objetivos (también quería estar en buena forma).

A continuación, se inscribió en unas clases de baile, si bien los hombres que encontraba allí no le parecían atractivos. No extrañaba en absoluto la televisión y comenzaba a tener vida social. Gozaba de mayor energía y hasta tuvo el valor suficiente para acudir a una cita a ciegas.

De camino al restaurante para encontrarse con ese hombre, se perdió en el Soho y dos italianos encantadores la guiaron. De algún modo, consiguieron su teléfono. Al día siguiente, la llamaron para invitarla a una fiesta en Hamptons, donde conoció a un productor de cine, un hombre realmente encantador. Se entendieron bien, y acaban de entablar una magnífica relación amorosa.

Trata de limitar tu tiempo frente al televisor. Selecciona los programas, y cuando terminen, apaga el aparato. Decide cuántas horas semanales dedicarás a ver la televisión y cumple con ese plan. No caigas en el hábito de mirar el programa siguiente sólo porque tienes el televisor encendido. ¡Cuidado! La televisión te exige un coste mayor del que imaginas y reduce tu capacidad de atraer lo que deseas en la vida.

33. LLEGA DIEZ MINUTOS ANTES DE LA HORA

La puntualidad es la cortesía de los reyes.
PROVERBIO FAVORITO DE LUIS XVIII

Si ya tienes esa costumbre, perfecto; si no, ten por seguro que la manera más sencilla y fácil de ahorrar tiempo en tu vida es llegar diez minutos antes a cualquier cita profesional o personal que tengas. Suena más bien a pérdida de tiempo. Después de todo, podrías utilizar esos diez minutos para hacer otra llamada telefónica. En este caso, haciendo menos ganas más: más tiempo, más tranquilidad y más lucidez. Al llegar diez minutos antes de la hora, puedes ordenar tus ideas, acomodarte al ambiente y relajarte. Pruébalo: durante una semana, llega diez minutos antes de la hora a tus compromisos.

Se lo recomendé a uno de mis clientes, Dexter, un hombre de negocios próspero y muy ocupado que andaba siempre desesperado tratando de ver cuánto podía hacer en el día. Pensaba que era más eficiente si podía hacer otra llamada telefónica antes de una entrevista. No era raro, pues, que como norma general llegase precipitadamente unos minutos tarde, agobiado y disculpándose con la excusa del tráfico o algo similar. Dexter no pareció muy entusiasmado cuando le propuse que llegase a sus citas diez minutos antes de lo convenido. Para él, era perder su precioso tiempo. Insistí y le pedí que probara el sistema sólo una semana para ver los resultados. Siempre podía retomar sus costumbres habituales. Aceptó.

Para estar segura de que llegaría temprano, le pedí que anotara en su agenda el tiempo que necesitaba para salir de su despacho, en lugar del necesario para llegar a su entrevista. Miraba en su agenda y partía dejando que el teléfono sonara y que su secretaria se hiciese cargo. No era nada fácil para alguien como Dexter, pero logró llegar diez minutos antes a una comida con un posible cliente para hablar sobre un negocio. El directivo no había llegado aún, de modo que el *maître* lo condujo a su mesa, y Dexter pudo sentarse, observar el ambiente y ordenar su mente. ¿Quién tenía ya ventaja?

Sólo tuvo que esperar cinco minutos antes de que su posible cliente llegase, pero esos minutos le permitieron serenarse, relajarse y concentrarse. La comida fue un éxito, y Dexter tuvo la oportunidad de comprobar los beneficios inmediatos de la estrategia. Comprendió que hasta entonces había desperdiciado el recorrido hasta sus entrevistas pensando en la excusa que daría por llegar tarde, en lugar de reflexionar sobre los objetivos que perseguía. Un tiempo de reserva te ofrece la oportunidad de calmarte y pensar en el tema que debes abordar y en lo que dirás. Es el signo de la verdadera profesionalidad.

A los impuntuales acérrimos como Dexter les conviene anotar en su agenda el tiempo que necesitan para *salir* de casa o del despacho y llegar diez minutos antes a sus compromisos. Si el recorrido que tienes que hacer no te resulta familiar, calcula algo más de tiempo del previsto por si te pierdes. La explicación de las tardanzas es que la gente comienza a prepararse para salir en el momento en que debería cerrar la puerta y dirigirse a su lugar de destino.

Otra manera de ayudarte para llegar diez minutos antes de la hora es no prometer demasiado. En lugar de decir: «Estaré allí dentro de veinte minutos», di: «Estaré allí dentro de media hora». Así, aunque te encuentres con un atasco de circulación, no harás esperar a tu cliente. Si el tráfico es fluido y llegas temprano, utiliza esos minutos para relajarte y respirar profundamente, o bien siéntate sin hacer nada. Uno de mis clientes lleva tarjetas postales consigo y aprovecha esos minutos para poner al día su correspondencia.

Por supuesto, cada cultura tiene sus particularidades con respecto a la utilización del tiempo. Tienes que saber adaptarte a los usos y costumbres de cada país

34. HAZ TU TRABAJO EN LA MITAD DE TIEMPO

Todo trabajo se expande hasta llegar a ocupar todo el tiempo disponible para su completa realización.

C. NORTHCOTE PARKINSON, *LA LEY DE PARKINSON:*

LAS LEYES OCULTAS DE LA PIRÁMIDE EMPRESARIAL

Si el trabajo se expande hasta ocupar todo el tiempo disponible, la solución es reducir la cantidad de tiempo que necesitas para hacerlo. Por lo general, si la gente tiene prisa, hace su trabajo en la mitad del tiempo que emplearía normalmente. No es una broma. ¿No te ha pasado nunca que el día antes de salir de vacaciones logres vaciar una cajón que llevaba semanas abarrotado? No hay nada como un incentivo para activarse.

¿Cómo podrías hacer tu trabajo en la mitad de tiempo? Tendrás que encontrar una solución creativa, pero bien vale el esfuerzo. Podrías utilizar el tiempo que te queda libre para tus propios proyectos, para pensar en las perspectivas futuras de tu vida o de tus actividades laborales, poner al día tu correspondencia o enviar notas de agradecimiento. A tener muy en cuenta: no todos los lugares de trabajo te brindan esa posibilidad. Puede que en tu empresa los empleados estén muy controlados. Hazlo dentro del horario laboral sólo si en tu caso es posible.

También puedes aplicar este principio al trabajo que haces en tu casa. ¿Cómo hacer las tareas domésticas en la mitad de tiempo? (Para buenos consejos al respecto, véase *Speed Cleaning* [Limpieza rápida], de Jeff Campbell.) Si tienes mucho trabajo acumulado en tu escritorio, conecta la alarma del reloj para que suene en una hora y trata de ganarle al reloj. ¿Tienes que ordenar muchos archivos? Destina una mañana para hacerlo. Ponte de acuerdo con un amigo o una amiga que tenga su propio proyecto de trabajo y llamaos el uno al otro cada hora para informaros, durante dos minutos, de la marcha de vuestras respectivas tareas.

Una de mis clientas insistía en que tenía que ordenar los papeles de su despacho. No lo conseguía. Decidimos destinar un sábado, de nueve a doce, para emprender la tarea. Yo trabajé con mis papeles y ella con los suyos. Me llamaba cada hora para contarme sus progresos, y yo la llamaba para darle ánimos. A las tres horas había limpiado su escritorio y dos cajones de archivos. ¡Estaba contentísima! Lo tenía todo organizado, y ese orden era fácil de mantener dedicándole sólo unos minutos cada día. Hice lo mismo con otra de mis clientas, que quería hacer arreglos en su casa. Mientras yo ordenaba mis archivos en Nueva York, ella pintaba su cocina en Arizona. Es una manera de convertir una tarea tediosa en una actividad divertida. Te sorprenderás cuando veas todo lo que puedes lograr. Una vez hecho, tendrás una gran sensación de bienestar y más tiempo para dedicarlo a lo que te gusta. El objetivo final es disponer del mayor tiempo posible para las cosas buenas de la vida. Las personas que viven plenamente, que tienen una existencia placentera, atraen la prosperidad y las buenas oportunidades. De modo que toma las medidas necesarias para tener tu trabajo hecho en la mitad del tiempo que empleas ahora.

35. Pregúntate: «¿Qué es lo más importante para mí hoy?»

El poder está en el presente.

Kate Green

Es fácil llenarse de preocupaciones y olvidar lo verdaderamente importante. Un reportero le preguntó a Peter Lynch, el gran experto de la banca de inversiones, por qué razón había dejado su prestigioso trabajo en Wall Street. Su respuesta fue: «Cuando esté en mi lecho de muerte, no me lamentaré por haber pasado demasiado tiempo en mi despacho». Quería prepararles la comida a sus dos hijas y verlas crecer.

Para ayudarte a planificar tu trabajo, cada mañana, antes de empezar a trabajar, hazte las tres preguntas siguientes y tómate unos minutos para anotar las respuestas:

1. ¿Qué es lo más importante para mí hoy?
2. ¿Qué debo hacer hoy?
3. ¿Qué es lo importante con respecto al futuro?

Puede que descubras que lo más importante del día es que tu hijo cumple tres años y quieres dejar el trabajo a las tres de la tarde para ir a su fiesta. Responder a estas preguntas te facilitará la planificación del día y te ayudará a concentrarte en lo importante, sin que nada te distraiga. Luego considera lo que debes hacer durante el día. Quizá debas ver a tu director a la una del mediodía para hablar de un proyecto, y llamar a un cliente. Te darás cuenta de que, por lo general, hay pocas cosas que *debas* hacer hoy mismo. Puede ser muy liberador.

Si encuentras muchos «debo», eso quiere decir que no tienes la costumbre de preguntarte: «¿Qué es lo importante con respecto al futuro?». Esta es la pregunta que te obliga a planificar. ¿Qué es lo que podrías preparar hoy una vez que hayas terminado con todos tus «debo»? ¿El informe para la semana siguiente? ¿El cincuenta aniversario de boda de tus abuelos, que será dentro de dos semanas? No dejes de hacerte las tres preguntas y pronto te pondrás al día con los «debo».

Se han escrito muchísimos libros acerca del concepto del manejo del tiempo. Si te concentras en estas tres preguntas, tu vida será mucho más fácil, y además tendrás tiempo para leer esos libros. Hablar de manejar el tiempo es absurdo, pues es inmanejable. No puedes hacerlo; sólo puedes manejar tus actividades. En cualquier caso, los asuntos no incluidos en tus respuestas a las tres preguntas propuestas son, por lo general, una pérdida de tiempo, de modo que puedes dejarlos de lado.

A mis clientes que están dentro del mundo de los negocios y las grandes empresas, les recomiendo que tengan un archivo llamado «Para leer» en el cajón de su escritorio, donde guarden los informes y artículos que les interesen. Uno de mis clientes hizo la prueba, y descubrió que nunca llegaba a leer el 90 por ciento de los papeles que daban vueltas encima de su escritorio. Archivaba un memorando, y antes de que pudiese leerlo, ya recibía uno nuevo que reemplazaba el viejo con disposiciones puestas al día. Raras veces sucedía que alguien se refiriera a ellos. Cuando esto sucedía, mi cliente decía sólo: «Sí, seguro que lo he visto, espera un segundo». Echaba una mirada al archivo, sacaba el documento y se ponía al corriente en el mismo momento. Después de un mes, había logrado revisar todos los papeles, mirar por encima lo que le parecía interesante y liquidar la totalidad.

36. Haz una sola cosa cada vez

Quien mucho abarca poco aprieta.

Proverbio del siglo xiv

La eficacia no consiste en apresurarse para hacer diez cosas al mismo tiempo. Permítete hacer una sola cosa cada vez. De hecho, es lo único que *puedes* hacer. Acéptalo y concéntrate en realizar una actividad concienzudamente y bien. Ya te escucho protestar, porque tú no sólo *puedes* hacer múltiples tareas al mismo tiempo, sino que *debes* hacerlas, porque trabajas en un despacho estresante y tienes un montón de cosas que hacer.

Echemos una mirada a un típico día de trabajo. Estás escribiendo un informe y suena el teléfono. Contestas mientras sigues mirando el informe. Hablas por teléfono, lees el informe y un compañero de trabajo viene y te interrumpe. Ahora haces tres cosas a la vez, lo normal en tu despacho. No es extraño, pues, que sientas tal agotamiento al final de la jornada.

Imagina la misma situación pero encarada con mayor serenidad. Mientras escribes el informe, suena el teléfono. HACES UNA PAUSA en el trabajo, respondes al teléfono y COMIENZAS una conversación. Un compañero de trabajo viene a consultarte algo. Entonces puedes escoger entre dos actitudes: HACES UNA PAUSA en tu conversación telefónica: «¿Puede esperar un momento, por favor?», y COMIENZAS una nueva conversación, o bien HACES UNA PAUSA con la persona que te interrumpe. En ese caso, le dices por señas que espere, terminas tu conversación telefónica, cuelgas y COMIENZAS una nueva conversación. Terminas esta última y COMIENZAS otra vez a escribir el informe.

Tu vida es una serie de comienzos, cambios y pausas. Dado que sólo puedes hacer una cosa a la vez, hazla consciente y deliberadamente, en lugar de fingir que haces tres. Te sacarás un gran peso de encima. Cuando, a conciencia, hice una sola cosa a la vez en mi despacho, sentí que controlaba mis tareas en lugar de que me agobiaran. Tratar de hacer más de una cosa a la vez es muy estresante, y las personas estresadas no son en modo alguno atrayentes. Esta semana, empéñate en hacer una sola cosa cada vez.

Lauren, una excelente vendedora, siempre muy ocupada, tenía la costumbre de desayunar, llamar por teléfono desde su móvil y maquillarse en el coche de camino al trabajo. Todo esto mientras conducía. Se pasaba el tiempo haciendo malabarismos para resolver varios asuntos a la vez. Creía que con ese sistema ahorraba tiempo. Le pedí que, durante una semana, hiciese la prueba de ir a su trabajo sin hacer otra cosa que conducir. Tenía que levantarse diez minutos antes de lo habitual para poder maquillarse. Decidió llevarse el desayuno al trabajo y comérselo en su despacho. Resistirse a llamar con su móvil le costó muchísimo, pero pasados los primeros días, descubrió una cierta sensación de serenidad y paz. Comprendió que no ahorraba mucho tiempo cuando se estresaba tratando de hacer tantas cosas a la vez. Al conducir hacia el trabajo (no le permití ni que pusiera la radio) pensaba con libertad, y comenzó a tener ideas creativas para conseguir nuevos clientes. Logró una sensación de control y serenidad que se mantenía a lo largo del día y que bien valía aquellos diez minutos matinales.

37. ¡HAZLO YA!

El último es siempre el que duda.

MAE WEST

Responder de inmediato es un detalle que atrae a los demás, porque es algo muy raro, incluso cuando parece obvio. Es raro porque la mayoría de las personas lo dejan para más tarde. De hecho, para poder responder de inmediato, puede que necesites mejorar y racionalizar tus sistemas y cambiar por entero tu manera de responder.

¿Cómo hacer para responder en el acto? Mi mantra es: «Hazlo ya». Cuando me sorprendo con una hoja de papel en la mano, pensando: «Lo miraré más tarde», me digo: «No, hazlo ya». De otro modo, pierdo mucho tiempo porque se me traspapela todo. Recibí un correo electrónico que me comunicaba el fallecimiento del novio de una de mis colegas. Pensé enviarle una tarjeta postal con una nota de condolencia. Me di cuenta de que, en realidad, estaba posponiéndolo, de modo que me dije: «Hazlo ya», e inmediatamente escribí una nota. Ya estaba hecho. En lugar de guardar el correo electrónico para ocuparme de responder otro día o, peor aún, olvidarme del asunto, resolví el asunto en el momento.

Mi clienta Rebecca acababa de mudarse a Manhattan y trabajaba de dependienta en una tienda de ropa. Sus perspectivas de progreso no eran grandes, de modo que comenzó a buscar la manera de hacer carrera en el mundo de la moda. Mirando los anuncios de ofertas laborales, encontró una para trabajar con Giorgio Armani. El plazo para la recepción de las solicitudes finalizaba ese mismo día. Inmediatamente, escribió su currículum y lo envió por fax. Entonces, decidió averiguar si les había llegado. ¿Les llamó por teléfono? No, caminó hasta la tienda, situada en la avenida Madison, y con gran cortesía hizo saber al director de recursos humanos que acababa de enviarle su currículum por fax.

Rebecca sabía que sus grandes cualidades eran su apariencia personal y su innata cortesía, atributos que no podían reflejarse en el currículum. Estoy segura de que quedaron impresionados inmediatamente. Ese era el tipo de atención personal que sus clientes de alto nivel exigían. Estaban dispuestos a darle una oportunidad, aunque sólo tuviera tres meses de experiencia en venta de ropa en Nueva York y buscaran a una persona con tres años de experiencia. Después de una semana de entrevistas, consiguió el puesto, y dio un salto desde un trabajo sin perspectivas, pagado a 7,50 dólares la hora, a uno de 50.000 dólares al año.

¿Qué es lo que dejas sin hacer? Quizá pagues un precio innecesario, en términos de tiempo y energía. Todo lo que no hagas ahora lo tendrás que hacer más tarde. Si esperas, el hecho de saber que tienes que hacerlo te absorberá espacio mental y te agobiará, con el peso añadido de tratar de no olvidarte luego. Si realmente no lo puedes hacer de inmediato, colócalo en un archivo de asuntos pendientes y apunta la fecha y la hora en que lo harás en tu agenda. ¿Qué cambios necesitas para reestructurar tu vida de tal manera que puedas responder de inmediato? Quizá colocar un pequeño cartel en tu escritorio que diga «¡HAZLO YA!».

38. Haz un buen trabajo

Sólo existe un verdadero pecado, el de persuadirse a uno mismo de que ser casi el mejor es tan sólo ser casi el mejor.

Doris Lessing

Cuando damos lo mejor de nosotros mismos, nunca sabemos qué milagro se producirá en nuestra vida o en la de los demás.

Helen Keller

Aparentemente, la manera de ahorrar tiempo es lograr que el trabajo esté hecho con la mayor rapidez posible. Si bien a corto plazo puede ser cierto, hacer verdaderamente un buen trabajo ahorra tiempo a largo plazo y te procura el espacio mental y la lucidez que necesitas para emprender el siguiente proyecto. Un trabajo realizado concienzudamente no te causará más preocupaciones. ¿Cómo lograrlo?

Supongamos que llama un cliente quejándose porque en su cuenta se ha cargado un cobro erróneo. El encargado del servicio de atención al cliente le dice cortésmente: «No hay ningún problema. Me ocuparé de inmediato». El cliente cuelga, satisfecho del servicio. El encargado del servicio de atención al cliente se ocupa del problema y en el siguiente estado de cuentas se refleja el reintegro del dinero. Pero también hay el cargo de un nuevo recibo ese mes. El encargado se ocupó en particular del cargo erróneo de que se había quejado el cliente, pero, presionado por el tiempo, no buscó la fuente del problema. ¿Por qué se hizo ese cargo? Con una búsqueda a fondo, hubiese encontrado la razón: la cuenta estaba mal codificada. Pero como no lo hizo, el cliente llamó de nuevo, esta vez muy enfadado, pidiendo hablar con el director. A continuación, escribió una carta quejándose al presidente, y diez empleados se vieron envueltos en la historia, desde arriba hasta abajo, se mandaron memorandos, etc. La solución era hacer un buen trabajo de buenas a primeras. Haz que esta sea la política de tu empresa y verás desaparecer los problemas.

En cuanto al hogar, digamos que decides lavar el coche. En lugar de utilizar un cubo de agua con jabón, compras un pulimento de larga duración especial para coches. Limpias la carrocería, vacías la guantera y utilizas un producto especial que repele la lluvia para limpiar los cristales. Haces un buen trabajo, un trabajo acabado, y eso es algo muy satisfactorio. Se siente uno orgulloso de lo que ha hecho, y eso ya es razón más que suficiente para hacer un buen trabajo.

También puedes actuar del mismo modo en tus relaciones. ¿Cómo serían si dijeses todo lo que necesitas decir y no te guardases nada? Una de mis amigas siempre abrazaba a sus padres cuando se iban después de visitarla. Una vez, ofrecía una fiesta y sus padres se retiraron temprano. Ella estaba ocupada con los aperitivos y no pudo saludarles. Esa noche, su madre falleció de un ataque al corazón. Lo cierto es que mi amiga podría haber dispuesto de un momento para saludarlos y luego volver a la fiesta. Por supuesto, tenía la suerte de haberles dicho siempre que los quería y los apreciaba. He hablado con muchas personas que nunca han agradecido a sus padres que les trajesen al mundo, o que nunca les han dicho que los quieren. Por lo general, les pido a mis clientes que lo hagan.

Sam estaba a finales de la cincuentena. Divorciado y con tres hijos adultos, todavía tenía problemas no resueltos con su propio padre. Tenía la sensación de que su padre había sido demasiado exigente con él cuando era niño y que no podía hacer nada que le agradara, no había nada que fuese suficiente (en esa época Sam era un excelente hombre de negocios que formaba parte del consejo directivo de varias grandes empresas).

Le señalé que su padre era exigente porque lo quería tanto que deseaba sólo lo mejor par él. Lo incité a que hablase del tema con su padre, que tenía más de ochenta años, antes de que perdiese la posibilidad de decirle que lo quería. A Sam no le entusiasmaba mucho la idea. Decía que era demasiado tarde, que su padre no comprendería. Finalmente, habló con él y se lo dijo. Era un hombre más bien hosco y no le hizo mucho caso, pero Sam se sintió mejor. Por fin, pudo perdonar a su padre después de tantos años de resentimiento. Sentirás que tienes mucho espacio mental el día que para ti sea una norma hacer un trabajo acabado e hilvanar todos los hilos sueltos de tu vida.

39. POSTERGA LAS COSAS CON UN OBJETIVO

Mañana es el día más ocupado de la semana.

PROVERBIO ESPAÑOL

«No dejes para mañana lo que puedas hacer hoy.» Bajo la influencia de esta moralidad pestilente, siempre dejo que el trabajo de mañana me invada hoy y hago, nervioso y con dificultades, lo que podría hacer mañana con mayor rapidez y facilidad.

J. A. SPENDER, *THE COMMENTS OF BAGSHOT*
[LOS COMENTARIOS DE BAGSHOT]

A pesar del consejo 37 («¡Hazlo ya!»), el hecho de aplazar las cosas tiene una mala reputación inmerecida. Por lo general, se considera que dejar cosas para más tarde es una señal de debilidad. Las personas se desgastan y se sienten muy mal cuando deben postergar algo. Quizá se equivocan completamente. ¿Y si postergar las cosas no fuese malo sino bueno? ¿Y si sirviera para que te dieras cuenta de cómo hacer realidad tus sueños y alcanzar tus verdaderos objetivos? Eso no es, precisamente, lo que solemos escuchar.

Primero, tomémonos un momento para diferenciar los distintos tipos de postergación. Es una categoría que engloba muchos aspectos. Está la postergación debido a que no te gusta la tarea que realizas, porque te falta información o conocimientos, porque es demasiado agobiante o porque tus verdaderos objetivos no ocupan el lugar principal. Todas estas son razones excelentes y válidas para postergarla. Una vez que comprendes por qué lo haces, el resto es sencillo. Comienza a partir de la premisa básica de que postergar cosas es algo muy bueno.

¿Por qué razones postergas tú determinadas cosas?

1. Porque no te gusta esa tarea, ese trabajo o ese deber, de modo que lo dejas de lado el mayor tiempo posible.

Tengo la firme convicción de que si algo no te gusta, es probable que no debas hacerlo. ¿Cómo vas a disfrutar de una buena vida si haces todo tipo de tareas de las que no disfrutas? Supongamos que detestas hacer las notas de gastos y esperas hasta que has agotado la tarjeta de crédito de tu empresa para hacerlo. En lugar de perder toda esa energía mental y acabar en una situación potencialmente difícil, sólo necesitas admitir que odias esa tarea y delegarla. Enséñale a hacerlo a tu secretaria, o si no tienes una, paga a un contable. Merece la pena. Una cosa arreglada. ¿Qué otras tareas desagradables estás postergando? La mayor parte del tiempo, no deberías perder tu precioso tiempo haciendo lo que puedes delegar o automatizar.

También puedes separar la parte de tu trabajo que no te gusta y delegarla o automatizarla. Una clienta odiaba hacer los informes semanales. Se daba cuenta de que lo que detestaba era tener que recordar todo lo que había hecho durante la semana. No podía delegarlo y estaba obligada a reflexionar sobre la cuestión, de modo que decidió utilizar un dictáfono y, al final del día, grabar todo lo que había hecho. Luego le daba el casete a su secretaria para que lo transcribiese y tenía el informe listo en cinco minutos. ¡Qué descanso!

En cuanto al hogar, un cliente mío se dio cuenta de que postergaba la limpieza de la casa porque no le gustaba sacar el polvo. Decidió tomar una asistenta sólo para eso, porque no le importaba hacer el resto. Era una solución económica y satisfactoria.

Imagina que odias dirigir reuniones en tu empresa y que, como director de ventas, se supone que debes dirigir una por semana, pero la postergas todo lo que puedes. Quizá tu equipo pueda funcionar por sí solo y las reuniones semanales no representen una verdadera necesidad, aparte de ser una pérdida de tiempo para todos. O, en caso de que sean necesarias, delega tu función en otra persona. ¿Dónde está escrito que el responsable de dirigir las reuniones deba ser el director?

Un director de ventas al que asesoré terminó por delegar la dirección de las reuniones a una persona distinta del departamento cada semana. Resultó ser una técnica muy eficaz, y todos comenzaron a sentir una mayor responsabilidad por los resultados del trabajo del equipo. Pocas son las tareas directivas que no se pueden delegar, de modo que comienza a entrenar a tu equipo en todos los aspectos de tu trabajo.

¿Qué sucede en el caso de que no tengas un equipo y te encuentres con una tarea que no soportas? Trata de hacer un intercambio con un colega. Por ejemplo, tú puedes hacer los informes de gastos de tu colega y él puede calcular tus cifras de ventas. O bien propónle a tu jefe que los trabajos que a nadie le gustan sean rotativos. De ese modo, nadie estará condenado a hacer un trabajo desagradable todo el tiempo, y el director terminará con un equipo preparado a conciencia en todas las áreas. Todos habrán ganado algo.

2. Postergas cosas porque no sabes cómo resolverlas.

Aparece un problema delicado en el trabajo y no sabes cómo resolverlo, de modo que no lo afrontas y esperas que desaparezca. Le dices a tu jefe o a quien sea que necesitas tiempo para pensarlo. A veces, no está mal el estilo de esperar y no intervenir, si la cuestión se resuelve sola. Otras, tienes que involucrarte, pero con una buena noche de descanso, quizás encuentres la solución que buscabas. O tal vez necesites información adicional antes de decidir el mejor camino a tomar. Posponer la decisión te dará el tiempo de reflexión necesario para tomarla. A veces, la información aparecerá inesperadamente y podrás seguir adelante. También puede ser que la pospongas por ignorancia, que necesites una mayor formación para encontrar la solución necesaria, en cuyo caso tendrás que solicitársela a tu director. O bien puede que necesites investigar el tema y las soluciones existentes para problemas similares o pedirle consejo a tu jefe sobre el camino a seguir.

Un cliente mío, que tenía una imprenta, dejaba pasar el tiempo y no aprendía a trabajar con su ordenador. Ni siquiera sabía cómo ponerlo en marcha, pero sí sabía que el ordenador mejoraría el rendimiento de su empresa. Su ignorancia le llevaba a postergar las cosas. Le recomendé que contratase a un especialista que le enseñase a servirse del ordenador. Se inscribió, además, en un curso básico de informática en una academia local.

Otro cliente postergaba la tarea de hacer la contabilidad de su empresa. Tenía un año entero de cifras por calcular y le resultaba una labor tediosa. Había comprado un programa de contabilidad hacía ya un año, pero ni siquiera lo había sacado de la caja. No tenía ni idea de cómo instalarlo. Le recomendé a un contable, que fue a su despacho, le instaló el programa y le enseñó a utilizarlo. Problema resuelto.

3. Postergas cosas porque te falta tiempo.

Es posible que no detestes la tarea, ni que no sepas cómo manejarla, sino que aparentemente te falta tiempo para hacerla. El proyecto te parece agobiante y no sabes cuándo o cómo comenzar. Un cliente mío, asesor y conferenciante profesional, se había pasado años con el proyecto de escribir un libro, pero no encontraba el tiempo para hacerlo. Sabía que el libro favorecería su prestigio de conferenciante y le procuraría mayores ingresos.

Siempre había querido escribir un libro, de modo que no era que la idea no le entusiasmase. Incluso sabía lo que quería escribir y tenía sus ideas estructuradas. Su problema era encontrar el momento para empezar. La magnitud de la tarea lo agobiaba y paralizaba. Y la verdad es que él no se había allanado el camino para lograr el espacio y el tiempo necesarios para escribir.

En primer lugar, conseguí que pusiese orden en su escritorio, donde él estaba sepultado entre montones de papeles. Luego, comenzamos a diseñar espacios de tiempo reservados para escribir. Decidió que el mejor momento eran las tres horas anteriores a la comida. Nos propusimos como objetivo que escribiera sólo esas horas y sin preocuparse por el resultado final. Tenía que sentarse a escribir aunque pensara que lo que hacía no serviría. El objetivo era escribir tres horas, no preocuparse por la calidad de lo que escribía. Sus horarios eran bastante irregulares, pero cuando no tenía que dirigir un seminario, utilizaba esas horas para escribir. A los seis meses había terminado la mitad del libro.

4. Postergas las cosas porque no sabes si realmente quieres hacer lo que te propusiste.

Esto quiere decir que tu objetivo no es el adecuado, y si no es así, entonces tu estrategia no es la adecuada. Pongamos, por ejemplo, el objetivo de perder peso. ¿Por qué una persona querría reducir las calorías que consume, sufrir y hacer una serie de cosas horribles para perder peso? Sólo mencionar el objetivo de «perder peso y ponerse en forma» deprime a la mayoría de la gente. Lo dejan de lado porque no les gusta, aunque piensan que deberían hacerlo. Esto nos lleva de nuevo al tema de eliminar los viejos objetivos y los «debería» (consejo 4).

5. Postergas las cosas porque tienes un bloqueo y necesitas que te empujen para comenzar.

Esto fue lo que le sucedió a uno de mis clientes con un proyecto para remodelar su casa. Quería reemplazar las luces del comedor y sabía que si lo hacía tendría que reparar y volver a pintar el techo. Es el caso de una tarea que parece monumental. De modo que decidió que, por el momento, iría a la ferretería y compraría el material. Lo hizo y se dijo: «Bueno, ya que estoy, retiraré la vieja instalación». Lo hizo, y entonces se dijo: «Bueno, instalaré la nueva línea». Lo hizo y otra vez se dijo: «Bueno, ya que estoy, voy a preparar el yeso, así tendrá tiempo para secarse». Lo hizo y pensó: «Bueno, ya que estoy, podría probar una capa de pintura y ver si me gusta el color».

Antes de que se diese cuenta, había acabado la tarea, dando un pequeño paso después del otro. Permítete hacer sólo una pequeña parte del proyecto y punto. Lo más probable es que termines por hacer una buena parte, porque habrás creado la inercia necesaria para seguir.

6. Postergas las cosas porque necesitas tiempo para reflexionar.

Es lo que yo llamo postergación creativa. Si eres escritor o pintor, o si tratas de resolver un problema espinoso, puede que te encuentres postergando la tarea. Eso no sólo es apropiado, sino también necesario. Es posible que de pronto te pongas a planchar, cortar el césped o realizar otra tarea hogareña que normalmente aborreces, porque te resulta más interesante que abordar tu proyecto. Está bien. Necesitas tiempo para reflexionar antes de comenzar. En algún momento estarás a punto, comenzarás a pintar o escribir y todo te saldrá sin esfuerzo alguno.

Un amigo mío, asesor informático, me ayudaba a arreglar un problema que tenía con mi base de datos y no conseguía ver dónde estaba. Después de una búsqueda infructuosa y frustrante, me cansé y le dije: «Vamos al cine y olvidemos el asunto». Por supuesto, a mitad de la película, mi amigo me dio un codazo; yo lo miré y vi en su rostro una gran sonrisa. Había encontrado la solución. Cuando acabó la película, volvimos al despacho y en cinco minutos había terminado. Al irnos al cine podía dar la impresión de que postergábamos el trabajo, pero lo cierto es que, mientras tanto, el cerebro de mi amigo seguía concentrado en el problema.

Ahora conoces seis razones que justifican las postergaciones y prueban que son buenas si las haces con un objetivo. Haz un lista de todo lo que has dejado para más adelante y averigua el porqué; entonces, habrás hallado la solución.

40. Resérvate para ti unas noches sagradas

Para sobrevivir debemos comenzar por conocer lo sagrado. La mayoría de nosotros vive a un ritmo que hace imposible ese conocimiento.

Chrystos

Una noche sagrada es exactamente eso: una velada que reservas para ti, para hacer lo que te place, ya sea un paseo por el parque, darte un baño de espuma, una sesión de masaje, leer un libro, ir a un concierto o no hacer nada en absoluto. Es el momento para estar contigo, para jugar, descansar y relajarte. No tienes nada planificado ni ninguna obligación. Es sagrada porque se trata de unas horas inviolables. Lo que es sagrado se separa de la actividad mundana y se pone aparte para un objetivo más elevado. El tiempo te pertenece, y tú decides. Si no te concedes esos espacios sagrados, te perderás en el ámbito de tu quehacer cotidiano.

Si tienes hijos, tomarte esas veladas sagradas adquiere una importancia diez veces mayor. Necesitas tiempo para las actividades adultas y para pensar sólo en ti (consejo 87). Así, cuando estés con tus hijos, los disfrutarás mejor. Tengo dos hermanas, una un año mayor que yo y la otra un año menor. Mi madre no trabajaba, se quedaba en casa para ocuparse de nosotras. Hace poco descubrí que, cuando éramos pequeñas, a veces iba a la tienda de comestibles sólo para estar con otros adultos y escuchar conversaciones adultas. *Necesitas* esas veladas sagradas. No son optativas.

Mira tu agenda, toma un rotulador amarillo y marca esas noches. Marca por lo menos una a la semana. ¿Casados con hijos? No es problema. Podéis concederos una noche cada uno una vez por semana. Haz que sea una auténtica velada en lugar de salir furtivamente y culpabilizarte. Deja que tu pareja haga lo que desee. Entonces, cuando estéis juntos, os sentiréis relajados, renovados y más dichosos.

V

Construye relaciones sólidas
y enriquecedoras

Atrae lo mejor para sí porque no lo busca.
Donald J. Walters, *El magnetismo del dinero*

Pregúntales a las personas de éxito que conoces, que han prosperado y se han realizado plenamente, cómo lo lograron y te dirán que no lo hicieron solos. Necesitamos de los demás para que nos apoyen y nos estimulen, los necesitamos para que nos den ideas y amistad, y para que en nuestra vida haya amor y bondad. Tus posibilidades de éxito aumentarán sensiblemente si posees los contactos idóneos y conoces a personas valiosas.

No estoy haciendo el típico discurso, que ya has oído tantas veces, sobre la importancia de hacer contactos en el mundo de los negocios y de pertenecer a las asociaciones que corresponden. Cualquier persona es capaz de reunir un montón de tarjetas de visita. Mucha gente posee una enorme base de datos, pero pocos tienen un círculo de buenas amistades que los apoyen y ayuden.

El tema de la parte V es la creación de alianzas profundas y duraderas con gente valiosa, y no de contactos superficiales. Iremos al fondo de la cuestión y analizaremos lo que realmente provoca la atracción mutua en los negocios y en las relaciones personales.

Bien mirado, lo que queremos es trabajar con personas que nos gusten y en las que confiemos, aunque otra gente pueda ofrecernos un servicio mejor. Nos atraen aquellas personas que no necesitan de los demás. Por lo tanto, uno de los elementos claves a la hora de realizarnos y de atraer las mejores personas y oportunidades es identificar y solventar nuestras propias necesidades. En la Parte III, te ocupaste de tus necesidades económicas; ahora es el momento de tener en cuenta tus necesidades afectivas y entablar amistades enriquecedoras y duraderas.

Del mismo modo que necesitamos más dinero del que creemos, también necesitamos más amigos y más amor de lo que suponemos. Estamos acostumbrados a desenvolvernos con lo suficiente. Siempre vivimos al límite y el sólo hecho de existir es estresante. Si quieres llegar a realizarte, necesitas más que lo suficiente: una abundancia de amigos que te quieran y de colegas que te apoyen. Tener más de lo que necesitas puede ser lo único verdaderamente importante si quieres atraer todo lo que deseas y que los éxitos vengan a ti como una abeja va a la flor. Te hace falta tanto como para acabar con cualquier sentimiento de necesidad. Todos conocemos esos vínculos en los que una persona necesita tanto a la otra que termina por alejarla en su desesperación por atraerla. Siempre es más atractiva la persona que no necesita de los demás para solventar sus carencias.

Este principio de «no necesitar» es válido no sólo en el ámbito de las relaciones personales, sino en todos los aspectos de la vida. Si no necesitas dinero, es más fácil que lo atraigas (de ahí el dicho «el rico siempre será más rico y el pobre más pobre»). Haz la prueba de ir al banco y pedir un préstamo justo en el momento en que tienes una necesidad urgente y quieres que te concedan un interés bajo. Lo más probable es que lo rechacen porque ya tienes «demasiadas obligaciones». Sin embargo, si tienes dinero ahorrado y pides un crédito (no lo necesitas), es más fácil que lo consigas.

Las cosas aparecen y se ofrecen por sí mismas cuando no media la urgente necesidad de ellas. La desesperación se huele y provoca el alejamiento. Es el mayor callejón sin salida de la vida. Lo mismo sucede con los amigos. Si tienes muchos, te resultará fácil atraer otros nuevos. Instintivamente nos acercamos a las personas amistosas y fiables, a las que todo el mundo quiere.

Satisfacer tus necesidades reduce tu estrés de manera drástica. Andar por el mundo con un estilo de superviviente no es una conducta muy atractiva. La mayoría de las personas no son ni siquiera concientes de cuáles son sus necesidades, y pocas son las que las tienen satisfechas. No obstante, es un proceso esencial para atraer una plenitud que, sin duda, cambiará tu vida. Si no te tomas el tiempo necesario para ver cuáles son tus verdaderas necesidades, puede que te pases la vida corriendo detrás de cosas que crees que te dan la felicidad, pero que en el fondo están lejos de satisfacerte.

Por fortuna, si logramos incrementar nuestra energía, se nos facilita la obtención de algo más que lo estrictamente necesario. Si te parece que los consejos de esta parte son demasiado difíciles, vuelve a la parte I: «Aumenta tu poder innato», para revisar lo que haga falta. Pedir a otras personas que se hagan cargo de algunas de tus propias necesidades es, de todos los consejos del coaching, uno de los más difíciles y conflictivos, y la mayoría de la gente se siente incómoda al planteárselo. No dejes que las dificultades te detengan. Los beneficios que obtendrás bien merecen los sinsabores del comienzo.

41. Rectifica y corrige

Si no te perdonas a ti mismo, ¿cómo podrás perdonar a los demás?

Dolores Huerta

La mejor manera de comenzar a atraer a tu vida a personas valiosas es recapacitar y rectificar tu proceder con respecto a las relaciones ya existentes. Esto debe resultarte familiar. Mantener lo que tienes antes de expandirte es un principio básico del coaching. Como primera medida, vamos a ocuparnos del vínculo de mayor importancia, el más íntimo: el tuyo con tu propia persona.

¿Cuáles son tus rasgos desagradables? ¿Tienes un espíritu crítico y emites juicios demasiado duros sobre otras personas? Juzgar a los demás no tiene nada de atractivo. Más bien lo contrario. Nadie quiere que lo juzguen, de modo que si deseas atraer reconocimiento y prosperidad, esta es una de las áreas que tendrás que revisar y elaborar.

Como es lógico, quería eliminar este rasgo negativo de mi personalidad, y después de investigar un poco, descubrí la fuente. ¡Yo misma! Las personas que juzgan con dureza a los demás suelen ser ferozmente autocríticas. Se exigen demasiado, y cuando no lo consiguen, se castigan. Se juzgan y se evalúan constantemente. Su espíritu crítico es despiadado. No pueden evitarlo, y terminan aplicando a sus seres queridos la misma vara de medida con la que se juzgan a sí mismos, sin comprender que los demás tienen sus propios criterios, tan respetables como los suyos. No es muy justo, ¿no te parece?

Si eres tan autoexigente, es posible que las personas a quienes más ames consideren que exageras demasiado con tus críticas. Tus íntimos no sienten demasiado el impacto, porque te conocen y están acostumbrados. En principio, la cura mágica de este desagradable aspecto de la personalidad pasa, antes que nada, por ser indulgente con uno mismo. Cuando dejes de juzgarte con tanto rigor, encontrarás que hay lugar en tu corazón para perdonar también a los demás. Insisto, primero debes ocuparte de ti.

Otra manera de verlo es comprender que te esfuerzas por hacer las cosas lo mejor que puedes. Supongamos que has tenido un día difícil en el trabajo, no has podido comer al mediodía y llegas a casa. Tus hijos quieren que los lleves a tomar un helado. Tú les dices: «¿No os dais cuenta de que he tenido un día espantoso?». No es una buena respuesta, claro está, pero tampoco puedes pedirte mucho si no has probado bocado en todo el día. Acéptalo y sé indulgente contigo. Luego, ve y pídeles disculpas a tus hijos.

De modo que, de ahora en adelante, cuando una persona te hable en un tono desagradable o no cumpla tus expectativas, perdónala de antemano, porque sabes que hace lo mejor dentro de sus posibilidades. Con esto no pretendo recomendarte que toleres lo que te molesta; sólo te sugiero que no emitas un juicio de valor. Siempre puedes decir: «¿Te das cuenta de que me hablas en un tono muy desagradable?», con un tono de voz neutro y sin crítica alguna. No es ni bueno ni malo; simplemente, a ti te molesta.

La mayoría de las personas cargan con una lista entera de cosas que nunca se perdonaron y por las que siguen castigándose. Errar es humano.

Toma papel y bolígrafo y haz una lista de todo aquello que no te has perdonado. Vuelve a tu niñez, piensa en aquella vez en que te portaste mal con tu hermana, tu hermano o un amigo haciéndoles pagar por un «crimen» que tú cometiste, y continúa hasta llegar al presente, hasta ayer mismo, cuando hiciste ese comentario a uno de tus colegas subestimando su trabajo.

Revisa la lista y mira con quiénes puedes ponerte en contacto para disculparte. Todavía no he podido localizar a Jeffrey, mi compañero de colegio de tercero de la escuela primaria, a quien acusé de haberme robado el lápiz azul, para luego descubrir que lo había dejado en casa. En algunos casos puede bastar con disculparse. En otros, quizá necesites enmendar las cosas. No es suficiente con que te devuelva el jersey blanco que me prestaste para ir a la fiesta y me disculpe sinceramente, porque tiene una mancha de vino tinto. Lo correcto es que te compre un jersey idéntico o mejor.

Ármate de valor y pide disculpas o repara lo que haga falta. Te sorprenderá la cantidad de energía que este ejercicio libera. Pide disculpas, enmienda o rectifica y, sobre todo, perdónate.

42. PERDONA DE ANTEMANO

Los débiles nunca pueden perdonar. El perdón es un atributo de los fuertes.

GANDHI

Cargar con el rencor, la cólera o el resentimiento es un *enorme* desgaste energético. Si quieres liberarte de un peso tremendo e instantáneamente sentir menos agobio, sólo tienes que llamar a aquella persona a la que heriste o dañaste de una manera u otra y pedirle disculpas. Sí, hazlo aunque no fuera culpa tuya. Da el primer paso y llama a todos los que te han herido y perdónalos. Es necesario hacer gala de una gran fuerza de voluntad para perdonar y dejar de lado el hecho de tener razón (y sí, pide disculpas aunque tengas razón y los demás estén equivocados). Lo importante no es saber quién tiene razón, sino que el conflicto afecta a tu capacidad para atraer lo que deseas en la vida. No necesitas cargar con el pasado y los rencores que terminarán por agobiarte o reducir tus capacidades; haz algo para liberarte de ellos.

Mi clienta Karen se había divorciado de su marido hacía tres años y estaba felizmente casada por segunda vez. Su ex marido también se había vuelto a casar. El primer problema que apareció, en cuanto comenzó el programa de coaching, fue que todavía estaba disgustada por algunos comentarios hirientes que su ex marido había hecho cuando estaban casados. (Siempre que tengas un conflicto no resuelto del pasado, se manifestará con todo su desagradable contenido en el momento en que inicies la tarea de concretar tus sueños.) Le dije que lo llamase de inmediato y le informase (consejo 6), en un tono de voz neutro, de que lo que había dicho en esas ocasiones la había herido. Le dije además que se atuviera a los hechos, sin agregar nada, que pidiera a su ex marido que se disculpase y que lo perdonara. Karen no quería hacerlo. Le pregunté la razón, y me dijo que no quería remover el pasado. «Bueno, es una pena —le respondí—. Ya lo has removido, de modo que te queda la opción de barrerlo y esconderlo debajo de la alfombra, ahí donde estaba antes, y esperar a que vuelva a aparecer en el futuro. También puedes afrontar las cosas ahora mismo y eliminarlas para siempre. La llamada no te llevará más de cinco minutos. Tú escoges, pero quiero que tomes conciencia del coste que supone no poner las cosas en claro. Primero, seguirán apareciendo inesperadamente en diferentes etapas de tu vida, hasta que un día las resuelvas. Segundo, si no las resuelves, tomas el papel de la víctima y, en este caso, le adjudicas el del verdugo a tu ex marido. ¿Es así como quieres recordar tu primer matrimonio? Tercero, el hecho de no solucionarlo te mantiene ligada a tu anterior pareja e interfiere en tu actual vínculo matrimonial. En el momento en que perdones a tu ex marido, todo eso desaparecerá. Sólo es una llamada de cinco minutos.»

Karen tenía sus dudas y me dijo que lo pensaría.

Al día siguiente, encontré un mensaje suyo en mi contestador; parecía estar en éxtasis. Había llamado a su ex marido y habían mantenido una conversación muy agradable. Le explicó lo que le disgustaba, sin culpabilizarlo ni juzgarlo, y lo perdonó. Ahora, vivía una explosión de energía. Libre al fin del peso del pasado, estaba en condiciones de seguir persiguiendo sus sueños y objetivos. La clave de la libertad es el perdón.

No dejes que el pasado se convierta en una carga. Perdona a todo el mundo. Perdónate también a ti. Ahora que sabes que necesitas perdonar a los demás para poder liberarte de ellos o del incidente, bien podrías perdonarlos de antemano. Esto te ahorrará mucho tiempo, dolores de cabeza y energía. Piénsalo un poco. ¿No te gustaría que te perdonasen de antemano? Haz una lista de la gente a la que guardas rencor, esas personas con las que no quieres encontrarte ni hablar con ellas, y llámalas por teléfono o escríbeles cartas.

Recuerda que puedes decirle lo que quieras a una persona, siempre y cuando lo hagas en un tono de voz neutro. No cometas el error de creer que has perdonado a alguien cuando todavía te queda algo de rencor o resentimiento. En cuanto a los problemas graves, haz la terapia que necesites para comenzar a luchar a brazo partido con tu rabia. Un pequeño progreso puede dar muchos frutos posteriores y liberar energía vital para ti. Otra cosa: no perdonar sólo te hiere a ti. Es probable que la otra persona ni siquiera recuerde aquel episodio que tanto te molestó. Comienza hoy mismo a rectificar y corregir tu proceder.

43. IDENTIFICA TUS NECESIDADES

El hombre que no necesita nada, lo recibe todo.

PROVERBIO FRANCÉS

¿Cuáles son tus necesidades primordiales? Para estar en plena forma, debes tener satisfechas tus necesidades afectivas. Si no es así, es probable que estés de ánimo irritable, sientas carencia de amor y de aprecio, enfado, resentimiento, celos o la sensación de que, en cierto modo, te han privado de algo. Cualquiera de estos sentimientos es indicativo de una necesidad no satisfecha o no solventada. Cada persona tiene las suyas.

Veamos el caso de Michelle, una mujer con una enorme necesidad de independencia. Hace un gran trabajo cuando satisface esa necesidad. En una época, estaba bajo las órdenes de un jefe muy controlador. Se irritaba, se resentía y comenzaba a quejarse a todo el que la escuchase. Los resultados de su trabajo eran espléndidos, siempre que la dejasen hacerlo a su modo. Esa es una de las razones por las que ahora prefiere tener su propia empresa, solventando a la vez su necesidad de independencia.

En el caso de otra persona, su necesidad podría ser tenerlo todo muy claro y preferiría trabajar a las órdenes de un director que le explicase con toda claridad la tarea que debía hacer, así como la manera de realizarla. No existen necesidades mejores o peores, buenas o malas. Simplemente son diferentes. Si puedes explicarle a tu superior aquellas condiciones en las que trabajas mejor, le facilitarás el trabajo. Si tu labor mejora con ayuda de una información detallada, pídele a tu jefe que elabore un sistema de modo que habitualmente puedas obtener los datos que necesites. Quizá podrías solucionarlo con una pequeña reunión semanal de diez minutos con él o ella.

Paul, uno de mis clientes, necesita sentir que los demás lo aprueban. Si no logra una dosis periódica de aceptación por parte de sus amigos, colegas y supervisores, comienza a dudar de sí mismo y de su capacidad. Esta necesidad explica por qué se licenció en empresariales aunque su vocación natural fuera diametralmente opuesta. (Paul es una persona sociable, le gusta estar en contacto con la gente, y ahora es mucho más feliz trabajando como conferenciante profesional.)

El padre de Paul quería que siguiese sus pasos y fuese contable. Paul, por su parte, quería por encima de todas las cosas lograr la aprobación paterna. Las necesidades son tan fuertes que nos llevan a tomar decisiones muy extrañas para satisfacerlas, aunque sea obvio que no tienen sentido o que en el fondo nos perjudican.

Detrás de toda conducta extraña o adicción, hay una carencia. Si no tuvieses nada para comer y pasases hambre, buscarías comida en la basura, incluso llegarías a mendigar o a robar para satisfacer tu necesidad de comida. Bien, la mayoría de nosotros estamos famélicos de afecto y no logramos satisfacer nuestras necesidades emocionales.

Hombres: esto también va dirigido a vosotros. Aunque nuestra cultura no ve con buenos ojos que los hombres tengan necesidades emocionales o afectivas, o que expresen sus carencias, funcionan exactamente igual que las mujeres. Forma parte de nuestra condición humana. Pretender ignorarlo no cambia los hechos: esas necesidades existen.

Raymond, un cliente mío, necesitaba tenerlo todo bajo control. Ni qué decir tiene que era la viva imagen de un juez. Cuando habló con su mujer de esta necesidad de controlar, ella no se sorprendió en lo más mínimo. No obstante, al hacerla manifiesta, pudieron encontrar maneras sanas y aceptables de satisfacerla. En primer lugar, su mujer decidió que en adelante sería él quien tendría el mando a distancia del televisor.

Veamos algunas de las necesidades más comunes. Ten en cuenta que existen cientos de necesidades distintas y que las tuyas podrían ser una versión de algunas de las señaladas. La mayoría de las personas presentan facetas de la necesidad de ser amadas. Digo «la mayoría» porque hay quienes tienen sus necesidades afectivas satisfechas en tal grado, que ni siquiera se las plantean. Es un poco como lo que sucede después de la cena del día de Acción de Gracias: has comido tanto que no piensas en ello. Otras variantes de esta necesidad son: ser querido, adorado, aprobado, reconocido, cuidado, aceptado, incluido, valorado, muy apreciado... Lee esta lista y observa si te sientes identificado con alguna de estas variantes.

Otras necesidades son: controlar, dominar, mandar o dirigir, comunicarse, compartir, ser escuchado, estar cómodo, sentirse protegido, seguir a los demás, ser libre, independiente o autosuficiente, sentirse necesitado, importante o útil, saberse respetado o recordado, mejorar, gustar o satisfacer a los demás, hacer lo correcto, tener una causa por la que luchar o una vocación, trabajar, estar ocupado... Quizá necesitas honestidad, sinceridad, lealtad, orden, coherencia, perfección, paz, silencio, sosiego, equilibrio, poder, fuerza, influencia, aplausos, abundancia, seguridad...

Escoge las dos o tres necesidades que consideres más importantes (las que *debes* satisfacer para sentirte bien) o define las tuyas. Si después de leer la lista, no hay nada que te interese, prueba este enfoque: ¿En qué situaciones sientes malhumor o estás irritable? ¿Es cuando dices que sí a algo que en realidad no querías aceptar? ¿O cuando alguien se aprovecha de ti? Mira el otro lado de la situación. Quizá necesites agradar a los demás o que te aprecien y por eso tienes dificultades para decir que no.

Identificar las propias necesidades no es tarea fácil. La mayoría de mis clientes se muestran reacios en este punto y quieren pasar rápidamente de largo, pero no lo permito, porque es un elemento importante si se quiere atraer la prosperidad y el reconocimiento. Sabes por experiencia lo poco atractivas que resultan las personas necesitadas de atención o afecto, de modo que no restes importancia a este consejo. Si tienes dificultades para ver claramente tus carencias o necesidades, quizá debas trabajar en ello con un coach o una persona que te conozca a fondo. Ahora estás en condiciones de comenzar a preguntarte lo que realmente quieres (consejo 44).

44. PIDE LO QUE REALMENTE QUIERES

Pedid y se os dará, buscad y hallaréis, llamad y se os abrirá.

MATEO 7,7

Si pidiésemos lo que en verdad queremos, nos ahorraríamos muchos dolores de cabeza, tiempo y energía. Sé que parece algo muy simple, pero por alguna razón, la mayoría de la gente es reacia a hacerlo. De alguna manera tenemos la idea de que nuestros colegas, amigos, familia y otros seres queridos deben *saber* lo que queremos sin que necesitemos pedírselo. Quizá pensamos que ellos tienen las mismas necesidades y deseos que nosotros, pero no es así. Cada persona tiene los suyos, así como su propia manera de satisfacerlos.

Una vez que hayas descubierto cuáles son tus necesidades personales, tendrás mayor conciencia de ellas. Stephen, que trabajaba como director de ventas en una tienda muy elegante y refinada, descubrió que necesitaba ser valorado. Había hecho un excelente trabajo, logrando una enorme cantidad de ventas, pero sus jefes no habían reconocido en absoluto su excelente labor. Stephen comenzaba a sentirse ofendido y malhumorado.

En lugar de quejarse a sus colegas de lo poco que sus jefes apreciaban su trabajo, comprendió que satisfacer sus propias necesidades era responsabilidad suya. En la reunión semanal, abordó el problema de una forma muy sencilla. Informó a sus jefes que le gustaría tener una valoración más positiva de los resultados de su trabajo. Los dos jefes le pidieron inmediatamente disculpas y le agradecieron su sinceridad. Ambos admitieron que no era habitual en ellos expresar valoraciones positivas y que necesitaban hacerlo con mayor frecuencia. Stephen consiguió permiso para recordárselo en ocasiones. Sus jefes le agradecieron la sugerencia. Él estaba muy emocionado cuando me llamó. No se había dado cuenta hasta entonces de lo fácil que era solventar su necesidad de que apreciasen su trabajo.

Una de mis clientas comprendió que necesitaba que le demostrasen cariño, de modo que se lo mencionó, de modo casual, a su novio. Poco después, él le trajo un magnífico ramo de flores, regalos y bombones. Pensó que eso era lo que ella quería decir cuando hablaba de cariño. Créase o no, esta clienta vino a verme quejándose porque, aunque estaba impresionada por la actitud de su novio, seguía sintiendo que él no era cariñoso. Le pregunté qué era ser cariñoso para ella, y resultó que eran los pequeños gestos como apretarle la mano a hurtadillas, una mirada amorosa y decirle al oído cosas agradables cuando ella verdaderamente lo deseaba. Habló con su novio y le explicó con todo detalle lo que quería, y él se sintió encantado de saberlo. De modo que si te gusta que te abracen con ternura en lugar de que te den un abrazo de oso, dilo. Si te gustan los tulipanes en lugar de las rosas, pídelos.

De alguna manera tenemos la descabellada idea de que si pedimos algo, tiene menos valor. Como si los demás debieran saber mágicamente lo que necesitamos y queremos, sobre todo nuestra pareja. Primero hay que comprender que la gente no lo sabe. Así de sencillo. Y es muy frecuente que nuestros jefes no sepan la manera de dirigirnos para que trabajemos mejor, y que nuestros amigos no sepan que necesitamos que nos elogien. La mayoría de nosotros da lo que querría recibir. A veces esto funciona, pero por lo general no es así, porque todos somos diferentes y tenemos necesidades distintas. Si muchas veces ni siquiera nosotros mismos sabemos lo que nos hace sentirnos bien, ¿cómo es posible que lo sepa otra persona?

Por otro lado, no es cierto que tenga más valor lo que te dan si no lo has pedido. Ese es un gran mito. Tendrás que experimentarlo por tu cuenta. Yo le di permiso a mi novio para que me masajeara los pies siempre que quisiera. Tomó la costumbre de poner mis pies sobre su regazo y masajearlos. Y créeme, yo me sentía muy bien. Las personas que te quieren, para quienes eres importante, estarán deseosas de hacer lo necesario para que te sientas bien, de modo que no dudes en pedirles lo que te hace feliz.

Una vez que has identificado tus necesidades, ha llegado el momento de pedirles a tus amigos y a tu familia, e incluso a tus colegas, que las satisfagan. Hay que pedirlo especificando con exactitud lo que uno desea. Lo ideal es pedirles a cinco personas que solventen una determinada necesidad de distintas maneras. La importancia de este ejercicio es exagerar las cosas, de modo que uno consiga tantas personas que satisfagan sus necesidades, que quede totalmente saciado.

Por ejemplo, Martin descubrió que tenía dos necesidades clave: ser respetado y ser amado. Le pidió a su mujer que, al llegar a casa de regreso del trabajo, le dijese que lo amaba y le diese un beso romántico. Le pidió a su padre que lo llamase una vez por semana para comentarle algo que admirase en él, al estilo de: «Estoy orgulloso de que seas mi hijo». Le pidió a su hermana que le enviara un correo electrónico con un «mensaje cariñoso» una vez por semana. Lógicamente, no iba a pedirle a su jefe que le amase o que le mandase un mensaje cariñoso, pero sí le pidió que hiciese una crítica constructiva de su trabajo. Les pidió lo mismo a sus colegas. Podría pensarse que Martin era una persona muy necesitada de afecto, pero el sentido de esa tarea de coaching era exagerar las cosas, para tener más que suficiente.

En un principio, es probable que sientas un poco de vergüenza e incomodidad al tener que pedirles a otras personas que satisfagan tus necesidades, aunque se trate de amigos íntimos y de los miembros de tu familia. Es perfectamente normal. No te detengas y sigue con la tarea. Se trata de hacer «desaparecer» tus necesidades. La clave es conseguir que muchas personas las satisfagan de muchas maneras. Una vez realizada esta tarea, nunca más sentirás carencia ni necesidad. De hecho, sentirás más alegría, satisfacción y seguridad.

También puedes encontrar otras maneras de satisfacer tus necesidades. Martin siente que ahora se respeta más a sí mismo cuando hace gimnasia y cuida bien de su salud y de su cuerpo. Yo me sentí querida cuando contraté una asistenta (consejo 15), una masajista (consejo 84) y un entrenador personal (consejo 85) y me tomé tiempo para tener noches sagradas (consejo 40). Después de cuatro a seis semanas de toda esta dosis de mimos, comenzarás a sentir una enorme satisfacción. No tendrás grandes necesidades afectivas porque habrás logrado una sobredosis de amor y cariño. No necesitarás que tus amigos y tu familia te llamen cada semana durante toda la vida. Aunque, si a ellos les apetece, ¿por qué no?

Uno de mis clientes tenía una amiga que lo llama una vez por semana sólo para hablarle de una cualidad que aprecia en él. Hace tres años que lo hace, y entretanto, han creado una amistad sólida y de mutuo apoyo. Otra clienta mía, Barbara, solía llamar a su madre una vez al mes. Siempre se han querido mucho y se han entendido muy bien. Para satisfacer su necesidad de ser amada, Barbara le pidió a su madre que la llamara todas las semanas y le dijese que la quería. Esta llamada semanal fortaleció el vínculo que las unía, y poco a poco Barbara entabló una verdadera amistad con su madre, algo que nunca imaginó que fuese posible. En el momento en que montó su propia empresa, su madre se convirtió en uno de sus mayores apoyos.

No es fácil abrir el corazón y ponerse en una situación lo bastante vulnerable como para pedirle a otra persona que satisfaga una necesidad personal. No obstante, ambas partes suelen salir muy beneficiadas. La gente que te quiere estará dispuesta a ayudarte y contenta de hacerlo. Sin embargo, no trates de forzar a los demás en ese sentido.

Otra clienta mía quería que el hombre con quien mantenía una relación amorosa desde hacía mucho tiempo tuviese en cuenta su necesidad de sentirse elogiada. Él se negó. Fue así como mi clienta comprendió que en esa relación ella era quien daba constantemente sin recibir nada a cambio. Cuando le pidió a su pareja que el dar fuese mutuo, no consiguió nada. Pocos meses más tarde, ella cortó la relación, se mudó y comenzó a tener relaciones en las que el dar y el recibir eran mutuos.

Es esencial que encuentres distintas fuentes que satisfagan tus necesidades. Si no cuentas con nadie, terminarás por olvidarte de hacerlo. Si sólo cuentas con una persona, él o ella se resentirá a la larga. Tenemos la tendencia a suponer que nuestro ser amado debe satisfacer todas nuestras necesidades y debe hacerlo sin que tengamos que mencionar lo que esperamos. Una carga bastante pesada. No debe sorprendernos, pues, que haya tantas relaciones que terminen en una mutua desilusión y un divorcio. ¿No ves que si esperas tanto de una sola persona fuerzas la relación hasta llevarla a su límite? Cuando dos personas se enamoran, ambas se sienten satisfechas porque hay un esfuerzo singular en pro de la relación por las dos partes. Al principio, te emociona hacerle un masaje a tu pareja, regalarle flores o preparar una cena romántica. Pero, con el tiempo, si eso se vuelve una obligación y ninguno tiene la libertad de escoger, la relación es una carga, no una alegría.

Satisfacer nuestras necesidades afectivas no es algo opcional, sino que es indispensable para sentirnos bien, igual como debemos comer para satisfacer nuestras necesidades orgánicas elementales. Pero no esperes que una sola persona responda a todas tus expectativas. Las mejores relaciones son aquellas en las que las necesidades personales de ambos se satisfacen tanto dentro como fuera de la relación. Es un concepto que se opone a todo lo que se dice acerca del amor y de la necesidad del otro. Nuestra sociedad confunde, en la mayoría de los casos, la necesidad con el amor. Son dos cosas completemente diferentes. Es probable que esa sea la razón del alto porcentaje de divorcios. La gente se casa porque la otra persona satisface sus necesidades. Al cabo de unos años, hay uno que se harta de ocuparse de las carencias y necesidades de su pareja y comienza a resentirse. En ese momento, la persona con mayores carencias puede decir, con toda razón: «Ya no satisfaces mis necesidades. No eres la misma persona con la que me casé». Se divorcian y comienzan la búsqueda de otra pareja que satisfaga sus necesidades. Alguien que te ama debería sentirse feliz de satisfacer tus necesidades, pero tampoco es lógico que cuentes sólo con esa persona para ello. No es lo mismo necesitar a alguien que amarlo.

Lo ideal es que satisfagas tus necesidades en tal grado que «desaparezcan». Imagina una nevera llena de comida. Cuando tienes hambre, vas y comes. Lo mismo sucede con las necesidades. ¿Qué te parecería tener una de ellas tan satisfecha que nunca más tuvieses que preocuparte por ella? Cuando sientas la necesidad de algo, pídelo con naturalidad. Esto no significa que no desees que tu ser amado se ocupe de ti y de darte lo que deseas, pero hay que hacer algunas salvedades.

Digamos, por ejemplo, que quiero casarme con un hombre que tenga la disponibilidad y la capacidad de comprar comida y ocuparse de mí. No obstante, él no está obligado a hacerlo porque yo soy capaz de mantenerme. Si alguien me alimenta, es un gesto de amor, un hermoso regalo, pero no una obligación. Quiero que un hombre me alimente no porque deba, sino porque quiera hacerlo.

Lo mismo sucede con las necesidades emocionales. Lógicamente, no quiero casarme con alguien que no esté dispuesto o no sea capaz de hacer que me sienta querida y de mimarme, pero al mismo tiempo, no quiero que esto sea una obligación, del mismo modo que no quiero casarme con él sólo por su capacidad de alimentarme. El amor es una elección, no una obligación.

Una de mis clientas se dio cuenta de que necesitaba que le dijesen que era hermosa. Cada vez que su novio se lo decía, le daba las gracias, diciéndole además que él la hacía sentirse realmente amada y apreciada. Es una actitud muy inteligente. Si alguien, sea de forma accidental o intencionada, satisface una de tus necesidades, puedes obtener aún más reforzando su acción con el reconocimiento.

En efecto, tú eres el asesor o la asesora, eres el coach de las personas que hay a tu alrededor para que te traten de tal manera que te sientas muy bien. En la medida que tengas mayor conciencia de tus necesidades, tendrás una mayor creatividad para encontrar la manera de satisfacerlas, y aunque al principio puede parecerte difícil o incómodo, pronto y con toda naturalidad podrás pedirles a los que te rodean que lo hagan.

Invariablemente, al trabajar con las necesidades de mis clientes, estos afirman ser incapaces de pedirles a los demás que las satisfagan. Bien, te sorprenderá descubrir la cantidad de personas dispuestas a hacerlo tan pronto como lo pidas. En un seminario que dirigí en

Londres, desarrollé exhaustivamente el tema de las necesidades, y para ilustrarlo, mencioné el caso de mi propia necesidad de sentirme querida y mimada. Le dije a la audiencia que seguía encontrando nuevos mimos y que uno de ellos era que me pasaran los dedos por el cabello cuando estaba triste. (Cuando era pequeña, mi padre solía acunarme, y cuando estaba triste, pasaba sus dedos por mi cabello. Gracias a ese gesto de ternura, me sentía querida y protegida.)

Bien, al final del día, la gente vino a felicitarme por el seminario y comenzaron a acariciarme el cabello. Sentí una combinación de fastidio y sorpresa. Me había olvidado de señalar un detalle importante. Me gusta que el hombre que amo acaricie mi pelo, pero de ninguna manera aprecio que lo haga cualquiera. De modo que acuérdate de expresarte con exactitud, porque tendrás ni más ni menos que aquello que pidas.

El sentido de este ejercicio reside en el hecho de pedirles a los demás que satisfagan tus necesidades. Es inevitable que el solo hecho de pedirlo te provoque vergüenza, incomodidad o la sensación de estar haciendo el tonto. Si no, lo más probable es que no hayas identificado aún tus verdaderas necesidades.

45. DESCUBRE A TU FAMILIA

Sin una familia, el hombre, solo en el mundo, tiembla de frío.
ANDRÉ MAUROIS, UN ART DE VIVRE [UN ARTE DE VIVIR]

Es muy difícil atraer el éxito que deseas en todos los ámbitos sin el apoyo y el amor incondicional de tus amigos y tu familia. ¿De qué te serviría ese éxito si no tuvieses con quien compartirlo? Puede que tengas la suerte de haber nacido en el seno de una familia que te apoya y te quiere. En caso contrario, es esencial que te crees una.

Encuentra personas que te «adopten» y te quieran como un hijo o una hija. Quizá haya llegado el momento de que aceptes a tu familia de origen tal como es y que, en lugar de perder el tiempo quejándote de tus padres o haciéndolos responsables de tus problemas, encuentres otra persona que pueda adoptar el papel de padre o madre contigo. Por fortuna hay muchas personas en el mundo que están dispuestas a darte su amor, de modo que si te ocupas de buscarlas, las encontrarás.

Una de mis clientas se dio cuenta de que, si bien sus padres no podían darle el amor que necesitaba, su familia política lo hacía. La trataban como a una hija, y ella los aceptó y los quiso como padres. Don perdió a su padres cuando tenía catorce años, y una tía lo tomó a su cargo y lo cuidó. Hoy, con treinta y tres años, aunque quiere a su tía como a una madre, aún añora un padre. Le sugerí que visitara un asilo de ancianos y buscase allí a una persona dispuesta a darle su afecto. Dan encontró a un caballero mayor que compartía su afición al béisbol. Lo iba a visitar cada semana, y muy pronto, sintió que había encontrado el amor y el afecto perdidos.

Si tus padres ya son mayores, sé agradecido con ellos y demuéstrales tu afecto con frecuencia. Normalmente, suponemos que nuestros padres seguirán estando junto a nosotros y que tendremos tiempo de hablar con ellos más adelante. No es siempre el caso. Una de mis colegas tenía el proyecto de viajar a Suecia con su padre, que había nacido allí. Daba por hecho que sería posible después de que su madre, una señora muy delicada de salud, falleciese. Pero su padre comenzó a sufrir de los riñones y tuvo que someterse a diálisis. Las cosas no salían tal como ella había previsto. Comprendió que era mejor viajar lo antes posible. La madre de mi colega no tuvo inconvenientes en quedarse dos semanas sin su marido, que era quien la cuidaba. Él, por su parte, nunca había vuelto a Suecia desde que saliera de allí, siendo un adolescente, porque a su mujer no le gustaban los viajes. De modo que padre e hija se fueron a Suecia y visitaron el vecindario donde él había crecido. El padre de mi colega se encontró con gente que no veía desde hacía muchos años y estuvo en la casa donde había nacido. Hacía mucho que mi colega no lo veía reírse tanto. Le comentó que ese viaje era lo mejor que había hecho en sus ochenta y tres años. No esperes más para complacer a tus padres. Hazles saber que los quieres, tanto con palabras como con hechos.

46. INVITA A SALIR A TU PAREJA

Como era habitual en muchos de los amantes en la ciudad, tenían
dificultades debido a la carencia de esa necesidad esencial del amor:
un lugar para encontrarse.

THOMAS WOLFE, *THE WEB AND THE ROCK* [LA RED Y LA ROCA]

La mayor parte de las personas que tienen éxito gozan de un fuerte respaldo. Disponen de alguien que las sostiene, las protege y las ama sin condiciones. Por lo general, se trata de la pareja. ¿Cuánto tiempo pasas cada semana conversando con la persona que amas? El promedio en Estados Unidos es de veintisiete minutos semanales. Suponemos que nuestra pareja estará siempre a nuestro lado, de modo que podremos hablar cuando tengamos tiempo, lo cual, por supuesto, nunca sucede en la mayoría de los casos en esta sociedad en que todos estamos tan ocupados.

Para que tu relación de pareja sea una de mutuo amor, apoyo y nutrición espiritual e intelectual, es imprescindible que os deis la posibilidad de hacer una salida romántica una noche por semana. Llama a una canguro o deja a los niños con los abuelos, pero concédete esa velada íntima y goza de la compañía de tu pareja. Es importante mantener vivo el romanticismo, porque revitaliza la relación. No es necesario ir a un lugar caro, sino simplemente salir. Podéis, por ejemplo, sentaros en un parque y mirar la luna mientras comienza a asomarse e ir luego a un restaurante barato que sirva una comida sencilla pero deliciosa.

Aunque se trate de una salida sin pretensiones, es importante que os vistáis bien, con un traje o un conjunto elegante. Es una velada para que tú y tu pareja habléis de vuestras ilusiones y hagáis planes juntos. Pasadlo bien y utilizad la imaginación y la creatividad. Por tu parte, evita los temas de conversación que sabes que causarán conflictos y mantén ese clima romántico. Os merecéis estos momentos de intimidad. Vuestra relación de pareja se revitalizará y recordaréis la razón por la que estáis juntos. También constituirá un buen ejemplo para vuestros hijos, pues les mostraréis cuánto valoráis y apreciáis vuestra unión. Ambos seréis mejores padres el resto de la semana.

Laura, una de mis clientas, se quejaba porque su marido no la apoyaba en su empresa consultora, que gestionaba desde su casa después de su trabajo normal, que por cierto detestaba. Por eso, tenía esperanzas de que, gracias a su empresa, podría un día dejarlo. También se quejaba de que su esposo ya no era romántico. Nunca le regalaba flores ni tenía detalles con ella. Desde el nacimiento de sus dos hijos, rara vez hacían algo juntos. Le dije que contratase a una canguro una noche a la semana y que saliera a solas con su marido. No hay nada en una relación de pareja que no se arregle con un poco de cuidado. Es difícil ser romántico en medio del bullicio de los niños y cuando la pequeña Suzy se ha tirado encima el vaso de leche. Laura era escéptica al respecto, y su marido reacio a gastar dinero en canguros, pero le dije que lo hiciese igualmente. Era esencial que dispusieran de tiempo para disfrutar el uno del otro si querían mantener viva su relación de pareja.

A la semana siguiente, Laura me llamó para contarme que se lo habían pasado muy bien en su salida. Fueron a un pequeño restaurante, muy agradable, y hablaron de su proyecto de construir una nueva casa y de hacer lo necesario para que el negocio de ella prosperase. Luego caminaron por un centro comercial tomados de la mano. Me dijo que sólo el hecho de estar a solas con él había sido muy placentero. Más tarde, esa misma semana, Laura estaba en una tienda y un hombre vino por detrás y le tapó los ojos con las manos. Era su marido. Ella se emocionó al encontrárselo allí de repente y, por un instante, lo vio como podría verlo cualquier otra persona, como un atractivo pedazo de hombre que estaba loco de amor por ella. Se sintió muy feliz y afortunada de vivir con él. Siguieron con sus encuentros semanales y ahora trabajan muy bien juntos. Laura lo apoya para que su trabajo progrese y prospere, y poco a poco, él se va convirtiendo en su mejor estímulo para que ella deje el suyo y pueda concentrarse en su propia empresa. Sal con tu pareja, nutre la relación más importante de tu vida, y él o ella te devolverá a su vez la energía que necesitas para tener éxito en tu trabajo.

47. Rodéate de un buen grupo de amigos

Si nadie nos ama, dejamos de amarnos a nosotros mismos.

Madame de Staël

¿Qué es el reconocimiento y el prestigio sin amigos para amar, disfrutar y celebrar nuestros logros? Necesitas muchos amigos que te quieran y te apoyen. Hay gente que se siente bien teniendo un solo amigo íntimo. Si bien esto puede ser suficiente, las personas que triunfan en todos los aspectos de su vida suelen tener muchos amigos íntimos. Robert creía que tenía suficientes amigos: tres compañeros de toda la vida. Sin embargo, uno vive en Washington, otro en Oregon y el tercero en Rusia. Mantiene contacto con ellos por carta y por teléfono, y los ve en sus visitas esporádicas a la ciudad. Por supuesto, no es lo mismo que tener amigos a quienes se pueda ver a menudo.

Es obvio que no puedes encontrar cinco grandes amigos en una semana, pero puedes abrir tu corazón a nuevas amistades. También puedes crear un club, formar parte de una asociación o dedicarte a un pasatiempo en el que encuentres gente con intereses similares a los tuyos. Presta atención a las personas en tu trabajo, en las reuniones sociales y en las fiestas. Si alguien te parece interesante y distinto, haz el esfuerzo de acercarte y conocerlo.

Una clienta mía, Lauren, conoció en un cóctel a una mujer muy influyente en los medios de comunicación. Inmediatamente ambas hicieron buenas migas. Su nueva amiga la invitó a comer para conocerse mejor. Por supuesto, Lauren aceptó. Dudaba entre hacerse amiga de esta mujer o intentar atraerla como clienta. Pensaba que una clienta tan influyente como ella podía ser excelente para su empresa.

Le recomendé que se olvidara de los negocios y se concentrara en establecer amistad con ella. No hay que olvidar que los verdaderos amigos son auténticos y raros tesoros, mientras que los clientes pasan y siguen su camino. Lauren siguió mi consejo y, con el tiempo, su amiga le ofreció muchas oportunidades para su negocio y le envió todo tipo de clientes. En su intento de entablar de inmediato una relación de negocios, Lauren hubiese sufrido un fuerte revés, y no hubiera logrado ni lo uno ni lo otro.

Por otra parte, no te esfuerces demasiado para conseguir nuevos amigos porque o bien aparecen naturalmente o no merecen la pena. (Si tus necesidades están satisfechas [consejo 43], es probable que este problema no se produzca.) Las amistades y las buenas relaciones laborales se dan por sí solas. Puede que en un principio tengas que hacer un pequeño esfuerzo (una llamada telefónica o una invitación para comer o simplemente para verse), pero no necesitas presionar a nadie.

Las personas que tienen éxito suelen ser el centro de un sólido grupo social que las respalda. Hoy en día, poca gente vive en el mismo lugar en que nació. La manera más sencilla de formar parte de un grupo social es permanecer en el mismo lugar durante largo tiempo. Así, pasas a formar parte de la ciudad y la gente te conoce. En las ciudades pequeñas, prácticamente todo el mundo se conoce. En otras épocas, el hecho de formar parte de una comunidad o grupo social se daba por sentado. La gente ha olvidado la importancia vital de pertenecer a un grupo social que ofrezca amor y apoyo. Nunca podrás dar lo mejor de ti si no eres parte integrante de un grupo de amigos.

En nuestros días, lo normal es que tengas que crear tu propio grupo social, lo cual no deja de ser algo muy positivo. En lugar de estancarte con las personas de tu área geográfica, puedes escoger la gente más adecuada para ti y con la que realmente disfrutes. El ambiente laboral o los grupos religiosos a menudo sirven como comunidad, pero no siempre es así. Nunca me sentí parte de la gente con la que trabajaba en el banco, pero mis colegas de coaching me gustaron y los respeté de inmediato. Busca y prueba hasta que encuentres un grupo de personas a las que verdaderamente quieras. Te sentirás en casa el día que lo logres.

Una de mis clientas tiene una vida magnífica, que la mayoría de la gente envidiaría. Está casada desde hace treinta años con un hombre que la quiere y la ayuda, tiene dos hijos adorables que se desenvuelven muy bien en la vida, dos casas preciosas y una próspera tienda. Es el sueño de la vida ideal norteamericana hecho realidad.

Durante veintitrés años, ha sido miembro de un club de lectura formado por catorce mujeres. Se reunen una vez por mes para comentar un libro. Con los años, se fueron convirtiendo en un fuerte apoyo las unas para las otras. Se ayudaron frente a dos ataques cardíacos y la muerte de dos de los maridos, los problemas de sus hijos con las drogas, un cáncer de mama y otras cosas terribles que pueden suceder en la vida. Ninguna de ellas ha visitado jamás a un psiquiatra, porque todas cuentan con el inmenso amor y el respaldo que las otras trece brindan.

Por supuesto, la mayor parte del tiempo se divierten mucho y se lo pasan muy bien en todos los acontecimientos felices de la existencia: las bodas de los hijos, los nacimientos de los nietos, las nuevas empresas, las fiestas de cumpleaños y los aniversarios. El club de lectura garantiza que, pase lo que pase, todas estarán allí velando por el miembro que lo necesite. Es una verdadera póliza de seguros contra la soledad.

Si todavía no tienes este tipo de grupo sólido y que te pueda sostener, ya es hora de que comiences a buscar uno. Crea el tuyo o entra en uno ya existente. Una vez que lo encuentres, únete a él y no lo abandones. La intimidad y la confianza vendrán con el tiempo.

48. CREA TU PROPIO EQUIPO DE «CEREBROS»

Crystal: «¿Te das cuenta de que la mayoría de la gente utiliza sólo el dos por ciento de su potencial mental?».
Roseanne: «¿Tanto?».

ROSEANNE[4]

Cuantos más logros alcances, más ayuda necesitarás. Las personas que tienen éxito no han llegado solas al sitio que hoy ocupan. Necesitas más apoyo, ayuda, consejos y estímulos de lo que supones, sobre todo si emprendes un proyecto de envergadura. Quienes tienen más éxito disponen de un grupo de personas que les ayudan y les aconsejan con sabiduría: un equipo de «cerebros». El presidente tiene su gabinete. Los directores generales de las grandes empresas cuentan con el consejo de dirección. Si tu intención es alcanzar un objetivo difícil y de gran envergadura, ¿por qué no creas tu propio equipo de «cerebros»? Un grupo especial de personas donde cada una aporte una formación y un talento distintos, personas que

---

4. Roseanne es un personaje de un programa de televisión de EE.UU.

te ayuden a poner tus ideas en claro y te sugieran estrategias para que alcances tus objetivos. Sólo con nuestros propios medios, pronto nos desanimamos o sucumbimos a la mentalidad del: «Ay, no puedo hacer esto. ¿Quién soy yo para creer que puedo emprender esta tarea?».

Un equipo de apoyo no permitirá que tal situación se produzca y podrá hacer el papel del abogado del diablo, evitando que cometas errores por los que puedes pagar un precio muy alto. Son personas que te quieren y te apoyan, que no temen ser sinceras. Por tu parte, debes estar dispuesto o dispuesta a escuchar lo que te digan y soportar la verdad aunque no te guste, pero primero debes asegurarte de que esas personas realmente desean que logres tus metas.

Para que tengas una idea aproximada, en mi equipo cuento con un revisor de estilo que me ofrece su opinión y su crítica de lo que escribo y de mis ideas. También cuento con el presidente de una agencia de publicidad, un antiguo cliente, que me ofrece su visión perspicaz y su ayuda. Luego, tengo un buen amigo que ha trabajado en comercialización y en relaciones públicas y que siempre tiene buenas ideas para compartir. Y tengo otro amigo que es un experto en informática y me ayuda cuando tengo problemas con mi ordenador. Le llamo por teléfono y el 90 por ciento de las veces sabe cuál es el problema de inmediato, de modo que puedo solucionarlo rápidamente y continuar mi trabajo. Hoy en día, si no conoces a fondo las nuevas tecnologías, tienes que contar con uno o dos amigos informáticos. También dispongo de mis colegas de coaching, que están siempre dispuestos a compartir sus experiencias y aconsejarme si es necesario.

Edité un casete, pero en lugar de hacerlo todo por mí misma, contraté a una productora para que me ayudara, y ahora esta mujer es una fuente constante de ideas nuevas para la comercialización de mi empresa. Otro amigo que trabaja en el mundo editorial me ha ayudado mucho en el proceso de publicación de mi libro. Tengo un mentor multimillonario que se hizo a sí mismo. Me aconseja, me estimula, y me ayuda para que no cometa errores graves. Y, por supuesto, cuento con un coach que me asesora para que mi vida sea cada vez mejor. Y tengo el apoyo, el amor y el estímulo constante de mi familia y mis amigos.

Los consejos y el respaldo de tu equipo serán más necesarios cuanto más importante sea tu proyecto y mayor el temor que te provoque la idea de realizarlo. En lugar de hacer yo misma la página web de mi empresa, contraté a un buen diseñador para que la realizara y se ocupara de instalarla y de todos los detalles. La mayoría de las personas de mi equipo de «cerebros» son amigos y colegas que no me cobran nada por sus consejos. No obstante, no temas pagar por los servicios que necesites. Si esperas que tus amigos te ofrezcan sus servicios profesionales sin darles nada a cambio, te arriesgas a quedarte sin nadie. No obstante, es frecuente que los amigos estén dispuestos a darte información, consejos y opiniones sobre tus ideas siempre que se lo pidas o si los invitas a comer. A veces la gente desea hacer un trueque, y tus conocimientos pueden ser de gran valor para los otros miembros del grupo.

Un equipo de «cerebros» puede ser un acuerdo informal en que llamas a las personas individualmente cuando lo necesitas, o bien podéis organizar reuniones mensuales donde todos los miembros se aporten ayuda y consejo mutuamente. El propósito de un grupo formal es la colaboración mutua entre *todos* los miembros. No trates de acaparar la atención. En cada reunión, sea semanal o mensual, organiza el debate comenzando por preguntar quién tiene problemas o temas que quiera discutir o solucionar. Los grupos de mayor eficacia cuentan con personas de muy distinta formación: un abogado, un contable, un experto en márketing, un artista, un empresario... De ese modo, todos se benefician de la sinergia del equipo y pueden aprovechar los distintos puntos de vista.

49. HAZ GRANDES REGALOS

¿Cómo es que nadie me ha enviado aún
una magnífica limusina?
Eso es porque siempre tengo la suerte
de que me regalen una magnífica rosa.

DOROTHY PARKER

Haz regalos espontáneamente, sin ninguna razón especial. Si vas a comprar hojas de repuesto para tu agenda, llévate otras para una amiga o un amigo que tenga una agenda similar a la tuya. Si preparas una lasaña, haz el doble y llévale la mitad a una amiga o una vecina que aprecie los platos que cocinas. Si te suscribes a una revista, suscribe también a alguna de tus amistades. Si un cliente acaba de hacerte un gran pedido, envíale un regalo con una tarjeta de agradecimiento.

Tiendo a pensar que si algo me gusta, también le gustará a la persona a quien se lo regale, pero no es siempre así. Los gustos pueden ser muy diferentes. Piensa en lo que le apetecería a la otra persona, aun si no coincide con tus gustos. Los mejores regalos son los que ni siquiera imaginabas que deseabas y que cuando te los ofrecen, te resultan espléndidos. Dar con espontaneidad hará que todo el año sea una fiesta y que siempre tengas motivos de celebración. Guarda una botella de champán en la nevera para abrirla cuando uno de tus amigos alcance un logro, sea cual sea el motivo, como un ascenso o un compromiso matrimonial.

Ten una provisión de regalos para el caso de que a último momento te inviten a una fiesta de cumpleaños. De esa manera, no tendrás que salir con prisas para comprar algo. Diviértete y juega a ser Papá Noel todo el año.

Barbara, una directora comercial regional, trataba de conseguir nuevas cuentas para gestionar. Había invitado al director general de finanzas de la empresa a comer para hacerle la propuesta, pero no había logrado que la aceptara. Siguió trabajando en su propuesta, y a la hora de volver a presentarla, no encontraba la manera de proceder. Quería enviarle un pisapapeles al director en cuestión con una nota personal, pero le inquietaba que pudiera parecer un soborno. Le dije que no se preocupase, porque regalarle un pequeño pisapapeles era lo apropiado. A todos nos gustan los regalos.

Finalmente, decidió enviarle un hermoso pisapapeles con una nota divertida que decía: «Me encantó nuestra última comida y me gustaría volver a invitarle tan pronto como su ocupada agenda lo permita. Pensé que lo mejor sería enviarle un pisapapeles con mi nota, para que no se le traspapele. Espero que nos veamos pronto».

Esto funcionó. El director la llamó para agradecerle el regalo, se pusieron de acuerdo para salir a comer y esta vez él aceptó la propuesta. Ella le hizo el regalo con la esperanza de mejorar su relación, pero sin expectativas. Un verdadero regalo se da incondicionalmente.

Aclaremos de una vez este asunto de dar y recibir. La única razón para regalar algo es el placer de dar. La gente suele pensar que la persona que recibe el regalo obtiene más placer que la que lo ofrece. El verdadero placer está en el acto de dar. De hecho, es un acto egoísta. Si no gozas del placer de hacer un regalo, es probable que la persona que lo reciba tampoco se sienta muy contenta, de modo que podrías simplemente no regalarle nada.

Haz una lista de todas las personas a las que te gustaría hacerles un regalo especial, y comienza a dar. Hazles un regalo a los miembros de tu equipo de «cerebros», y a cada uno de tus familiares a los que quieras expresar tu agradecimiento. Envía un regalo a un cliente sin una razón específica, sólo para agradecerle que siga confiando en ti. Todos se sorprenderán y tú te sentirás de maravilla.

50. ENVÍA CINCO NOTAS DE AGRADECIMIENTO CADA DÍA

Quien no agradece lo poco, nunca agradecerá lo mucho.

PROVERBIO ESTONIANO

Una de las formas más eficaces de construir firmes relaciones y atraer a gente importante es agradecerles su ayuda. Adquiere el hábito diario (consejo 3) de enviar, por lo menos, cinco notas de agradecimiento. Puede que te sorprenda, pero es mucho más rápido escribir «gracias» y enviar el mensaje que llamar por teléfono. Enviar una nota por correo es más cortés que una llamada, porque la carta nunca llegará en un momento inoportuno. Una nota escrita a mano es también más personal, y por lo tanto, hay mayores posibilidades de que la persona que la reciba la recuerde y la aprecie.

No debe ser una carta larga. Sólo es necesario escribir una línea o dos. Compra una caja de papel y sobres y algunos sellos para tenerlos a mano en tu escritorio y poder dar las gracias a tus clientes, colegas, mentores y jefes. Además, ten a mano unas cuantas tarjetas postales en tu agenda, y en esos minutos libres mientras esperas en el restaurante o en la parada del autobús, escribe una nota de agradecimiento o dos y echa las postales al buzón más cercano.

Te asombrarás cuando compruebes la cantidad de pequeñas cosas que hacen las personas a tu alrededor para ayudarte. Si sólo te tomas quince minutos al día para escribirles notas de agradecimiento, es probable que en el futuro estén todavía más dispuestas a ayudarte. Si no agradeces los pequeños favores, ¿cómo puedes esperar que te concedan los grandes?

Piensa en los clientes que acaban de contratar tus servicios o los de tu empresa. En la época en que trabajaba en el banco, tuve que comprar mi propio papel para las notas de agradecimiento porque el banco no quería correr con los gastos. Pero yo sabía que dar las gracias a nuestros clientes era una manera de que permanecieran con nosotros y facilitaba mi trabajo. Comparado con una fría llamada por teléfono, una nota es un gesto de amabilidad.

Unos años más tarde, el banco comenzó una campaña en el servicio de atención al cliente y pidió a los empleados que enviaran notas de agradecimiento a todos los nuevos clientes. No esperes hasta que tu empresa decida ponerse manos a la obra. Hazlo por tu cuenta.

No olvides, además, dar las gracias a tus compañeros de trabajo: el que cambió su día libre para que pudieses dedicarle tiempo a un inesperado huésped de fuera de la ciudad, la secretaria que pasó en limpio tu informe en el último minuto aunque ya tenía mucho trabajo acumulado, la persona que te aconsejó y te enseñó los entresijos de la política de la empresa...

Acuérdate de dar las gracias también a tu jefe. A la mayoría de los directores se les critica, y rara vez se les agradece las cosas buenas que hacen. ¿Reconoció tus méritos en el trabajo que hiciste cuando participaste en ese gran proyecto? No lo esperes. Tu director tiene todo el derecho de adjudicarse todo el mérito. No obstante, envíale una corta nota de una o dos líneas y agradécele que haya reconocido tus esfuerzos al encargarte ese trabajo. Que la nota sea sincera, concisa y atenta. No sólo tu director se sentirá mejor, sino que eso le recordará la calidad del trabajo que hiciste.

Si reflexionas un poco, llegarás a comprender cuánta ayuda recibes cada día de tu vida. Si tuviste un día difícil en el despacho y no te sientes con ánimo de dar las gracias, piensa en cinco amigos o miembros de tu familia en quienes no has demostrado gran interés últimamente. Si no han hecho nada especial por ti, no dejes que eso te detenga. Puedes dar las gracias a tu madre y a tu padre por estar por ti, por haberte traído al mundo o por criarte. Agradece a alguien la invitación a una fiesta aunque no pudiste ir. Si aguzas bastante tu ingenio, podrías dar las gracias a personas en las que no pensarías nunca. ¿Y si le agradecieras la fabulosa comida que acabas de saborear al jefe de cocina de tu restaurante favorito? No te preocupes, nunca exagerarás. Lo más frecuente es que la gente esté desesperada por un poco de reconocimiento. ¿Te imaginas lo fantástico que sería recibir cinco notas de agradecimiento cada día? De modo que ponte a trabajar y escribe.

Este consejo tiene un beneficio insospechado. A medida que escribas estas sencillas notas, experimentarás un maravilloso y cálido sentimiento de gratitud. Día a día, comenzarás a desarrollar una constante y natural sensación de gratitud y aprecio por todas las personas que te rodean. Es una cualidad que otorga un increíble magnetismo y un enorme atractivo. Cuando comiences a buscar lo que puedes agradecer, conseguirás aún mayores favores y amigos. Si das, también recibirás.

VI

Haz un trabajo que ames

Si no puedes encontrar la verdad donde estás, ¿dónde crees que podrás encontrarla?

BUDA

A estas alturas del programa de coaching, ya has aumentado tu energía natural, hacía mucho que no gozabas de tanto tiempo y espacio como ahora, te rodea un grupo de personas que te apoyan y te quieren y vas de camino hacia la independencia económica. Digamos que debes de llevar una buena vida. La pregunta es: ¿Qué quieres hacer?

Algunas personas parecen nacer sabiendo cuáles son sus dotes y talentos innatos y saben exactamente lo que quieren hacer en su vida. Siempre he envidiado un poco a esta gente porque desde que nací sentí que mi vida tenía un sentido, que debía hacer algo importante, pero no sabía lo que podía ser. Hacía muchas cosas bien, pero no era excelente en ninguna. Si quieres averiguar lo que puedes hacer, la parte VI te ayudará a descubrir tus dotes y talentos innatos. Pero, aun en el caso de que ya sepas lo que quieres hacer en la vida, te aconsejo que sigas leyendo.

Nadie atrae tanto el éxito como la persona que hace lo que le gusta. Cuando uno hace lo que ama, le brillan los ojos, su vida es afortunada, plena, llena de energía y de alegría. Uno se siente contento, satisfecho y entusiasmado. En vista de todo esto, ¿por qué no tratamos de ver lo que amamos realmente? Es terrible el tiempo que perdemos haciendo lo que no nos place. Las últimas investigaciones señalan que, en el mundo occidental, el 50 por ciento de las personas hace un trabajo que no le corresponde. Dada la cantidad de quejas que escucho en las reuniones sociales, parece ser una afirmación muy exacta. Y lo cierto es que yo solía ser una de esas personas que se quejan.

La gente más feliz es la que se gana la vida haciendo lo que le place. Para eso, hay que ponerse manos a la obra. No esperes que te ofrezcan pagarte antes de hacerlo, porque nunca lo conseguirás, de modo que lo mejor será que te decidas a hacerlo ya o pasarás toda tu vida sin conocer la alegría de trabajar en aquello que disfrutas haciendo. Hacer lo que te gusta te rejuvenece, te da mayor energía de la que necesitas. La gente a tu alrededor te querrá más porque tu ánimo será alegre y relajado, y les transmitirás tu energía positiva, contagiándolos. Los consejos que siguen a continuación te ayudarán a aprovechar esa energía que ya tienes, a potenciar tus dones naturales y a seguir sin esfuerzo la dirección que quieras tomar.

51. Diseña tu vida ideal

¿No es acaso la vida cien veces demasiado corta para que nos ahoguemos nosotros mismos?

FRIEDRICH NIETZSCHE

En la vida tiene que haber algo más que sentarse a ver la tele mientras se doblan y ordenan las camisetas Fruit of the Loom.

MAMA, DE LA SERIE DE TV MAMA'S FAMILY

Antes de comenzar a diseñar tu carrera ideal, necesitas diseñar tu vida ideal. Y antes de hacerlo, sería una buena idea que jugaras al juego del multimillonario (consejo 22) para que tu mente se expanda más allá de los límites normales. La mayoría de las personas se proponen objetivos demasiado pequeños porque no creen posible lograr algo mayor y mejor. Ahora es el momento de pasar por encima de tus limitaciones y creencias y encontrar lo que realmente quieres en la vida. El mayor error que la gente comete es el de tratar de diseñar su vida en función de su profesión. Es mejor hacerlo al revés. Comienza por diseñar tu vida ideal y luego decide la profesión que necesitarías para lograrla.

Debo advertirte que a la mayor parte de mis clientes diseñar su vida ideal no les resulta una tarea fácil. Te doy una pizarra vacía para que la llenes con todo lo que quieras. Tu vida ideal es eso, ideal. No tiene por qué ser semejante en lo más mínimo a tu vida actual. Considera las preguntas siguientes:

- ¿Dónde quieres vivir?
- ¿Quién quieres ser?
- ¿Con quién te gustaría compartir el mayor tiempo posible?
- ¿Qué clase de vivienda te gustaría tener?
- ¿Qué clase de trabajo te gustaría hacer?
- ¿Qué harías para divertirte?
- ¿Cómo sería un día normal?

Revisa lo que escribiste en el ejercicio del juego del multimillonario (consejo 22), pero también reflexiona a fondo acerca de lo que quieres realmente en la vida. ¿Envidias a alguien? Perfecto. Observa su vida y lo que le envidias en particular. ¿Una gran carrera que le satisface? ¿Una preciosa casa de veraneo en la playa? ¿Amigos maravillosos? La envidia puede ser muy útil para determinar lo que deseas que sea tu propia vida.

Ahora, describe tu vida ideal con detalles precisos y vívidos. Apúntalo en tu diario o en una libreta especial para ese fin. Dibuja o pinta imágenes de lo que deseas. O escríbelo en el ordenador. Si no sabes dibujar ni escribir, recorta y pega. A una de mis clientas no le gustaban sus dibujos —estaban lejos del ideal, según su opinión—, de modo que recortó de las revistas aquellas imágenes que representaban distintos aspectos de su vida ideal, y fabricó un libro. Pegaba las fotografías y, al margen, escribía una descripción en presente de lo que cada imagen significaba.

Por ejemplo, uno de sus objetivos era casarse y tener hijos, de modo que una de las imágenes representaba a un hombre muy guapo durmiendo en una hamaca en el jardín de una casa. En la foto, se veía una valla blanca, un perro de caza amarillo dorado echado sobre el césped, y acurrucado en los brazos del hombre, y plácidamente dormido, un muchachito de pelo castaño que tendría unos cinco años. La imagen misma de la tranquilidad y la felicidad doméstica. Esta mujer veía la fotografía como una representación perfecta de su vida ideal. Bajo la foto, había algunas notas descriptivas, como, por ejemplo: «Mi maravilloso esposo, mi hijo y el perro de la familia descansando en una bella tarde de domingo. Son adorables. Hasta el perro es feliz». Las notas daban la impresión de que estuviese ya casada. Dos meses más tarde, encontró a su hombre ideal y todo parece indicar que van camino del matrimonio.

Diviértete haciendo este ejercicio. Recuerda que es tu ideal, y que por lo tanto no significa que tu esposo y tu hijo serán exactamente como los de la foto o que tu casa tendrá una valla blanca... Por otra parte, tampoco quiere decir que no sea así.

Mi clienta siguió el mismo procedimiento para determinar su carrera. Recortó la imagen de una profesional muy bien vestida que llevaba un portafolio en la mano y besaba a un hombre despidiéndose de él en un aeropuerto. Debajo de la foto escribió: «Mi amor me ha llevado al aeropuerto. Voy a París a la convención anual de ventas. Adoro mi trabajo». Esta fotografía capturó el deseo de mi clienta de tener un trabajo que le diera la oportunidad de viajar al extranjero, así como un marido que la quisiera y la apoyara. ¿Comprendes la idea general? Si lo deseas, haz un libro con recortes de fotos o bien inventa otra manera creativa de diseñar tu vida ideal.

Esta tarea es particularmente difícil para muchos de mis clientes. Si te bloqueas, trata de describir tan sólo un día de tu vida ideal. Es un excelente ejercicio para ayudarte a tener una idea de lo que realmente te gusta hacer. Comienza por la mañana, en el momento de despertarte. ¿Dónde te despiertas? ¿Te trae alguien el desayuno a la cama o sales primero a dar un paseo por la playa? Imagina que puedes tener todo lo que desees, que no tienes problemas de dinero. Sigue escribiendo hasta que hayas descrito el día completo desde la mañana hasta la noche, cuando te invade el sueño.

Uno de mis clientes, John, hizo este ejercicio y se dio cuenta de que su vida ideal estaba fuera de sus posibilidades. Quería despertarse, hacer el amor espléndidamente con su mujer, tomar el desayuno con su hijo y su hija, ir a jugar al golf y comer en el club con sus amigos. Luego, alquilar una limusina y llevar a su familia a Manhattan para cenar en algún lugar magnífico y asistir después a un espectáculo. Volverían a casa y hablarían del maravilloso día que habían pasado y después se irían a dormir. Una vez que describió su día ideal, se dio cuenta de que quería pasar más tiempo disfrutando de su familia y jugando al golf.

Le señalé que disponía de los medios para vivir ese día ideal y le sugerí que tratara de hacerlo y ver cómo se sentía. Por alguna razón, la gente se sorprende al comprender que pueden vivir uno de esos días ideales. Por lo general, una vez que lo vives, te das cuenta de que probablemente no querrías vivir siempre de esa manera. Ahora, sigue con la siguiente tarea y diseña una semana ideal. Incluye tanto la diversión como el trabajo.

Tuve una clienta cuyo día ideal consistía en pasárselo en la playa bebiendo margaritas. Estaba preocupada porque, si se permitía vivir de esa manera, podría malograr su vida. Le pregunté cuánto tiempo hacía que no había estado en la playa. La respuesta fue: «Varios años». Le recomendé que hiciera un viaje a alguna isla exótica y salir así un poco de su rutina. Después de una semana de holgazanear, comenzó a aburrirse y a estar dispuesta a hacer otra cosa. No te preocupes, por más perezoso que uno piense que es, la mayoría de las personas se impacientan y están ansiosas por hacer algo al cabo de una semana. Se supone que todos tenemos algo que dar a la sociedad. Si queremos sentirnos plenamente satisfechos, necesitamos luchar por algo.

Comienza por incorporar a tu vida normal todos los aspectos que puedas de tu vida ideal. De acuerdo, quizá no tengas el hombre y el niño de la fotografía ahora mismo, pero podrías conseguir el perro de caza. Tal vez no tengas una asistenta para que te lleve el cruasán y el café a la cama por las mañanas, pero puedes hacerlo tú misma. Quizá tu trabajo no te dé la oportunidad de viajar, pero puedes ir a París en tus próximas vacaciones y decirle a tu jefe que, en caso de que se presentara la posibilidad de un viaje, te gustaría que te escogieran a ti para realizarlo. Comienza a dar pequeños pasos hacia el lugar adonde quieres ir y pronto habrás llegado.

52. ARMONIZA TUS VALORES Y TU VISIÓN DE LA VIDA

Los hombres se olvidan de vivir porque están ocupados en ganarse la vida.

MARGARET FULLER

Hasta ahora, nunca he conocido ejecutivos de alto nivel que prefieran las Bahamas a la sala de reuniones. No saben disfrutar de su tiempo libre; su único pasatiempo es el trabajo.

WILLIAM THEOBALD

El secreto de tener un trabajo satisfactorio es llevar a cabo una actividad que esté de acuerdo con tus principales valores. Cuando hablo de valores, no lo digo en el sentido de lo bueno y lo malo, sino en el de hacer lo que realmente te gusta, aquello que para ti es intrínsecamente importante. Cuando vives de acuerdo con tus valores, sientes que tienes una vida plena y que tú, como persona, gozas de esa plenitud. Por ejemplo, quizá lo más importante para ti sea tu creatividad y tu capacidad de invención. Podría suceder que fuesen los viajes y la aventura. O quizá la paz, la espiritualidad y honrar a Dios. Puede que tus valores sean el riesgo, la especulación y la experimentación. O quizás estén relacionados con la gracia, la belleza y la elegancia. Tal vez valores la posibilidad de mejorar la vida de otras personas, sirviéndolas, ayudándolas y apoyándolas. ¿Qué te parecería dirigir, ser un catalizador, estimular a los demás? Quizá tienes la sensación de vivir plenamente cuando formas parte de una comunidad y te sientes en contacto con las otras personas, o cuando participas en un juego o un deporte. Todos tenemos valores distintos. ¿Cuándo sientes que vives plenamente? ¿Qué haces en ese momento? ¿Planificas y diseñas? ¿Haces coaching y fomentas la energía de los demás? Tómate un momento para reflexionar acerca de los momentos importantes de tu vida. Vuelve la vista atrás y observa cuáles fueron tus puntos culminantes.

Un cliente mío se dio cuenta de que uno de esos puntos culminantes de su vida fue el discurso que pronunció en la ceremonia de graduación en el instituto. Valoraba ser un vehículo de estímulo para la actividad de los demás. Hoy en día es un conferenciante profesional, y su trabajo requiere constantemente que estimule la acción en los demás. No podrían ser mayores la felicidad y la emoción que siente con este trabajo.

Las carreras más gratificantes son las que nos permiten y quizás hasta nos exigen que expresemos totalmente nuestros valores. Somos mejores cuando los vivimos con plenitud. Tómate unos minutos y examina tu historia personal. Haz una lista de los momentos culminantes de tu vida. Al lado de cada uno, escribe por qué fue importante para ti. Ahora, anota el valor que refleja. Una clienta mía escribió que había tenido una infancia maravillosa, y que solía aventurarse por los bosques y jugar al aire libre. Comprendió que valoraba el hecho de vivir rodeada de la belleza natural y que la añoraba mucho en su trabajo de publicista. Decidió pasar más tiempo en contacto con la naturaleza y encontró un trabajo para los fines de semana como guardabosques voluntaria. Le encantaba, y después de unos meses decidió buscar un trabajo a tiempo completo en el Servicio de Parques Nacionales. Apunta tus cuatro o cinco valores más importantes.

53. Imagina cinco carreras alternativas

Es endiabladamente difícil poner en práctica tu originalidad si siempre haces las mismas cosas y de la misma manera que mucha gente.

BRENDAN FRANCIS

Ahora que has diseñado tu vida ideal, ya puedes comenzar a calcular el tipo de trabajo que te permitirá vivir como te gusta. Mucha gente parece quedarse estancada en un campo de actividad o en una profesión. Si solicitan un trabajo en otra actividad, siempre tienen el problema de la falta de experiencia. He aquí otra tarea de coaching para ayudarte a considerar varias opciones. Imagina que tu trabajo actual ha sido eliminado de la faz de la tierra y que tienes que buscar algo completamente diferente.

¿Qué te gustaría hacer? ¿Has pensado siempre que sería maravilloso bailar profesionalmente? ¿O quizá componer música, dedicarse a las matemáticas, la ciencia o el periodismo, ser juez o tener un restaurante? Escoge cinco profesiones que te seduzcan. No te preocupes por tu falta de formación o de preparación. Escribe un párrafo explicando por qué escogerías esa profesión. Luego, sigue con la siguiente de la lista. ¿Por qué te gustaría? Este ejercicio también te ayudará a ser consciente de lo que para ti es realmente importante.

Una clienta mía, Jenny, una ejecutiva de recursos humanos muy trabajadora, de cuarenta y cinco años de edad, hizo este ejercicio y obtuvo un resultado inesperado. Había seleccionado las siguientes carreras alternativas:

1. Diseñadora de jardines
2. Decoradora
3. Escritora
4. Diseñadora de interiores
5. Fotógrafa.

Ella misma se sorprendió al descubrir que le gustaría diseñar los jardines de otras personas. No encajaba con su imagen de la vida de ejecutiva que llevaba. Pero dijo: «Hay algo dentro de mí que ama ordenar y lograr que las cosas se vean bonitas». Sus cinco carreras alternativas revelaban un fuerte aspecto creativo que había ahogado hasta entonces. Dijo: «Nunca me permito dedicarles un poco de tiempo». Le contesté que era hora de comenzar, porque había en ella un lado creativo ansioso por salir a la luz.

Jenny admitió que lo había dejado de lado para seguir una carrera profesional seria. Toda su vida había hecho lo correcto. Comenzamos a considerar las otras opciones, y ella, por su parte, a informarse sobre los cursos que podía seguir. Le pedí que se tomase un día libre en su casa y lo dedicase a la creatividad. Le aconsejé: «Cómprate un pincel y empieza. Juega con él. Compra una tela. Ocúpate de algún jardín. Ofrécete para hacer el diseño interior de la casa de una amiga. Empieza. Aunque te parezca muy poco y sólo dispongas de media hora, saca un pincel o toma algunas fotografías».

A la semana siguiente, Jenny me informó que un amigo artista la había acompañado a comprar pinturas, pinceles y una tela. No había comenzado todavía a pintar, pero el solo hecho de conseguir el material había sido muy agradable. La semana después, una amiga la invitó a trabajar con ella en una empresa de interiorismo. A la otra semana, ya había terminado una pintura. Le gustó tanto, que la colgó en el salón. Sus amigos la admiraron y pensaron que se la había comprado a un «verdadero» artista. Ahora tiene puesta en venta su casa para mudarse a un apartamento, más económico, como medida preliminar para dejar su trabajo de ejecutiva y dedicarse a sus nuevos intereses. Se sentía estancada, insatisfecha y poco realizada. Ahora se siente con más vitalidad que nunca. Tiene un futuro prometedor y emocionante, en lugar de la aburrida rutina. Jenny tiene la sensación de que ahora todo es posible.

54. Descubre tu talento especial

Existen dos tipos de talento, el que el hombre consigue con su esfuerzo y el que Dios le concede. Con el primero, debes luchar mucho. Con el que te concede Dios, sólo tienes que retocarlo de vez en cuando.

Pearl Bailey

Todos poseemos algún talento, habilidad o don especial, algo que hacemos mejor que ninguna otra persona. Con frecuencia, ni siquiera nos damos cuenta de su existencia porque es tan natural que forma parte de nosotros. Tendemos a creer que, puesto que para nosotros es tarea fácil, para los demás también debe de serlo. No es exactamente así. Nos gusta pensar que el trabajo es arduo, que si no lo hacemos con el sudor de nuestra frente, no merecemos que nos paguen por él. Una vez más, no es así. De hecho, suele ser lo contrario: la gente que gana mayor cantidad de dinero ama su trabajo y posee una cierta habilidad instintiva para hacerlo, habilidad que ha desarrollado y perfeccionado.

Si no puedes imaginar cuál es tu talento especial, pregúntales a tus amigos, a tu familia y a tus colegas. Ellos te lo dirán. Creo que es fácil. He aquí algunas preguntas que puedes hacerles:

1. ¿Cuál crees que es mi punto fuerte?
2. ¿Cuál es mi punto débil? (Pregúntalo sólo si realmente tienes deseos de hacerlo, y pídeles que te contesten de manera constructiva. No comentes nada de lo que te digan, sólo apúntalo. Estás reuniendo opiniones.)
3. ¿Qué talento o don innato ves en mí? ¿Qué es lo que hago naturalmente sin esfuerzo y que sea especial?
4. Si yo saliera en la portada de un revista, ¿qué revista sería y qué dirían de mí?
5. ¿Cuándo expreso plenamente este don o talento?

El próximo paso es comenzar a darle prioridad a tu don. Con eso, me refiero a que lo expreses, lo compartas con los demás, lo concretes, lo seas, lo vivas. Recuerda que tu habilidad especial te resulta tan natural que probablemente la das por supuesta.

Steve me contrató porque quería ganar más dinero. Hacía la carrera bancaria trabajando como administrador, y aunque el trabajo le parecía bien, le frustraba su bajo salario. Escribió las preguntas que acabo de enunciar y se las dio a sus amigos y colegas. Volvió con resultados sorprendentes. El punto fuerte de Steve era su personalidad. En general, la gente amaba su calidez, su sentido del humor y su habilidad para llevarse bien con todos. Sí, podía resolver problemas y era analítico, pero ese no era su talento especial. En cuanto a la portada de la revista, las ganadoras fueron Golf, Golf Digest y Sports Illustrated, y lo que dirían de él era cómo había utilizado el golf para ascender en la jerarquía de su banco.

Así pues, comenzamos a hacer realidad esa ficción. ¿Y si poníamos en juego en el terreno del golf la personalidad de Steve para seducir a sus clientes? Él estaría en el séptimo cielo. Steve habló con su director, que era un persona que le tenía verdadero afecto, para ver si podía ampliar su formación en ventas. Luego organizó un partido de golf entre los ejecutivos de alto nivel y los mejores clientes del banco. Comenzó a buscar todas las formas de aprovechar su don de gentes y su amor por el golf. Poco después, su director lo puso a cargo de una cuenta importante y comenzó a formar a Steve para transferirlo, a los seis meses, al departamento de ventas con un aumento de salario. Ahora Steve no sólo está más contento con su trabajo, sino que tiene mayores ingresos.

Así pues, te aconsejo que empieces. Haz algo que te permita expresar plenamente tu don innato. Luego, reflexiona sobre la manera de incorporarlo en tu vida y el universo te empujará en esa dirección.

55. HAZ LO QUE AMAS

Vivir es una de las cosas más raras del mundo. La mayoría de las personas tan sólo existen.

OSCAR WILDE

Todo en la vida es una forma de energía. Si quieres tener, sin esfuerzo, una vida plenamente realizada, lo más sensato sería seguir el rumbo de la corriente de energía, del fluir de la vida, y no ir en contra. Eso significa seguir las fuerzas naturales en lugar de luchar contra ellas. Si quieres ir a un lugar navegando en tu canoa, la manera más rápida de llegar a tu destino es siguiendo la corriente del río. ¿Cómo sabrás si vives siguiendo el fluir de la vida? Porque las buenas cosas vendrán a ti con facilidad y disfrutarás de lo que haces. Quizás sea un trabajo arduo, pero no representará una penosa lucha.

Cuando Michael Jordan jugaba al baloncesto, trabajaba mucho, pero no sufría y no era desdichado. Cuando tú trabajas mucho, pero sientes pasión por tu actividad, disfrutas aunque te agotes. Como es lógico, tienes que trabajar para que la balsa siga la corriente, pero no es la lucha tremenda que supone navegar en contra. El trabajo puede ser muy divertido. Algunas de las personas mejor pagadas del mundo se ganan la vida jugando, como es el caso de las grandes estrellas del deporte. Las personas que se realizan con mayor plenitud, no sólo hacen lo que aman, sino que poseen un talento innato en la actividad que desarrollan y llegan a ser aún mejores y a dominar completamente su oficio.

Una manera de saber qué carrera te gustaría seguir es comenzar a hacer lo que amas con mayor frecuencia. Si te gusta bailar, inscríbete en unas clases de baile. Si te gusta leer, considera la posibilidad de participar en un club de lectura o de crear uno. Si te gusta hacer inversiones, haz un curso sobre el tema. Sea lo que sea, comienza a incorporarlo a tu vida. Cuanto más te comprometas con una actividad de «flujo», una en la que brilles y te sientas en plenitud (véase consejo 32), más atraerás lo bueno de la vida. Eso no significa que tengas que dejar de lado tu trabajo actual y ganarte la vida bailando, por ejemplo. Puede resultar que es un pasatiempo agradable, pero no una profesión.

En un principio, lo mejor es seguir la corriente de la nueva actividad poco a poco y observar adónde te lleva. Un amigo que trabajaba como representante de una empresa farmacéutica, tenía interés en el mercado de valores y abrió una cuenta especial a ese efecto. Después de un año, comenzó a invertir pequeñas cantidades de su propio dinero y en este momento trabaja como agente de bolsa en Wall Street. Una clienta mía comenzó a tomar clases de danza y comprendió que esa era su vocación. Dejó su trabajo de contable, hizo los estudios de profesorado de danza y está encantada con su trabajo.

Comienza por elegir la línea de menor resistencia. Trabaja para una empresa cuyos productos sientas que son satisfactorios y útiles. Haz una tarea que convenga a tu talento especial. Cásate con alguien que comparta tus objetivos. Hay mucha energía en el mundo, y puedes vivir a favor o en oposición a ella. Tú escoges. Si tu trabajo te resulta tan difícil que te pesa sobremanera, es probable que no sea el adecuado para ti. Cuando lo es, te gusta hacerlo, por más difícil que sea.

Uno de mis clientes, Sam, no se perdonaba los errores que cometía en la organización financiera de su negocio. Era un próspero y brillante asesor de informática, pero no lograba organizarse. Cada año pagaba cientos de dólares de multas por el retraso en el pago de los impuestos. La verdad es que no sabía manejar los pequeños detalles. Por fin aceptó sus carencias y transfirió todo el trabajo de contabilidad a un gestor. Este recibía directamente todo lo concerniente a los movimientos, incluidas las facturas y los extractos de cuentas de banco de Sam. De ese modo, mi cliente se sacó un gran peso de encima, liberándose para hacer con tranquilidad su trabajo de informático, que le gustaba y con el que disfrutaba. Y así atrajo a un nuevo cliente que le pagó miles de dólares por su asesoramiento. No sólo amortizó los honorarios del gestor y algo más, sino que está encantado trabajando en lo suyo, un trabajo del que realmente disfruta. Concédete tiempo y espacio para las actividades que te resultan placenteras y elimina las que te agobian (consejo 16).

Anton, otro de mis clientes, es un pedazo de hombre absolutamente encantador, fuerte como un roble, a quien le gusta el tema de la salud y del mantenimiento físico. En el momento en que me contrató, tenía tres trabajos, lo cual era una ardua tarea, y sufría de insomnio. Se levantaba a las cinco de la mañana, a veces a las cuatro y media, y por lo general no se iba a dormir hasta la una o dos de la madrugada siguiente. Su principal actividad estaba centrada en un negocio con el sistema de venta multinivel, cuyos productos eran accesorios relacionados con el mantenimiento físico y la salud, como, por ejemplo, filtros de ducha para eliminar el cloro. Pasaba la mayor parte de su tiempo en reuniones y presentaciones de los productos y en hacer prospección para encontrar nuevos vendedores que participaran en el sistema multinivel. Además, enseñaba aerobic en un par de gimnasios y daba clases particulares a algunos clientes.

A pesar de esta ardua labor, Anton no llegaba a ganarse bien la vida. Mientras luchaba por construir su negocio de ventas multinivel, había acumulado unos 40.000 dólares de deuda en créditos. Su novia se sentía frustrada porque, aparte de estar siempre con problemas económicos, él nunca tenía tiempo libre para estar con ella. No había hablado con su madre desde hacía años porque le había pedido dinero prestado a su hermana pequeña y no había conseguido devolvérselo. No obstante, estaba convencido de que si trabajaba con ahínco lograría salir adelante y que el dinero entraría a espuertas.

Le pregunté cuánto tiempo necesitaba sufrir para comprender que su negocio de ventas lo estaba destrozando. Miramos a conciencia las cifras, y Anton se dio cuenta de que gastaba más dinero del que ganaba haciendo los cursos de formación y los seminarios durante los fines de semana. Era un negocio que daba pérdidas. Le pregunté si podía ganar dinero sólo vendiendo los productos y me dijo que sí, pero que era un negocio cuyo rendimiento real dependía de conseguir que otras personas participasen. Un detalle suficiente como para poner sobre aviso a cualquier persona. Es obvio que si no puedes ganar dinero con la venta del producto, no debes seguir con el negocio.

No obstante, Anton no quería dejarlo. Había invertido en él tanto tiempo y tanto dinero en los pasados dos años y medio, que estaba convencido de que el éxito estaba a la vuelta de la esquina. De modo que hicimos un trato. Le dije que necesitaba ganar dinero y ganarlo rápido, por lo que sólo podía realizar actividades que le proporcionaran ingresos inmediatos, no algún día, ni quizás en el futuro. No debía permitirse gastar un centavo más en formación hasta que tuviese suficiente dinero en efectivo. Anton estuvo de acuerdo. También le pedí que considerara la posibilidad de declararse en quiebra. Necesitaba comenzar de nuevo y no sería fácil con todas esas enormes deudas encima. Consultó con un médico por su problema de insomnio, y lo encontró en perfecto estado físico. Le sugerí la posibilidad de que su insomnio se debiera al estrés ocasionado por la falta de dinero y las enormes deudas que tenía. La idea de declararse en quiebra no le gustaba, de modo que no lo presioné.

Pronto, Anton descubrió que la única manera infalible de ganar dinero de inmediato era dedicarse al entrenamiento personal. Le gustaba hacerlo y era un buen entrenador, pero no le parecía que fuese una fuente de ingresos suficiente para sus necesidades. Todavía fantaseaba con el sistema «hágase rico en un día», que no dejaba de rondarlo y seguía tentándolo. Claro que ganar treinta y cinco dólares por hora de entrenamiento, después de pagarle el porcentaje correspondiente al gimnasio, no era gran cosa, pero por lo menos era algo. Le pedí que preparara un anuncio y lo colocara en el gimnasio. Con ayuda de un programa de ordenador muy sencillo, hizo un excelente anuncio.

A los tres meses, Anton había pasado de tener tres clientes a tener treinta y tres. Aunque seguía dedicándose a la empresa de venta multinivel por las noches, destinaba la mayor parte de su tiempo a ganar dinero como entrenador. Decidió consultar la posibilidad de declararse en quiebra con un abogado. Se encontró frente al hecho de que muchas empresas tenían el mismo problema y que no se trataba de un fracaso personal, sino de una mala decisión empresarial. Decidió que no cometería dos veces el mismo error. Comenzó a darle mayor importancia a lo que le gustaba, a jugar al fútbol y salir con su novia los viernes y sábados por la noche. A medida que se organizaba mejor, más fácil era su vida, que mejoraba día a día.

Una semana Anton me llamó para informarme que había pasado un día magnífico. Todo había funcionado sin problemas. Había dormido profundamente seis horas y se había despertado despejado. Tomó el tren para ir a la ciudad sin tener que esperar. Sus clientes habían sido puntuales, y las sesiones de entrenamiento animadas y eficaces. Tuvo tiempo para comer bien al mediodía. Esa noche, por una vez, algunas personas le llamaron para hacerle un pedido, y fue con su novia al cine. Eso es vivir dentro de la corriente de la vida. Un año más tarde, Anton vive en un apartamento precioso en las afueras y pronto se casará con su novia. Mantiene buenas relaciones con su madre y su hermana. No tiene deudas, duerme bien y su actividad como entrenador es floreciente y próspera. ¿Cuál es su próximo proyecto? Abrir un gimnasio infantil. La vida no es una complicada operación de cirugía cerebral. Sólo debes hacer aquello que te sale instintivamente y con facilidad, y por una vez, dejar que las buenas cosas vengan a ti.

56. Trabaja en un proyecto personal

Debemos ser la expresión del cambio que queremos ver en el mundo.

Gandhi

Una manera de descubrir cuál es tu talento especial o tu don innato es trabajar en un proyecto personal que te entusiasme. Diseña un proyecto que pueda ser divertido, ya sea en el trabajo, en casa o en tu comunidad. ¿Por qué no le das un poco de animación a tu vida poniendo en marcha un proyecto original? En el trabajo, podrías crear un equipo para resolver algún tipo de inconveniente que te fastidie. Inscríbete en un curso que aborde un tema que siempre quisiste aprender, como informática, un idioma extranjero o saber negociar o delegar tareas con eficacia. También podrías crear un sistema para automatizar los trabajos pesados. Aprende otra faceta de tu actividad. Si estás en el departamento de comercialización, ponte a hacer llamadas con uno de tus representantes. Lo importante es que, sea lo que sea, tu elección responda a lo que te interesa verdaderamente (y que tengas la autorización de tu jefe).

Otra posibilidad es crear un proyecto especial dentro de tus intereses personales: decidir correr en una maratón y entrenarse a diario. Prometerte que conseguirás una barriga como una tabla y hacer 500 abdominales. Escribir una novela. Pintar un mural. Comenzar un proyecto para mejorar la vida de tu comunidad. O bien poner en práctica una de tus aficiones en tu lugar de trabajo. A una de mis clientas le gustaba la jardinería, y consiguió permiso para cultivar plantas frente al triste edificio de su empresa. Organizó un equipo con sus compañeros de trabajo para ese fin. Ahora, cada vez que entra al edifico puede gozar viendo el fruto de su labor.

Mi proyecto especial se llamó: «Calle limpia». Viviendo en Nueva York, debía soportar dos problemas: la suciedad y la presencia de las personas sin techo. No me gustaba que mi calle tuviese siempre un aspecto desagradable a pesar de estar situada en una buena zona de Manhattan. Tampoco me sentía bien delante de todas esas personas sin techo. No quería darles dinero porque se lo gastarían en drogas y alcohol, pero tampoco quería encontrármelos a cada paso. Entonces, se me ocurrió una idea: ¿Y si les proponía a los sin techo que limpiasen las calles? La idea me entusiasmó tanto, que me fui inmediatamente al cajero automático más cercano. Allí encontré, por supuesto, a un sin techo pidiendo limosna. Le pregunté si le interesaría trabajar. Me contestó que sí. Le conté la idea. Si aceptaba ser voluntario para barrer ambos lados de la calle todos los días, les pediría a los vecinos de mi edificio que cada uno donara un dólar para pagarle (dado que es un conjunto de apartamentos, vivían en él unas 150 personas). Le expliqué que no le podía garantizar la cantidad de dinero que ganaría, pero que no tenía nada que perder.

Se presentó a la mañana siguiente, a las siete, y le di una escoba y una pala. Así nació: «Calle limpia». James, el hombre sin techo, salió fotografiado en un artículo del New York Times, y fue entrevistado en televisión. Llegó a formar parte de la comunidad, mientras barría nuestra calle todos los días, con sol o con lluvia. Por fin, ganó lo suficiente para conseguir un apartamento compartido con un amigo. A partir de esta iniciativa, muchos tipos de organizaciones han creado convenios con los sin techo para darles trabajo limpiando las calles. Quién sabe si un día no lograremos que Nueva York tenga un aspecto impecable.

¿Con qué proyecto especial te apetecería comenzar? O, en caso de que no seas una persona que sepa cómo hacerlo, ¿que te parecería participar en un proyecto ajeno que te resulte interesante? No importa que tu proyecto sea pequeño. Aun así, algo cambiarás. Considera el llamado «fenómeno del centésimo mono». Ken Keyes, autor de *El centésimo mono*, relató lo sucedido cuando un grupo de científicos observaba la conducta de los monos en la isla de Koshima. Estos monos se alimentaban principalmente con un tipo de boniato que extraían del suelo. Un día, un científico comprobó que en lugar de comer el boniato directamente, uno de los monos lo lavaba previamente en el río. Era una conducta nueva. Ninguno de los otros lo había hecho. Puesto que los monos imitan, pronto todos los demás de la isla lavaban los boniatos antes de comérselos. Sucedió un hecho curioso. Al mismo tiempo, todos los monos de otra de las islas empezaron a lavar a su vez los boniatos. Y no se había producido ningún envío de monos de la primera isla a la segunda, situada a cientos de kilómetros de distancia.

No había una explicación racional para este cambio de conducta, de modo que los científicos lo llamaron «fenómeno del centésimo mono». Los grandes avances de la ciencia se producen simultáneamente en distintos países y son obra de diferentes investigadores. Los estudios realizados en Estados Unidos señalan que el número de crímenes es menor en aquellas comunidades donde hay mayor número de personas que hacen meditación. Tengo la convicción de que se trata del mismo fenómeno.

Ponte manos a la obra y conviértete en uno de los primeros monos. Comienza tu proyecto. Es importante. A medida que trabajes en un proyecto que te entusiasme, es posible que encuentres aquello que realmente te apetece hacer en la vida. Comienza a orientar tu vida en función de ello. También puede que descubras que por el solo hecho de dedicarte a ese proyecto, atraes una oportunidad profesional. La gente que hace lo que ama atrae con frecuencia y sin mayor esfuerzo a personas importantes y grandes oportunidades.

57. Déjate guiar por la intuición

Confiar en nuestra intuición suele salvarnos del desastre.

Anne Wilson Schaef

Seguir lo que te dicta la intuición es otra forma de encontrar el trabajo que sueñas. Es sencillo, aunque no necesariamente fácil. Primero tienes que aprender a distinguir entre todas tus pequeñas voces, variadas y a veces contradictorias. Una es la voz de lo racional, una construcción mental que representa tu aspecto intelectual, y otra la voz de la intuición, intrínsecamente visceral. La intuición siempre es el reflejo de tus verdaderos intereses, mientras que la mente puede crearte problemas porque opera con los «deberías» de la vida.

Tu intuición desconoce la opinión de la sociedad, sólo se interesa por ti. Si tienes demasiadas ocupaciones, será difícil que oigas su voz, porque la maraña de pensamientos lo impedirá. Si no logras escuchar con claridad lo que te dice tu intuición, lo mejor será que vuelvas a trabajar en la parte II («Rectifica tu proceder») y en la parte IV («Saca tiempo de donde no lo hay»). Serénate y siéntate diez minutos sin hacer nada excepto darle una oportunidad a tu intuición para que se exprese. Es también una excelente manera de comenzar.

He aquí un ejemplo perfecto del modo en que podrías despejarte mentalmente. De pronto, una noche se me ocurrió volver a mirar mi correo electrónico, aunque ya lo había consultado una hora antes (la voz de la intuición no tiene por qué ser lógica). Encontré un mensaje de un colega que dejaba su ático frente al mar en Cape Cod, Massachusetts, y buscaba alguien que lo cuidase durante dos meses, con todos los gastos pagados. Pensé inmediatamente (la voz de la intuición): «¡Es perfecto!». Pero la voz de la mente intervino y me dijo: «No seas necia; debes quedarte en Nueva York y ocuparte de tu empresa, y no irte a perder el tiempo en una casa en la playa. Además, tu novio te extrañará si estás tanto tiempo fuera». Entonces volvió a hablar mi intuición: «Oye, mándale un correo electrónico diciéndole que te interesa la propuesta. Si es para ti, lo conseguirás, y si no, lo hará otra persona. Y si lo consigues y más tarde no quieres aceptarlo, siempre estarás a tiempo de echarte atrás». Mi intuición ganó la batalla y envié el correo electrónico. Por supuesto, lo conseguí y terminé en Provincetown escribiendo este libro en paz y soledad, contenta y feliz.

Shakti Gawain ofrece una explicación maravillosa de la intuición en su libro *Vivir en la luz*:

> Por otra parte, la mente intuitiva parece tener acceso a una reserva infinita de información. Tiene la capacidad de entrar en la mente universal, un inmenso depósito de conocimiento y sabiduría. También puede escoger esta información para proveernos de lo que necesitamos exactamente. Aunque los mensajes lleguen poco a poco, si aprendemos a hacer caso de este aporte de información, podremos establecer el curso de la acción a seguir. A medida que aprendemos a confiar en esta guía, la vida adquiere la cualidad de fluir sin esfuerzo. Así nuestra vida, nuestros sentimientos y nuestros actos se entretejen armoniosamente con las personas que nos rodean.

Desarrollar gradualmente tu intuición y dejar que te guíe te llevará a escuchar cada vez menos a tu mente, a la «voz de la razón». Tus actos seguirán más a tus sentimientos. Escucharás a todo tu cuerpo y dejarás que las cosas se desplieguen aunque sea de un modo que carezca de una lógica evidente.

No es una cosa de magia. La científica Candace B. Pert explica en su fascinante libro *The Molecules of Emotion* [Las moléculas de la emoción] la conexión molecular existente con nuestras emociones. Hay diferentes moléculas asociadas con la alegría, la tristeza, el miedo y cada una de nuestras distintas emociones. Tus sensaciones viscerales son esencialmente reales. Hay moléculas concretas detrás. Por lo tanto, es hora de que empieces a escuchar los mensajes que tu cuerpo te envía.

La vida de mis clientes se vuelve más fácil y emocionante a medida que confían en su voz interior y sus sensaciones viscerales. Comienza a seguir tus intuiciones en las pequeñas cosas. Por ejemplo, vas a salir un día soleado y despejado y una vocecita interior te dice que te lleves el paraguas. ¿Llovió o no? Nuestro cuerpo, con sus billones de células, es capaz de percibir y sentir con claridad aquello que nosotros no podemos controlar con el intelecto o la razón. Utilizo todo mi cuerpo cuando hago coaching. Si me siento incómoda físicamente, ¿es porque el cliente no me lo cuenta todo? ¡Y muchas veces hago coaching por teléfono! A manera de ejemplo, narraré una anécdota.

A Marissa la habían trasladado en su trabajo de Iowa a Colorado (el lugar donde siempre quiso vivir), con todos sus gastos de mudanza pagados, incluido el alquiler de una casa donde viviría con su familia hasta que encontrasen una vivienda definitiva. Pero a ella le preocupaba y le estresaba el hecho de no haber vendido su casa de Iowa, pues no podrían permitirse pagar la hipoteca de la nueva casa y la de la antigua. La venta de casas estaba en auge en Colorado, mientras que en Iowa se había estancado. Por más esfuerzos que hiciese, el tiempo pasaba y la casa no se vendía.

Marissa me dijo: «Siempre detesté esa casa, y ahora mira cómo me perjudica». Supe, por intuición, que esa casa no se vendía porque mi clienta era muy derrotista al respecto. Nadie desea comprar una casa que su dueño detesta. Le dije que le daría unos deberes poco habituales que eran completamente espontáneos. Le pedí que reflexionara sobre los buenos momentos que había vivido en la casa, todos esos momentos agradables y cálidos. Por ejemplo, los domingos por la mañana, cuando las dos niñas saltaban a su cama, y luego hacían tortitas todos juntos en la cocina. Bueno, estaba tan desesperada que aceptó hacerlo. Incluso les preguntó a sus hijas de cuatro y cinco años qué era lo que más les gustaba hacer en su antigua casa, y logró que su marido también interviniese (ella no le había dicho que estaba haciendo coaching). Dos días más tarde, recibí una llamada de Marissa, que estaba contentísima. Tenían un comprador para la casa que necesitaba cerrar la compra a fin de mes y les pedía rapidez. ¿Fue una coincidencia? ¿Y qué es una coincidencia a fin de cuentas?

Si todo es una forma de energía, también lo son nuestros pensamientos negativos, y la gente los detecta, tal como la radio detecta las ondas. Nuestros pensamientos son ilimitados, no están regidos ni por el tiempo ni por la distancia. De acuerdo, sé que puede parecer un poco absurdo, pero bien podrías comenzar a escuchar tu intuición y comprobar lo que sucede. Verás que tus decisiones son más acertadas y que las buenas cosas vienen a ti.

58. ENCUENTRA TU CAMINO EN LA VIDA

Vive todo lo que puedas. No hacerlo es un error. Siempre que vivas tu vida, no importa lo que hagas en particular. ¿Y si no hubieras tenido lo que tienes?

HENRY JAMES

Las personas que saben lo que quieren en la vida, que tienen una estrategia, una visión, un propósito o un objetivo, son más prósperas y afortunadas que las que no lo saben. Si tienes un propósito, una dirección a seguir, atraerás a gente que tiene interés en ir en esa misma dirección. Incluso es posible que atraigas a personas que no compartan tus intereses, pero a las que les resulte atrayente el hecho de que disfrutes plenamente con tu actividad.

¿Cuál es tu propósito en la vida? ¿Para qué estas aquí? ¿Qué es lo que debes lograr o aprender? ¿Qué te dice tu alma, tu corazón, que hagas? Puede ser tan sencillo como pasártelo bien y dar alegría a quienes te rodean. Escribe una declaración donde especifiques tu propósito en la vida. Veamos algunas posibilidades:

Aprender y amar con la mayor plenitud posible.
Ser un agente de transformación y crecimiento.
Pasármelo muy bien y reírme todo lo que pueda.
Llegar a tener independencia económica y formar una familia sana y dichosa.
Ser un feliz viajero.

Un propósito no necesariamente tiene que ser algo de gran trascendencia. Cabe la posibilidad de que tengas una visión tan amplia como la de Bill Gates (un ordenador en cada escritorio, todos con el software de Microsoft) o de Martin Luther King (la igualdad para todas las personas). Quizá quieras luchar por la conservación del medio ambiente o por la paz del planeta. Pero no necesitas cambiar el mundo. Comienza por lo pequeño, con algo relativo a tu familia, y luego a tu calle o a tu vecindario (consejo 56).

Algunos de mis clientes creen que el solo hecho de pensar en la finalidad de la existencia es agobiante, de modo que les sugiero que se dediquen a un tema específico cada año. El tema puede ser cualquier cosa que les apetezca, ya sea la diversión, la aventura, el romance, el amor, la serenidad, el equilibro, el juego, la dicha, la paz, la risa o el trabajo. Lo que quieras. Escoge un tema, cualquiera que sea. Si no te gusta, siempre podrás cambiarlo por otro. Este podría ser el año de la aventura. O quizá te apetecería un tema distinto para cada mes. Con un objetivo para el mes o para el año, sabrás en qué concentrar tus esfuerzos y te resultará más fácil decir que sí o que no a las oportunidades que se te presenten. ¿No sabes cuál es la finalidad de tu vida? Quizás es hora de que adquieras cierta perspectiva (consejo 59).

59. ADQUIERE CIERTA PERSPECTIVA

El poder que hace crecer la hierba y madurar los frutos y que guía el vuelo de los pájaros está en todos nosotros.

ANZIA YEZIERSKA

Todo hombre tiene dos senderos para recorrer en su vida. Uno exterior, con sus distintos incidentes y sus hitos. [...]
    Y luego está el sendero interior, la Odisea espiritual, cuya historia secreta es absolutamente personal.

WILLIAM R. INGE, MORE LAY THOUGHTS OF A DEAN

Si todavía estás luchando por encontrar tu camino en la vida, quizá deberías tomar distancia de tu vida normal para tener una perspectiva más amplia. A veces eso es necesario para hallar ese lugar donde nos sentimos plenos. En la maraña de las obligaciones y exigencias cotidianas, es difícil imaginar que podamos vivir de otra manera. Vemos nuestro ideal tan lejano, que en lugar de ser una fuente de estímulo, se transforma en una fuente de depresión. Si ese es tu caso, ya es hora de que tomes distancia en un lugar sosegado.

Existen muchas formas de alejarse de lo cotidiano. Puedes alojarte en un albergue de un pequeño pueblo o en una cabaña en el bosque. Podrías cuidar, durante el invierno, la casa de algún amigo en la costa o en el campo. Por lo general, lo mejor, si puedes, es irte un tiempo de tu casa. De lo contrario, siempre encontrarás algo que hacer, ya sea ocuparte de la ropa, cambiar la bombilla de la nevera, etc. Cuando estás en una casa ajena o en un hotel, no tienes preocupación alguna. Hay muchos lugares para alejarse del agitado ritmo de la vida. Siempre se encuentran sitios en las afueras de las ciudades que ofrecen habitaciones sencillas y limpias y suelen tener un menú vegetariano por un precio asequible, como es el caso del Sivananda Yoga Ranch, situado cerca de Nueva York.

En una época en que estaba muy estresada, con un solo fin de semana en el Yoga Ranch me sentí completamente rejuvenecida. En lo posible, trata de irte afuera por lo menos tres días. En todo caso, con un solo día ya notarás la diferencia. Muchos monasterios ofrecen alojamiento a cambio de una pequeña donación. Lo único que tienes que llevarte es una maleta con lo mínimo y un diario para escribir tus reflexiones. No caigas en la tentación de llevar demasiadas cosas contigo; recuerda que lo importante es tomar distancia de todo.

No obstante, hay veces en que no tenemos ni siquiera la energía o el dinero necesario para irnos de casa. O quizá no tengas días libres en el trabajo. En este caso, puedes hacerlo en tu propia casa o alojarte en casa de algún familiar. Esto es relativamente fácil para las personas que viven solas y pueden decirles a sus amigos que se toman unos días de descanso y no estarán para nadie durante una semana. Si tus amigos lo saben, no te llamarán. Comienza tu día con un ritual especial, y cuando regreses del trabajo, enciende una vela, medita o haz algo que te ayude a liberarte del estrés y a ser consciente de que estás tomándote un periodo de descanso y retiro.

Trata de eliminar todas las pequeñas molestias (consejo 1), paga tus facturas y haz todas las tareas pendientes antes de comenzar a descansar, tal como si te fueses de vacaciones. Aprovecha las noches para pensar, leer, meditar, bañarte, dar largos paseos o escuchar música. No mires la televisión ni te vuelques en cualquier otra adicción, porque echará por tierra todo el sentido de la experiencia (consejo 2). Pasa algunos momentos en contacto con la naturaleza y sobre todo no te olvides de levantar la vista para mirar las estrellas.

Después de vivir en Manhattan durante un año y medio, regresé a mi casa en Arizona para pasar las navidades. Me dormí en el avión, y cuando me desperté era ya de noche. Levanté la cortina de la ventanilla y miré... ¡Había millones de estrellas! Me impresioné mucho, porque ya no me acordaba de las estrellas. En Manhattan, si por azar se te ocurre levantar la vista, tienes suerte cuando puedes ver dos o tres estrellas, porque las luces de la ciudad y la polución cubren completamente el cielo. Pero en el desierto, ves miles de millones.

Mirar a las estrellas despertó en mí una sensación de humildad, me sentí como una ínfima partícula en la inmensidad del cosmos. Me dio una perspectiva, me recordó que mis problemas eran insignificantes frente al gran entramado de las cosas. Pensé: «Ahora entiendo por qué los neoyorquinos creen que son el centro del mundo y que en comparación a su ciudad, cualquier otro lugar palidece. No pueden ver las estrellas y han perdido la perspectiva de las cosas». El océano, con su infinita serenidad, el rítmico y potente golpear de las olas en la arena, me provoca también esta misma sensación. La naturaleza es una gran sanadora. Si sientes estrés, agobio o cualquier clase de desequilibrio, sal a gozar de la naturaleza o mira a las estrellas desde el jardín de tu casa. Te recuperarás y rejuvenecerás. Le dará otra dimensión a cualquier problema que tengas.

¿Qué hacer si tienes familia? En este caso, parece imposible tomarse aunque sea un fin de semana de descanso. No obstante, podrías hacerlo con un poco de ayuda familiar. Pídeles a los abuelos o a otros familiares que se lleven los chicos durante un fin de semana y quédate en casa en paz y sosiego. Te aconsejo que también tomes distancia de tu pareja. Todos necesitamos estar solos de vez en cuando. Luego, ambos os apreciaréis mutuamente mucho más (consejo 40). Con creatividad, encuentra la forma de adquirir una mayor perspectiva de tu vida.

60. Tómate un periodo sabático

La razón puede traicionarte. Si quieres hacer algo en tu vida, a veces debes alejarte de ella, ir más allá de toda medida. Debes seguir tus sueños y tus visiones.

BEDE JARRET, *THE HOUSE OF GOLD* [LA CASA DE ORO]

Si no te es suficiente con un fin de semana o una semana entera de distancia y reflexión, podrías considerar la posibilidad de tomarte un periodo sabático. Si bien es una opción académica, los organismos públicos y algunas empresas ofrecen a sus empleados la posibilidad de tomarse un periodo de excedencia. De hecho, hay grandes empresas estadounidenses que, como parte de las ventajas ofrecidas a sus empleados, les permiten tomarse una excedencia, y algunas incluso les pagan el 3 por ciento del salario. Aun en el caso de que tu empresa no prevea esa posibilidad, puedes negociarlo, pues como contrapartida tú le ofrecerás tu enriquecimiento personal y profesional. Cada vez existen más empresas que comprenden el problema del desgaste de sus empleados. Prefieren permitirles un periodo de excedencia de un mes o dos, en lugar de perderlos directamente. Si durante años has trabajado para la misma empresa, puede que necesites tomar un poco de distancia, un periodo de tiempo que puede ir de un mes a un año, para evaluar y reorientar tu vida.

Un periodo sabático es algo más que unas vacaciones. Claro que quieres descansar y relajarte, pero es un momento destinado a experimentar con nuevas capacidades y a correr riesgos. Te ayuda a salir de la rutina diaria y encontrar lo que es realmente importante para ti. Tomárselo supone ciertos riesgos, tanto para tu empresa como para ti. Puedes descubrir que no te interesa volver a tu antiguo trabajo, o decidir volver y encontrarte con que tu puesto está ocupado y tus compañeros han ascendido. Pero lo más común es que estos periodos de reorientación sean beneficiosos para todas las partes implicadas. Si decides que no quieres seguir con tu trabajo, tu empresa puede alegrarse de no tener un empleado desgastado por los años de trabajo. Si alguien ha ocupado tu puesto, tendrás que comenzar con otra cosa que abra nuevos horizontes a tus capacidades y tu experiencia.

Cada vez que uno de mis clientes decide dejar un puesto de trabajo, le animo a que espere todo el tiempo que pueda antes de comenzar con su nuevo trabajo. A veces, solo pueden hacerlo durante una semana, pero también he tenido clientes que pudieron disponer de dos meses completos entre el momento en que consiguieron su nuevo trabajo y el momento en que debían incorporarse a él. Lucy, una directora de relaciones públicas de treinta y siete años, renunció a su trabajo y pudo negociar la dilación de la fecha de comienzo de su nuevo empleo en una empresa consultora. De este modo tuvo dos meses libres. Había liquidado todas sus deudas y había ahorrado dinero (consejos 24 y 27), de modo que podía permitirse ese tiempo sin hacer nada.

La animé para que realizara uno de los objetivos de su vida: ir a Ecuador y estudiar español. Disfrutó mucho de su viaje y aprendió otro idioma. De ese periodo, sacó además un beneficio imprevisto. Al volver, comprendió que era hora de terminar con una relación personal que mantenía desde hacía siete años. Vivir y viajar por su cuenta durante dos meses le permitió tener mayor independencia y la fuerza necesaria para tomar esa decisión.

Graham, un ejecutivo de cincuenta y siete años, se tomó una excedencia de tres meses para realizar una serie de cosas que iban desde aprender informática hasta escalar las montañas Trockie y los Alpes. Durante este periodo, quería llevar a cabo tres actividades que no tuviesen nada que ver con sus deberes de director ejecutivo, un trabajo de mucho estrés, dedicado a problemas relativos a la economía y el comercio del país. Quería alejarse de la rutina cotidiana del trabajo y reflexionar sobre sus grandes objetivos en la vida.

El primer dia de este periodo, durmió veintisiete horas seguidas. (No te inquietes, es normal. Si duermes en exceso durante los primeros días o durante una semana, simplemente es que estás recuperando el sueño perdido. Disfruta durmiendo y recuperarás tu energía natural con rapidez.) Dado que su mujer no podía acompañarlo siempre, Graham hizo a solas la mayor parte de lo que quería hacer. Su expedición a las montañas lo puso en excelente forma física y renovó su amor por la naturaleza. Cuando volvió al trabajo, se sentía revitalizado. Además, puesto que el despacho había funcionado bien durante su ausencia, comprobó que su personal se había acostumbrado a asumir una mayor responsabilidad individual y que a él le resultaba más fácil delegar tareas (consejo 62). Ahora valoraba más que antes los momentos que pasaba con su familia, y también se valoraba más a sí mismo, y podía negarse con mayor facilidad a los compromisos sociales que no le interesaban (consejo 18). Incluso decidió reservarse el domingo para descansar de los negocios y la vida social (consejo 89).

He aquí algunos consejos para negociar tu excedencia:

- Describe en detalle los beneficios que obtendrá de ello la empresa. ¿Qué cosas nuevas aprenderás? ¿De qué modo incidirá en la mejora de la calidad de tu trabajo?
- Presenta un plan bien estructurado sobre la manera en que tu trabajo se realizará durante tu ausencia.
- Recuerda a tus jefes que, en esta era de la información y la comunicación, tiene sentido que logres una perspectiva desde afuera, tal como lo hacen los académicos para estudiar nuevas ideas y lograr otra visión de los problemas.
- Si estás al borde del desgaste, haz saber a tu empresa que tu periodo de ausencia será una forma de cargarte de energía y regresar con renovadas fuerzas y mayor posibilidad de dedicación. Es mucho más efectivo y menos costoso retener a un buen empleado que formar a uno nuevo.
- Si cualquiera de tus actividades de este periodo beneficia directamente a tu empresa (por ejemplo, aprender informática), pide que te paguen una parte del salario para cubrir los costos de formación.
- Si proyectas hacer un trabajo de voluntario, hacer obras de caridad o formar parte de una asociación sin fines de lucro, quizá puedas obtener alguna clase de subsidio o una beca. Averígualo, porque así podrías financiar tu periodo sabático poniendo muy poco dinero de tu parte.
- Si piensas irte de casa por un tiempo largo, considera la posibilidad de subalquilar tu apartamento, alquilar tu casa o hacer un canje de vivienda ofreciéndola por medio de una de las empresas dedicadas a ese fin.

- Si quieres hacer un viaje transatlántico y tu presupuesto es muy justo, viaja a aquellos lugares donde el cambio de moneda te favorezca, de modo que puedas estirar tus recursos.
- Antes de comenzar con las negociaciones, asegúrate de que comprendes a fondo la incidencia que tendrá eso en cuanto a tus beneficios. ¿Seguirás disponiendo de la seguridad social?
- Antes de partir, termina todo el trabajo pendiente o pon al corriente a uno de tus compañeros para que pueda hacerse cargo de los proyectos en curso. De ese modo, evitarás las preocupaciones relativas al trabajo mientras estás afuera explorando nuevos horizontes. Y por supuesto, no querrás volver y encontrarte con un grupo de colegas y directores enfadados porque durante tu ausencia no sabían qué hacer con el proyecto XYZ.

Sobre todo, utiliza este tiempo precioso para aprender cosas sobre ti y hacer todo aquello que siempre deseaste y nunca pudiste hacer por falta de tiempo. Viaja a esos lugares que siempre has soñado visitar. Es el momento de encontrarte contigo y de renovar tu amor por la vida. Es el tiempo perfecto para descubrir tus valores (consejo 52), escuchar a tu intuición (consejo 57) y, por una vez, ver adónde te lleva la vida. A veces, tenemos que salirnos del camino para poder encontrar el sendero correcto.

VII

En lugar de trabajar duro, hazlo con inteligencia

Para nadie es un orgullo trabajar duramente.

E. W. Howe

Nunca deja de asombrarme que la gente diga: «En lugar de trabajar duro, hazlo con inteligencia» cuando es evidente que no es eso lo que está haciendo. En esta sección, aprenderás la manera de llegar a ser una persona excepcionalmente eficaz, productiva y efectiva haciendo menos, no más. Es probable que hayas escuchado la norma del 80/20, según la cual el 80 por ciento de nuestros resultados surgen del 20 por ciento de nuestros esfuerzos. En teoría, si pudieses averiguar cuál es ese 20 por ciento de esfuerzos eficaces, podrías eliminar el 80 por ciento restante sin mayores problemas. Eso es trabajar con mayor inteligencia. Una vez más, nos encontramos con el principio que dice: «Menos es más».

En la parte II, vimos que el hecho de tener menos objetos materiales nos permitía atraer con mayor facilidad lo que deseábamos. Ahora comprobarás que, a menudo, con menos trabajo se producen mejores resultados. Cuando tienes demasiadas ocupaciones y estrés y trabajas muy duro, pierdes la perspectiva de lo que es realmente importante (consejo 35), cometes errores por descuido y pierdes de vista las grandes oportunidades que están a tu alcance. Si uno está muy ocupado y cansado, llega a ignorar los mensajes sutiles y termina creándose más problemas de los necesarios (consejo 69). Si haces continuamente una tarea aburrida, sólo logras agotarte.

Ahora que ya descubriste, en la parte VI, tus puntos fuertes, estás en condiciones de aprovecharlos y aprender a delegar eficazmente tus puntos débiles. Aprenderás que no prometer demasiado es una forma de desbloquear una situación rutinaria y reducir tu estrés laboral. Cabe la posibilidad de que, en el momento en que descubras la cantidad de fuerza resultante de no hacer nada o de tomarse una pausa o un respiro, decidas eliminar tu lista de tareas por hacer (consejo 64). Es fácil caer en la trampa de trabajar arduamente en una sociedad que asume el hecho de estar lleno de ocupaciones como sinónimo de realización personal.

A menudo veo cómo la gente trabaja cada vez con mayor esfuerzo para no conseguir otra cosa que alejarse de aquello que quiere obtener. Una de mis clientas era nueva en el tema de las ventas y hacía lo imposible para lograr vender. Terminó ahuyentando a sus posibles clientes. Le dije que dejase de desesperarse por vender (consejo 66). En el momento en que comenzó a relajarse y a divertirse con sus posibles clientes, las ventas salían por todas partes. Entiéndeme bien, por supuesto que hay que trabajar, pero no tanto como crees. Los siguientes consejos te enseñarán la manera de trabajar con mayor inteligencia, de un modo más ameno y con éxito, ya sea para obtener tus objetivos profesionales o personales.

61. REFUERZA TUS PUNTOS FUERTES

Creo que saber lo que no eres capaz de hacer es más importante que saber lo que eres capaz de hacer. De hecho, es una señal de buen gusto.

LUCILLE BALL

Muchos de nosotros creemos estar obligados a hacerlo todo y ser excelentes en todo. Esta idea forma parte de nuestro espíritu de independencia. Sin embargo, vivimos en una época y una civilización en que podemos permitirnos *no* hacerlo todo. Bienvenidos al siglo xxi. Sin embargo, por alguna razón, todavía creemos que esa es nuestra obligación. Pensamos que debemos ir al trabajo, volver a casa, cocinar un menú espléndido, tener la casa impecable, cuidar de nuestros hijos, llevar una vida social extraordinaria y hacer cursos para mejorar, todo en el mismo día o la misma semana.

· Veamos qué sucede si sólo refuerzas tus puntos fuertes. Averigua en qué campos te desenvuelves mejor, concéntrate en ellos, domínalos bien y delega el resto. Las personas que tienen un verdadero dominio de su actividad suelen atraer con facilidad la buena vida. Warren Buffett es un maestro en inversiones. Barbra Streisand es una cantante magistral. Hacer muchas cosas más o menos bien nunca tiene tanto valor como hacer una sola *muy* bien.

La maestría es un arte, y aunque tengas un talento innato, te llevará tiempo, práctica y dedicación desarrollarlo a fin de que rinda sus frutos. Es posible que Tiger Woods sea atlético naturalmente y tenga dotes para el golf, pero si ha llegado a dominarlo de un modo tan magistral es gracias a la práctica, el trabajo, la concentración y el entrenamiento. ¿Nos importa acaso si sabe o no organizar sus finanzas? Por supuesto que no. Deja de intentar hacerlo todo bien y concéntrate en tus puntos fuertes.

Si todavía te cuesta desprenderte de todas las cosas que podrías hacer, piensa en toda la energía que cada una supone. ¿Cuánto te cuesta en términos de bienestar y dicha? Cada vez que luchas desesperadamente por algo o lo aplazas indefinidamente, considera lo que de verdad merece la pena para ti, lo que te importa. Jonathan, un brillante programador informático, era tan inteligente que podía hacer casi todo lo que se proponía. Reparaba las cañerías de su casa y el coche y hasta era capaz de preparar un paté. El techo de su casa tenía goteras, de modo que decidió repararlo él mismo en lugar de pagar a alguien que lo hiciera.

La historia terminaría ahí si no fuese porque ya tenía suficientes cosas que hacer. Le sugerí que delegara el trabajo de la reparación del techo a un profesional, de modo que tuviese tiempo libre para programar todo lo que proyectaba desde hacía más de un año. No. Iba a reparar el techo y ahorrar dinero (mis clientes no siempre aceptan mis consejos). De modo que se puso manos a la obra. Subió por la escalera de mano y se cayó; sufrió una fractura múltiple en el tobillo. No había escuchado el mensaje sutil (consejo 69), pero comprendió el consejo y llamó a un constructor para que hiciese la reparación. Por desgracia, no tenía seguro médico (consejo 30), de modo que no sólo hubo de pagar la factura del constructor, sino también una de dos mil dólares al hospital.

Hacer cualquier actividad que detestes debilita tu energía. Conozco a una persona que tiene un consejero en problemas personales. Cada vez que tiene un problema engorroso y no sabe cómo solucionarlo, le paga al consejero para que se ocupe de él. O bien, si le cargan dos veces una determinada compra en la tarjeta de crédito, le pasa el asunto a su secretaria para que se lo solucione. Su argumento es que no puede permitirse *no* delegar, porque esas situaciones le absorben demasiada energía. (Si tienes problemas para adoptar esta conducta, quizá pasaste por alto la parte III de este libro.)

Si no puedes permitirte tener una persona que te resuelva los problemas, prueba a hacer un intercambio con una amiga o un amigo a quien le guste realizar justamente esa tarea que aborreces. «Si me haces la declaración de renta, te regaré diez veces el césped.» «Si me haces la colada, te cuidaré a los niños el viernes por la noche.» Por supuesto que ambas partes deben beneficiarse del trueque, de modo que sea justo y agradable.

Examina tu vida y escribe cinco cosas que haces y preferirías dejar de lado. Luego, averigua lo que te costaría pagar a un contable, una asistenta, un experto en informática o un fontanero. Por lo general, no es tanto como uno cree. A largo plazo, puede constituir un ahorro de dinero. Felicidades por dar tu primer paso hacia la maestría.

62. DOMINA EL ARTE DE DELEGAR

Junto con el placer de hacer un buen trabajo, existe el placer de contar con alguien que haga un trabajo excelente bajo tu dirección.
WILLIAM FEATHER, *THE BUSINESS OF LIFE*

No hace falta ser el jefe para delegar trabajo. Todos necesitamos saber hacerlo. A medida que comiences a atraer a tu vida lo que verdaderamente deseas, delegarás más cosas que no disfrutas haciendo y te limitarás a hacer aquello que te gusta. De modo que si eres una persona del tipo «Llanero solitario» y no sabes delegar, ha llegado el momento de aprenderlo. Incluso los padres delegan ciertas tareas domésticas en sus hijos (en caso de que tengan algo de sentido común, claro está).

Tres son los secretos para delegar correctamente. El primero, dedicar el tiempo y la energía necesarios para formar a fondo a la persona en quien delegarás el trabajo. El concepto clave aquí es a *fondo*. Si no la preparas para que haga el trabajo tal como tú necesitas que se haga, con toda corrección, luego no te deprimas, ni te quejes ni te sorprendas porque la persona en cuestión no sea capaz de ayudarte. La mayoría de la gente cree que, para delegar, sólo debe llamar a alguien y decirle: «Toma, ocúpate de esto ahora mismo». Estamos tan ansiosos de liberarnos de la tarea, que en lugar de delegarla, lo que hacemos es deshacernos de ella.

Sí, hay veces en que necesitamos contratar a alguien para que haga lo que nosotros no podemos hacer. Yo contraté a una contable, y en unas pocas horas pasó todas mis cuentas a un programa de contabilidad. Por fin comprendí que nunca encontraría tiempo para aprender el programa con un manual (además, odio leer esos horribles manuales). Una buena señal fue el hecho de que no había sacado el programa de la caja, aunque ya había pasado un año desde que lo comprara. Eso era suficiente para alertarme sobre la necesidad de buscar ayuda. En unas horas, la contable no sólo instaló el programa, sino que lo adaptó a las necesidades de mi empresa, me enseño la manera de cerrar mis cuentas e imprimió un informe para mi gestor. ¿Por qué no la contraté mucho antes? Perdí una enorme cantidad de tiempo y energía tratando de hacerlo por mi cuenta.

El segundo ingrediente clave para delegar con éxito es encargar la totalidad del trabajo. Una vez que la persona está preparada y sabe cómo debe ser el resultado final, hay que dejar que haga el trabajo a su manera. De lo contrario, se le impide la expresión de su propia creatividad. Por ejemplo, supongamos que delegas en tu hijo el trabajo de limpiar su habitación. Él, a su vez, se lo pasa a su hermano pequeño a cambio de una parte de su paga semanal. Es perfecto, siempre que el mayor no abuse del menor. Gracias a una solución creativa, el resultado es exactamente el mismo.

La tercera clave es establecer un sistema de informes o de control. Haz que la persona te informe de la tarea que le has delegado de la manera y con la frecuencia que mejor te convenga. Por ejemplo, supongamos que contratas una asistenta para limpiar la casa mientras tú trabajas. Te has tomado el tiempo necesario para mostrarle con exactitud cómo quieres que limpie. Antes de que llegue, haz una lista de tareas especiales tales como «repasar los estantes del botiquín». Pídele a la asistenta que haga una lista de las tareas realizadas o controla su trabajo con tu lista para ver lo que ha hecho.

Ahora conoces los secretos para delegar correctamente. ¡Sigue adelante! Comprueba los fabulosos resultados que obtendrás.

Michael me contrató porque tenía serios problemas para mantener a flote su endeudada empresa y quería que lo ayudara. Tenía empleada a tiempo completo a una persona muy capaz con un salario de 35.000 dólares anuales. Lo cierto es que él no podía permitirse pagar esa suma de dinero, de modo que le aconsejé prescindir de sus servicios. Michael se vio obligado a hacer todo el trabajo, desde escribir las cartas hasta llevar la contabilidad. Al principio no hubo problemas, pero a medida que atraía más clientes y su empresa crecía, se vio en la necesidad de delegar una parte del trabajo. Le pedí que dibujase un organigrama de todas las funciones de su empresa, incluyendo las ventas, la comercialización, la administración, la contabilidad, etc. Por otra parte, hizo una lista de todo lo que le gustaba hacer y otra de todo lo que no le gustaba hacer o no dominaba particularmente.

Comenzamos con la contabilidad. Contrató un contable por una pequeña suma extra cada mes. Esta decisión representó un gran descanso, porque a él nunca le habían interesado los detalles financieros. Luego, contrató como secretaria a tiempo parcial a una brillante estudiante universitaria, pagándole ocho dólares la hora para que se ocupase de redactar las circulares y las cartas. Tan pronto como pudo, Michael le aumentó el salario para estimularle el interés por quedarse en la empresa. Esta ayuda suplementaria le permitió concentrarse en su trabajo con los clientes y en la comercialización, que era lo que realmente le gustaba. Con un poco de coaching, Michael ha logrado sanear su empresa y atrae nuevos clientes tan pronto como su capacidad para responder a las necesidades de los mismos se lo permite.

63. PROMETE POCO Y DA MUCHO

Uno promete mucho para evitar dar poco.

LUC MARQUIS DE VAUVENARGUES

Una de las formas más sencillas de crearse una reserva de tiempo es prometer poco y dar mucho. Prometer poco significa darse a uno mismo más tiempo del que piensa que necesitará para hacer una tarea. Dar mucho significa terminar el proyecto y entregarlo antes de la fecha prometida. Por ejemplo, tu jefa te dice: «Quiero que trabajes en este proyecto, que es importante. ¿Cuándo podrás entregármelo?». Tu tendencia natural es prometer demasiado. Piensas: «Hummm..., es jueves a la tarde; podría trabajar hoy y mañana, venir unas horas el sábado y tenerlo listo el lunes por la mañana». Entonces, le dices a tu jefa, con ánimo de impresionarla con tu dedicación: «Si trabajo a fondo, podría tenerlo listo el lunes por la mañana». Dejas a un lado todas las demás tareas, el sábado trabajas más horas de las previstas y a pesar de todos tus esfuerzos no terminas porque te falta cierta información que está en otro departamento. Llega el lunes y le dices a tu jefa: «Ya está casi terminado. Lo tendré listo esta tarde. Me faltó una información que estaba en el departamento de George». Ella refunfuña y tú echas por tierra todo lo que querías lograr. Tu jefa no queda impresionada. Has prometido demasiado.

Ahora, veamos la otra perspectiva. Piensas: «Podría tenerlo listo para el lunes», y le dices a tu jefa: «Se lo entregaré el miércoles por la tarde». ¿Qué acabas de hacer? Has creado una reserva de tiempo. Dos días, para ser exactos. Disfrutas del fin de semana y juegas al golf. Has descansado y tu productividad será mayor. El martes por la mañana has terminado tu trabajo sin estresarte y se lo das a un colega para que lo revise. Lo entregas el martes por la tarde. Felicidades. Has entregado el trabajo antes del plazo. Tu jefa se ha quedado impresionada y piensa que eres una persona valiosa, de las que siempre termina el trabajo *antes* del plazo fijado.

Con esta simple astucia lograrás una reducción drástica de tu nivel de estrés, trabajarás sin prisa y tu mente estará despejada, lo cual aumentará tu probabilidad de atraer el éxito. Promete poco y da más de lo que se espera de ti. Hazlo sistemáticamente y siempre obtendrás una prima o un aumento.

¿Qué pasa si tu jefa te exige que le entregues el trabajo sin falta el lunes? Si bien es frecuente que se nos pida entregar los trabajos en una fecha determinada, la mayor parte de las veces ese plazo puede negociarse. Pide dos o tres días extra. Si sistemáticamente hasta el momento has prometido poco, tendrás algo de tiempo reservado en todos tus otros proyectos pendientes, de modo que, si no hay posibilidad de negociar el plazo, podrás entregar este el lunes.

Prometiendo menos se logran maravillas también en el ámbito de la vida privada. Si tu esposa te pide que ordenes el garaje, concédete el doble de tiempo del que crees necesario. Entonces, lo tendrás hecho en un mes en lugar de dos, y ella estará encantada. Si haces la cena, en lugar de anunciar de antemano que prepararás un plato especial, di que estás haciendo algo sencillo y sorprende a tu esposo con una comida fabulosa.

Esta conducta también da buenos resultados con los hijos. En lugar de prometerles ir a un gran parque acuático, al zoológico y a la playa durante las vacaciones, promételes sólo llevarlos al parque acuático. Entonces, si tienes tiempo para lo demás, será un regalo inesperado que deleitará a tus hijos. No obstante, si de entrada dices: «Si tenemos tiempo, también iremos al zoológico y a la playa» y no lo cumples, tus hijos se quedarán muy desilusionados. Mantiene las expectativas a un nivel bajo y luego sorpréndelos. De otra manera, te pasarás la vida pidiendo disculpas.

64. ELIMINA TU LISTA DE COSAS PENDIENTES

Uno nunca da cuenta de lo que ha hecho, sino sólo de lo que le queda por hacer.

MARIE CURIE

Demasiada gente, demasiadas exigencias, demasiado que hacer; gente competente, ocupada, con prisas... Eso no es vida.

ANNE SPENCER MORROW LINDBERGH

Una manera de conseguir mejores resultados y aumentar tu productividad en el momento presente es eliminar tu lista de cosas pendientes. Sé que puede parecer una herejía. Yo misma adoro hacer listas. Conserva la lista de tareas laborales, pero considera la posibilidad de deshacerte de la personal. Si hacerlo te resulta difícil, intenta olvidarte de ella durante una semana, para ver lo que sucede. Te encontrarás con que igualmente llevas a cabo las tareas que debes realizar.

Max dependía de su lista de cosas pendientes. Me dijo: «¿Sabes?, lo hago casi todo, pero siempre me quedan una o dos tareas pendientes». Se castigaba por lo que no hacía, pero nunca se felicitaba por las diez tareas que había terminado. Si te pasases el día llevando a cabo tus trabajos sin preocuparte por la lista, no te afligirías por lo que no has terminado. Cada vez que dejas de lado algo, por pequeño que sea, que provoca en ti una sensación de ineficacia o de incompetencia, das un paso más hacia tu realización personal. ¿Cuándo fue la última vez que te sentiste realmente a gusto cuando *no* terminaste una lista de tareas? Es un círculo vicioso, puesto que todo indica que siempre nos proponemos hacer más de lo que podemos.

A menudo nos concentramos de tal manera en nuestra lista de cosas pendientes, que perdemos las oportunidades verdaderamente importantes que se nos presentan. Si bien una lista puede resultar un instrumento muy útil, a la vez también nos lleva a una limitación de nuestra perspectiva. Si eres una persona fanática de las listas, responde al cuestionario: «¿Qué es lo más importante para mí hoy?» (consejo 35). Lograrás concentrarte sin ensimismarte en los detalles o agobiarte con todo lo que tienes que hacer. Elimina la lista. Te sentirás mucho mejor.

Por otra parte, si te gusta hacer listas de cosas pendientes y eso hace que te sientas muy bien, aunque sólo logres hacer una de las tareas de la misma, no la abandones, sigue haciéndola. (Creo que ahora ya habrás comprendido el fondo de la cuestión. Si te hace bien, hazlas.)

Una de mis clientas encontró una técnica distinta para redactar listas, que hacía que se sintiera más capaz. En lugar de tachar las tareas que había realizado, las marcaba con un rotulador amarillo. Era inevitable que, al mirar la lista, le llamase la atención todo lo que había logrado. Se decía: «Ah, hice esto y aquello y también lo otro y lo de más allá». Así, se sentía estimulada para llevar a cabo más tareas, y al mismo tiempo estaba orgullosa de lo que ya había hecho. Esta clienta afirma que de ninguna manera abandonaría el placer de poner en evidencia todo lo que lograba.

Ahora que has eliminado tu lista de cosas pendientes, es hora de eliminar tus objetivos. Esto puede sonar aún peor, pero lo cierto es que si se trata de objetivos importantes para ti, no parece posible que los olvides y necesites tenerlos en una lista. Para dejarte guiar por tu intuición, es necesaria una disposición a abandonar todos los objetivos de tu lista, objetivos que, por lo general, surgen de un proceso intelectual. La gran casa, el hermoso coche, la relación de pareja perfecta, la ropa elegante, el viaje a Europa, una figura magnífica... ¿Cuántas de estas cosas son en verdad ideas tuyas? Por supuesto que todas parecen muy agradables, pero la mayoría son fruto de la influencia de los medios de comunicación. Si quieres aprovechar las mejores cosas del mundo, debes disponerte a abandonar todos esos objetivos. Haz borrón y cuenta nueva.

No quiero decir con esto que vivas sin objetivos. En mis seminarios, le recomiendo a la gente que escriba lo que desea, porque el solo hecho de ponerlo sobre el papel suele ayudar a que se haga realidad. Pero, por el momento, es mejor que te permitas comenzar de cero. Abandona tus viejos objetivos y deja que los nuevos surjan con toda naturalidad. Quizá te lleves una sorpresa.

Por ejemplo, yo tenía la idea de grabar un casete. Un año antes, ni siquiera estaba en mi lista de objetivos, pero cuando abandoné el de perder peso, me sentí libre para trabajar en algo de mayor interés. Luego surgió la idea de escribir un libro. De más está decir que, de antemano, había eliminado los siguientes objetivos de mi lista: aprender portugués y francés y bailes de salón, ganar dinero con mis cerámicas, vivir en el extranjero, etc. Quizás algún día llegue a concretar todas esas ideas, pero ya no forman parte de mi lista. Dejo que mi vida siga su curso natural, y si un día me voy a vivir a París, haré un curso de francés.

Es imposible seguir el fluir de la vida maniatado por una lista de objetivos a cumplir. Los verdaderos vendrán a ti si tú lo permites. Eso es lo importante: deja que las cosas vengan a ti con naturalidad. Deja de forzar, empujar, presionar, luchar, trabajar y desesperarte para conseguir lo que deseas. Basta. La mejor manera de atraer el éxito es dejar de perseguirlo. Relájate y haz lo que te apetezca durante un cierto tiempo y comprueba los resultados.

Karen se resistía a abandonar sus objetivos. Estaba segura de que, si hacía lo que le apeteciese, sólo se dedicaría a vagar por la playa, leer estúpidas novelas de amor, beber margaritas y broncearse. Nunca llegaría a concretar algo en su vida. De modo que se presionaba a sí misma para trabajar setenta u ochenta horas semanales en un empleo que le gustaba. Lógicamente, no le quedaba tiempo libre para gran cosa, dado su ritmo laboral. Por fin, llegó a un nivel de estrés tan insoportable, que dejó el trabajo. Había hablado del problema con su esposo, y él estuvo de acuerdo en apoyarla de modo que pudiese hacer lo que le apeteciera, aunque sólo fuese tomar el sol en la playa.

Karen tenía ahorrado lo suficiente para cubrir los gastos de un año, de modo que podía permitirse dejar el trabajo (consejo 27). Se fue a la playa, y después de dos semanas de tomar el sol, se cansó. Sí. Intentó malograr su vida, pero no funcionó. Comenzó a pintar de nuevo, un pasatiempo que cultivaba antes de encontrar aquel trabajo tan exigente, y resultó que tenía mucho talento. No sólo eso, sino que estaba más guapa que nunca porque se sentía serena y dichosa. Habían desaparecido los pequeños surcos entre sus cejas.

Ahora, dirige seminarios y dispone de mucho tiempo libre para pintar. El placer del que una persona puede gozar tiene un límite, que se manifiesta cuando surge la necesidad interior de realizar una actividad.

Puedes confiar en ti y dejar de lado tus objetivos, de tal modo que el mundo te provea de tu siguiente oportunidad.

Otro de mis clientes, Michael, un directivo de ventas de una gran empresa, construyó su carrera sobre la base de plantearse objetivos. Planteaba a su equipo de ventas objetivos anuales, trimestrales, semanales y diarios. Todo lo que ha realizado en su vida, ha sido bajo el impulso de alcanzar objetivos determinados, hasta la exageración. Ni qué decir tiene que Michael no se sentía nada a gusto frente a la idea de tener que abandonarlos. Le permití que conservara los laborales, pero le pedí que eliminara todo tipo de meta personal. Se quejó y gimió, diciendo que se sentiría perdido, a la deriva, sin motivaciones, pero aceptó hacer una prueba de dos semanas.

Eliminó la siguiente lista de objetivos personales: tener el estómago plano, atravesar los rápidos del Gran Cañón, hacer un safari en África, aprender español y karate, hacer armarios nuevos para la cocina y llevar a sus hijos a acampar. Le recordé que tacharlos de la lista no significaba que los abandonase o que nunca los llegaría a cumplir, sino que era una manera de permitir que sucedieran naturalmente, en el momento y el lugar apropiados.

A la semana siguiente, Michael me llamó sorprendido. Le sucedían cosas extrañas e increíbles. Para comenzar, durante toda la semana, se encontró con que tenía a su disposición un espacio perfecto para aparcar, tal como lo necesitaba. En cuanto al trabajo, lo habían enviado al *stand* de la empresa en un salón de exposiciones. En tales ocasiones, lo normal era que Michael recorriera el recinto ferial con los otros vendedores y tratara de encontrar clientes. Esa vez no tuvo que hacerlo. La gente se acercaba al stand y le informaba de que tal persona quería hablarle. Le dieron tres referencias de clientes sin que las pidiera.

También le sucedían cosas extrañas en el despacho. Recientemente, su empresa había comprado una empresa competidora cuyo departamento correspondiente al suyo se entrometía en la relación con sus propios clientes. Dado que no existía un sistema de comunicación con el nuevo equipo, no había medios de controlar lo que hacían. No había quien se hiciese responsable. Nadie quería tomar decisiones y todo acababa sometiéndose al consejo de administración.

Michael me dijo que, de producirse esta situación seis meses antes, le habría resultado insoportable e indignante. Ahora, sólo se ocupa de sus clientes. Está sorprendido de la tranquilidad que siente y la serenidad con la que toma distancia del caos reinante. ¿Cuál de los logros, después de una semana sin objetivos, le otorgaba mayor satisfacción? La espectacular mejora de su puntuación en golf, a la que no hallaba explicación. Abandona tus objetivos y, por una vez, deja que las cosas vengan a ti.

65. Tómate unos minutos para darte un respiro

No tengas miedo de sentarte tranquilamente a pensar.

Lorraine Hansberry

No soy precisamente una experta en meditación y ni siquiera estoy segura de que lo que hago pueda, técnicamente, definirse como tal. Si ya haces meditación, mejor. Para las personas que, como yo, no encuentran tiempo para meditar y, aunque lo intenten, no lo consiguen, les propongo mi propio sistema. Llamémosle una meditación inicial para personas muy estresadas.

Me recuesto en el sofá con la cabeza apoyada en un cojín y, si hace frío, me cubro los pies con una manta. Coloco una pequeña pirámide de malaquita en mi tercer ojo, que está en la frente, exactamente encima de la nariz. (Mi hermana me dio esta pequeña piedra y dijo que me traería éxito económico, de modo que decidí probarlo. Es probable que una meditación dirigida a ganar dinero escandalice a los budistas, pero supongo que de alguna manera hay que empezar.) A veces, escucho música que me sosiegue. El sonido de las olas batiendo sobre la playa suele ser muy relajante. Cierro los ojos y no hago nada. Por lo general, no me duermo, pero si sucede, no hay problema. Es una señal obvia de que mi cuerpo necesitaba descansar.

Imagino que abro mi mente al universo para recibir todos sus mensajes. Entonces, pasan por mi mente todo tipo de pensamientos, la mayoría bastante triviales, como, por ejemplo, un comentario que hizo un cliente o lo que cenaré esa noche. A veces, tengo a mano una libreta y un bolígrafo para anotar los pensamientos de mayor interés. Así puedo olvidarme de ellos, dado que los tengo escritos. Pase lo que pase, no me preocupo. Sigo echada en el sofá hasta que me apetece volver a mis actividades.

Si bien no he recibido ningún mensaje emitido por una voz profunda que parezca provenir de la divinidad, en ocasiones siento la fuerte convicción de que necesito hacer algo determinado. Esos son los mensajes que considero como órdenes para ponerme en movimiento. Así me sentí con respecto a la elaboración de mi casete *Irresistible Attraction: A Way of Life*. Lo llevé a cabo a pesar de que financieramente no era interesante y de los argumentos racionales de mis seres queridos. Ahora, esas mismas personas están contentas de que lo hiciese. Lo importante aquí es concederse tiempo para meditar, descansar, relajarse y estar inactivo. Hazlo del modo que a ti te convenga, pero hazlo. ¿Quién puede saber los mensajes que recibirás?

Una de mis clientas, Elaine, tiene un método diferente para sentarse a pensar. Es directora de producción en una gran compañía petrolera, y tiene a su cargo un equipo de veinte personas. En el momento en que se siente agobiada y estresada, hace solitarios en su ordenador. Si bien un observador externo podría decir que está evadiéndose de sus responsabilidades, esta manera de despejar su mente y relajarse le permite encarar su trabajo con nuevas ideas y renovada energía. Los quince o veinte minutos que dedica a hacer solitarios le permiten descansar y volver a centrarse en lugar de debatirse con su dudas. Además de constituir un factor tranquilizante, libera su mente, de modo que surjan soluciones creativas para los problemas que se le presentan en el trabajo.

Quizá te parezca absurdo, pero actualmente las empresas consultoras de primera línea cuentan con «salas para pensar» adonde envían a sus empleados durante las horas de trabajo. Las «salas para pensar» no son más que habitaciones tranquilas y en penumbra con un lugar para recostarse y darse un respiro del esfuerzo cotidiano. Si todas las empresas les ofrecieran a sus empleados un lugar para que surjan soluciones creativas, no hay duda de que ahorrarían esos miles de dólares que se gastan pagando a asesores que tengan ideas brillantes.

Concédete tiempo para sentarte y pensar. Ponte en marcha y búscate un espacio donde florezcan tus ideas creativas. Tú escoges la manera de hacerlo. Si es en el lugar de trabajo: ¡Cuidado! ¡No sea que te sorprendan!

66. Hazlo o no lo hagas

Tanto si crees que puedes hacer una cosa, como si crees que no puedes, tendrás razón.

Henry Ford

Intentar hacer algo, lo que sea, es una absurda pérdida de tiempo. Tal como dice Yoda en la película *La guerra de las galaxias*: «O lo haces o no lo haces, pero intentarlo no sirve». Tiene razón. Si no crees en las palabras de este sabio personaje, te propongo un ejercicio que te probará que son ciertas. Coloca un lápiz frente a ti, sobre una mesa. Ahora, intenta agarrarlo. ¿Tienes el lápiz en la mano? Pues no has hecho lo que te he dicho. Recuerda que te he dicho que lo *intentases* y no que lo hicieses. No lo has intentado, sino que lo has hecho. Por definición, intentarlo implica que no se ha llevado a cabo. Esta vez, pruébalo, inténtalo. Tu mano está sobre el lápiz, gruñes, refunfuñas y protestas, pero no lo agarras. Excelente. De modo que deja de intentar hacer cosas y hazlas o no las hagas.

¿Por qué intentar o probar de hacer algo es poco atrayente? Tú conoces a muchas personas que son así. Hacen lo imposible por ser lo que no son. Luchan a brazo partido y se esfuerzan enormemente. Lo mejor es que te decidas y hagas lo que sea. Quizá te salga bien o quizá no funcione. Si sale bien, perfecto. Lo has conseguido. ¡Felicidades! Si, por el contrario, te sale mal, averigua cuáles fueron los errores que cometiste. ¿Qué has aprendido de la experiencia? Ten en cuenta que te he dicho que lo hagas, no que lo intentes. Lo haces y consigues el resultado que buscabas, o lo haces y no lo consigues. Sólo existen esas dos posibilidades. Todo lo demás es una construcción intelectual. El hecho de intentarlo es una pérdida de energía que va en contra de la corriente natural de la vida.

La vida no tiene por qué ser una lucha. Sí, puede que sea necesario trabajar con intensidad y una gran dedicación, pero debatirse luchando desesperadamente no es más que una opción. Quizá no puedas evitar hacer el trabajo, pero sí puedes escoger si vas a debatirte con él o no. Conoces la diferencia entre trabajar con alegría y aburrirse. Si no tienes más remedio que entablar esa lucha, ¿qué podrías hacer para sentir más satisfacción y exigirte menos esfuerzo? ¿De qué modo puedes facilitarte el trabajo? ¿Puedes automatizarlo o sistematizarlo para simplificarlo? ¿Podrías delegar aquello que no te apetece hacer? Si quieres tener una vida fabulosa, tendrás que abandonar este sistema de esforzarte hasta el límite.

Susan tiene cuarenta años y es propietaria de un negocio. Sufrió mucho con este concepto. Cada vez que le pedía que llevase a cabo un ejercicio de coaching, inevitablemente respondía: «Bueno, lo intentaré». Por mi parte, no podía aceptar esta situación, de manera que le pedí que lo hiciese, lo rechazase o me propusiese otra alternativa. Susan comprendió entonces que la frase: «Lo intentaré» era un modo de restarse fuerza y que contenía la simiente del fracaso. Aceptó el consejo y se decidió a hacer las tareas. Era mucho más sencillo que intentar hacerlas. De ese modo, no se produce ningún tipo de duda o confusión mental, que emergen cuando *intentamos* hacer algo. Piénsalo. Cuando me siento a escribir, simplemente escribo. A veces es bueno, y a veces es mediocre y necesito elaborarlo. Lo más difícil de todo es tener claro lo que quiero escribir, así como la preocupación que conlleva. Todos hemos vivido la inquietud por hacer algo, pero después de haberlo hecho, comprobamos que no era tan difícil como parecía a primera vista.

67. PONTE EN MOVIMIENTO

Vivimos verdaderamente cuando realizamos pequeños cambios.

LEO TOLSTOY

La clave para lograr un gran cambio está en llevar a cabo los pequeños. Es algo que se relaciona con la inercia. A menudo nos inmoviliza la idea de tener que hacer un gran cambio en nuestra vida. Parece una tarea tan enorme y agobiante, que caemos en la inactividad. Sólo deseamos, esperamos o tenemos la ilusión de que se produzca. O bien nos quedamos estancados en una cómoda rutina. El secreto está, en este caso, en comprender que la fuerza de la inercia (la tendencia de los cuerpos en reposo o en movimiento a mantener su estado) te mantendrá exactamente en el mismo lugar a menos que te decidas a moverte. Lo que hagas para empezar no necesariamente tiene que estar relacionado con lo que deseas.

Es probable que hayas oído hablar de escoger un objetivo importante y dividirlo en pequeños pasos o etapas. Es una gran idea, pero a veces ni siquiera sabemos cómo comenzar, cuál es el primer paso que debemos dar. Lo que quizá no comprendas es que *cualquier* cambio te lleva a realizar otros. Sólo tienes que hacer *algo* que sea distinto. Ponte calcetines rojos en lugar de los habituales de deporte. Toma un camino distinto para ir al trabajo. Come en otro restaurante. Cambia de lugar las fotografías y los cuadros de tu casa. Lleva el cabello peinado hacia el lado opuesto. Bebe té en lugar de café. Cualquier cambio servirá.

Esta estrategia da buenos resultados, porque te pone en movimiento, llevándote hacia un estado de cambio. El impulso de ese primer paso te activará, y antes de que te des cuenta, habrás hecho cambios cada vez mayores sin hacer grandes esfuerzos. Esta técnica te permite pasar por alto la dificultad que conlleva encontrar la motivación, la fuerza de voluntad y el coraje necesarios para afrontar un gran objetivo, proyecto o cambio.

Dave, un contable divorciado de sesenta y siete años, no sabía qué hacer con su vida, que, de hecho, parecía perfecta. Tenía una casa maravillosa y una buena cantidad de dinero ahorrado, amén de que ya no estaba obligado a trabajar para vivir. No obstante, reducir su vida a dar vueltas haciendo de todo un poco por la casa no le satisfacía. Quería hacer algo distinto, pero no sabía qué. Tampoco le atraía ninguna de las ideas que, en ese sentido, le sugerían sus amigos. Estaba estancado en la rutina y en la costumbre, y la inercia lo mantenía ahí.

Le propuse que hiciese algunos cambios mínimos. Dave decidió ir a comer a un restaurante distinto del habitual. También descolgó todos los cuadros de las paredes y los guardó en el desván. Quería ver qué pasaba si dejaba las paredes en blanco durante un tiempo. Puesto que nunca más se vestiría con los trajes que utilizaba para ir al trabajo, los donó casi todos a una institución benéfica. Un cambio llevó al siguiente, y decidió irse de safari a África con su hijo. Por su parte, este último estuvo encantado de tomarse un respiro de su propia y agitada vida. Para Dave era un viejo sueño, pero nunca había dispuesto del tiempo y el dinero necesarios. Una vez hecho el safari, cobró ánimos para recorrer en bicicleta la campiña francesa durante dos semanas. Hoy en día, Dave viaja adonde le place, con un espíritu de aventura que no había experimentado en años.

Beth, una directora de ventas, era una atractiva morena, pero estaba muy descontenta con su figura. Pesaba 75 kilos y medía 1.70. Quería perder entre once y catorce kilos, pero, dado su ocupadísimo programa de trabajo, no tenía tiempo para hacer gimnasia ni para someterse a ningún tratamiento. El sistema de calcular las calorías y otros tipos de dietas tampoco le daban resultado. Entonces decidió hacer cada vez un pequeño cambio, con mínimos reajustes constantes, hasta alcanzar su peso ideal. Primero, comenzó a tomar un desayuno constituido por gachas de avena, un plátano y té verde. Calculó que podía tomarlo en su despacho en lugar del habitual café con bollo. A continuación, empezó a caminar una hora diaria para ir a su trabajo. Se dio cuenta de que tomar el autobús o el metro le llevaba cuarenta minutos y calculó que con esos veinte minutos más de tiempo que empleaba para ir a trabajar, ganaba una hora de ejercicio. Sólo con estos dos cambios mínimos, perdió dos kilos y medio el primer mes.

Sintió entonces suficiente motivación para abordar el problema de la comida del mediodía. En lugar de la habitual comida basura —pollo frito con patatas o una hamburguesa—, optó por escoger verduras al vapor y una ensalada con atún o pollo. Así perdió otros dos kilos. Ahora ya estaba en el buen camino, y el próximo paso fue decidir correr por el Central Park los fines de semana. Luego vinieron las cenas. Como no se molestaba en cocinar, en lugar de ir a un restaurante italiano, comenzó a frecuentar los asiáticos. Comía una noche sushi y ensalada, y la siguiente carne, pollo o gambas con verduras y arroz integral. Poco a poco, fue perdiendo peso de un modo uniforme y constante. Seis meses más tarde, le faltaban dos kilos para alcanzar su peso ideal.

Decidió caminar también de vuelta a casa desde su trabajo, lo cual suponía veinte minutos adicionales, pero con la ventaja de que se sentía más relajada y con mayor energía caminando que permaneciendo en un autobús lleno de gente que la empujaba. Además empezó a hacer cinco minutos de abdominales por la mañana. A los dos meses, tenía una barriga plana y su peso ideal. Todo gracias a realizar pequeños cambios uno tras otro.

68. HAZ UN CAMBIO RADICAL

Una vez fuiste salvaje. ¡No permitas que te domestiquen!

ISADORA DUNCAN

A veces, mis clientes dan la impresión de no hacer progresos en pro de un objetivo en particular y se sienten estancados: me vienen a ver para que les aconseje lo que pueden hacer. Lo primero que analizamos es la razón por la que no avanzan. ¿Existe algo que les impide moverse además del simple hecho de postergar las cosas? Quizá no posean el conocimiento o el oficio necesario para realizar una tarea determinada y necesitan delegarla en otra persona (consejo 62). Uno de ellos iba postergando la instalación de la página web de su empresa. Después de una breve conversación, comprendió que no tenía interés en aprender lo necesario para diseñar e instalar la página. Logró concretar su proyecto contratando a un experto para que lo realizara.

Sucede a veces que el miedo paraliza a la gente. En ese caso, analizamos la fuente del miedo (consejo 97) y lo mitigamos. Rob vino a verme porque quería dejar su trabajo y montar su propia empresa. No poder decidirse a cambiar lo frustraba. Creía ser víctima de su cobardía o de su indecisión. Lo cierto es que no le faltaban razones para asustarse. Tenía una deuda de unos 8.000 dólares en sus tarjetas de créditos y carecía de ahorros para iniciar su propia empresa. Diseñamos un plan drástico para que pagara sus deudas y ahorrara (consejo 24), y trabajamos sobre las posibles maneras de que se dedicara a su propia empresa por la noche hasta que esta alcanzara un rendimiento tal que su trabajo actual fuese innecesario. Fue duro y difícil, pero al final, Rob logró realizar correctamente la deseada transición.

Una vez eliminados los bloqueos y los miedos, si mi cliente sigue sin poder avanzar, es posible que el motivo de esta falta de acción sea una elección errónea del objetivo. En ese caso, suelo recomendar a mis clientes que se deshagan de su objetivo y elijan uno nuevo que los motive realmente (consejo 4).

Otra razón por la cual la gente no suele alcanzar sus objetivos es que los busca como medio para lograr otro fin, aquello que *realmente* desea. Por ejemplo, quizá vas al gimnasio porque quieres perder peso y así atraer a un hombre. Entonces, no entiendes por qué no te sientes motivada para hacer ejercicio. Es simple: tu objetivo no es perder peso, sino atraer a un hombre. En este caso, te recomiendo que busques directamente lo que quieres. Te sugiero que leas el libro *How Not to Stay Single* [Cómo no seguir soltero], de Nita Tucker, y que te pongas manos a la obra. Ve directamente a la búsqueda de lo que deseas, y si no lo logras, *entonces* podrás recapacitar y pasar al plan B: ponerte en forma.

Ahora bien, veamos que pasa si ninguno de estos supuestos funciona y mi cliente sigue estancado: es hora de hacer un cambio radical, de hacer algo completamente diferente, incluso de tomar el rumbo opuesto. Hagas lo que hagas, no insistas con esa vieja historia que no te lleva a ninguna parte. No tiene sentido seguir haciendo siempre lo mismo con la expectativa de que el resultado sea distinto. Si quieres el mismo resultado, haz lo mismo, pero si quieres otro, debes cambiar y hacer algo diferente.

Como en todo, existe una excepción a esta regla. A veces sucede que incluso realizando las actividades convenientes y llevando a cabo toda una línea de acción correcta, uno se encuentra en un punto muerto. Aparentemente, no va a ninguna parte. Esto no significa que no exista un progreso, sino que sólo lo parece. George Leonard, en su libro *Mastery* [Maestría], describe este fenómeno. Afirma que él mismo está en el proceso de alcanzar la excelencia en cualquier esfera de actividad.

Si quieres dominar una disciplina determinada, no cabe la menor duda de que en algún momento llegarás a un punto muerto. La mayoría de la gente abandona, pero los que realmente quieren alcanzar la maestría siguen, y con el tiempo, se abren paso hacia el nivel siguiente. Leonard es cinturón negro en artes marciales, y utiliza su experiencia personal para ilustrar este punto. Se había entrenado y había llevado a cabo todos los pasos adecuados, pero no podía llegar al nivel siguiente, hasta que un día lo consiguió. A veces incluso tendrás alguna recaída inesperada, que no debe sorprenderte, pues forma parte del proceso de desarrollo.

Joshua estaba frustrado porque su actividad no parecía progresar. Había hecho todo lo necesario, había hablado en público para que la comunidad lo conociese, y tenía una excelente relación con los periódicos locales, que anunciaban sus conferencias cada vez que él lo solicitaba. Había dado todos los pasos de forma impecable. No daba la impresión de que hubiese errores, de modo que le aconsejé que continuara con su actividad. A los dos meses, su trabajo comenzó a surtir efecto y ahora su negocio está en franco crecimiento. Sólo necesitaba seguir insistiendo.

¿Y qué pasa con el cambio radical? Si no logras avanzar, quizá quieras modificar tu estrategia. Una clienta sufría de obesidad y se sentía mal. Había intentado todas las dietas del mundo, y nada parecía hacer efecto. Le dije que la única actitud que solía dar resultado en esos casos extremos era tomar medidas igualmente extremas. Si en verdad quería ponerse en forma, debía cambiar radicalmente su manera de vivir. Ser instructora de aerobic, leñadora o algo por el estilo.

Reflexionó a fondo y comprendió que hacer pequeños cambios no era la solución en su caso. Encontró a una persona que la aconsejase en su proceso y evaluara cada uno de los aspectos de sus ejercicios y su comida hasta que encontrase un plan que le fuera bien. Ha perdido veintiocho kilos y ha decidido ingresar en un club de corredores. Piensa participar en una maratón para perder el resto de los kilos que le sobran.

Otro cliente mío escribía un libro y no podía superar el bloqueo típico del escritor. Le dije que, en lugar de escribir, ordenara su casa. Lo hizo y tiró todos los trastos inútiles. Luego contrató a un maestro de Feng Shui para que hiciese una evaluación de la vivienda (consejo 20).

Modificó enteramente la disposición del mobiliario, tanto en su hogar como en su despacho, y descubrió que tenía artículos archivados desde 1974 con la intención de leerlos algún día. Una vez que ordenó el espacio para pensar, las ideas surgieron y comenzó a escribir con soltura.

Veamos otro ejemplo. Marsha es uno de los seres humanos más cariñosos que conozco. Es agradable tener un carácter bondadoso, pero para ella ser buena siempre no era sólo una elección. Pensaba que debía serlo. El resultado es que si alguien le pedía un favor, le era muy difícil negarse. Era incapaz de defenderse cuando una persona se dirigía a ella de forma desagradable. Parecía siempre ser la destinataria de todas las bromas. Los demás se burlaban de ella despiadadamente. Marsha se limitaba a soportarlo con una sonrisa, pero en secreto sufría.

Todos, incluso sus propios amigos, parecían aprovecharse de su bondad. Había ayudado a un amigo después de una operación quirúrgica, pero cuando ella enfermó, ese amigo no dio señales de vida. Tenía el proyecto de pasar el día de Acción de Gracias con un hombre con el que salía, y en el último momento, él decidió que prefería salir con sus amigos. Marsha era una especie de felpudo que todo el mundo pisoteaba.

Le dije que debía tomar medidas radicales para modificar su pauta de conducta. Ella me contestó que estaba dispuesta a hacer lo que fuera. Le pedí que fuese mala durante toda una semana para romper su necesidad de ser agradable y una buena persona. Era un poco reacia a hacer esta tarea. Al principio, no podía ni siquiera imaginar qué podría hacer que fuese malo. Le sugerí que comenzara con detalles mínimos. Por ejemplo, no contestar al teléfono y dejar puesto el contestador, o no devolver una llamada si no le apetecía.

A la semana siguiente, me informó de todas las cosas malas que había hecho. Abandonó un trabajo que hacía como voluntaria. Simplemente dijo: «La verdad es que no puedo hacerlo». Se comió todo un esponjoso bizcocho sin invitar a nadie. Se negó, sintiéndose como una niña traviesa, a hacer una donación. Compró un par de zapatos para nada prácticos, muy sensuales, de ante negro con manchas de leopardo y tacón de aguja. ¡Muy mal! Llegó diez minutos tarde a una cita, ella, que siempre era un modelo de puntualidad.

Marsha descubrió que no tenía por qué ser siempre buena y que si decía «no», ni el mundo se vendría abajo ni la gente la odiaría. A la semana siguiente trabajamos estableciendo unos límites firmes (consejo 5). Marsha se dio cuenta de un detalle interesante: la gente ya no se burlaba ni se aprovechaba de ella. La respetaban. Sé malo o mala durante veinticuatro horas y observa el resultado. Luego hazlo durante una semana. No te preocupes, no te morirás por eso, y siempre tienes la posibilidad de volver al buen camino. Simplemente, sacude un poquito a los demás.

Es obvio que hay que estar preparado para vivir con las consecuencias de nuestros actos. De hecho, con todo esto no quiero decir que hagas algo ilegal ni que hagas daño a nadie. La mayoría de las mujeres recibimos una educación que nos enseña a ser buenas. Todo esto está muy bien y es perfecto, pero de ese modo, terminamos actuando de un modo falso. *Tenemos* que ser buenas. Esta manera de comportarnos sofoca nuestra creatividad hasta tal punto, que no sabemos hacer algo distinto y limitamos nuestro desarrollo y nuestro crecimiento. Lo importante aquí es romper con nuestra rutina normal, abandonar las viejas pautas que nos inmovilizan y observar los resultados. ¿Cuál es la acción radical que estás dispuesto o dispuesta a llevar a cabo?

69. Aprende a escuchar los mensajes sutiles

La vida y un combate de boxeo tienen en común lo siguiente: si te dan un golpe en el vientre, lo más probable es que el siguiente sea un derechazo en la mandíbula.

Amanda Cross

La vida es un instructor maravilloso y, por lo general, muy amable. Nos envía todo tipo de pequeños mensajes sutiles que nos llaman a despertarnos, pero lo más común es que no podamos escucharlos. Estamos tan ocupados que nos los perdemos en su totalidad. Aun si escuchas el mensaje («Hummm…, el coche hace un ruido extraño. Necesito llevarlo a revisar»), puede que lo ignores o pospongas la resolución del asunto de que se trate. Cuando lo ignoras, el mensaje se hace más perceptible y se convierte en un problema. Si sigues ignorándolo, llega a ser muy fuerte y se convierte en una crisis. No hagas caso de la crisis y puede que sobrevenga una catástrofe.

Veamos el ejemplo de mi hermana, que se entrenaba para correr la maratón de Nueva York. Todo iba a la perfección y de repente, ¡bum! Acabó ingresada dos días en el hospital debido a un problema de riñones. Creyó que estaba deshidratada y que el mensaje era que bebiera más agua. Siguió corriendo y entrenándose e incluso llegó a tener una buena marca en una maratón, que era la primera que corría en su vida. Pero entonces se fue a esquiar con su novio. Se lesionó la rodilla de tan mala manera, que el médico le aconsejó que se operara.

Durante unos buenos dos meses, caminó cojeando, a la espera de que la lesión se arreglara sola. Finalmente, tuvo que pasar por una operación de tres horas que costó alrededor de 60.000 dólares (por suerte, contaba con un seguro médico: consejo 30). El médico extrajo la mayor parte del cartílago de la rodilla y le dijo que no podría volver a correr. Si lo hacía, se arriesgaba a sufrir un serio desgaste óseo.

Mi hermana pasó entonces por una época de depresión y autocompasión. A los seis meses, una vez que su recuperación ya estaba avanzada, le pregunté por qué se había caído (los accidentes no existen). Después de reflexionar, comprendió que había tomado un camino equivocado, que exigía un gran esfuerzo físico, cuando su verdadero camino estaba en el terreno intelectual. Se mantendría activa físicamente, pero sus intereses ya no girarían alrededor del aspecto deportivo o físico. Fue literalmente detenida cuando iba de camino al abismo.

Es increíble cómo el universo no nos permite desviarnos demasiado de nuestra verdadera ruta. Si mi hermana hubiese escuchado los primeros mensajes sutiles, podría haber tomado medidas a tiempo. Cuando tuvo que ingresar por primera vez en el hospital, hubiese comprendido que estaba forzando demasiado su cuerpo. Fue una crisis de la que se recuperó totalmente, pero la lesión de su rodilla es permanente. ¿Qué es lo que tú pasas por alto de lo que el universo quiere transmitirte?

Escucha los mensajes sutiles y toma medidas drásticas e inmediatas al respecto. Si haces un cheque de una cuenta que está sin fondos, ingresa dinero de inmediato, o ten un sistema para protegerte en ese sentido, como traspasos automáticos de una cuenta a otra en caso necesario. Ten siempre en tu cuenta corriente más de lo que calculas que necesitas. Si pierdes un cliente, invítalo a comer para averiguar el porqué. Luego ocúpate del resto de tus clientes y averigua cuál es la mejor manera de hacer frente a sus necesidades. Haz los cambios necesarios de inmediato. Si te resfrías, toma una dosis extra de vitamina C, vete a dormir temprano y revisa tu dieta y el tipo de ejercicios que haces. No sigas luchando cada vez más y con mayor esfuerzo a la espera de que las dificultades o molestias se solucionen solas.

Luke, propietario de una pequeña compañía de seguros, quería realmente lograr algún tiempo libre, pero creía que no podía permitírselo. Tenía grandes proyectos para realizar durante el mes de agosto. Por mi parte, no suelo trabajar ese mes porque es el de menor rendimiento del año. La mayoría de las personas no tienen intención de mejorar su vida en esa época. Nadie logra gran cosa en agosto, a pesar de sus buenas intenciones. Hace demasiado calor y humedad para trabajar, y es el último mes antes de que comiencen las clases en los colegios, de modo que prevalece un letargo general. En lugar de luchar contra la tendencia general, prefiero rendirme completamente a los hechos y tomarme ese mes de vacaciones.

Bueno, si bien traté por todos los medios de que Luke escuchara los mensajes sutiles y se tomara un descanso, pensó que si se esforzaba mucho mientras los demás paseaban por la playa, lograría grandes progresos. Quería contratar y formar a un nuevo empleado, salir a la búsqueda de nuevos clientes y encontrar un despacho más amplio que el que tenía.

Llegado septiembre, Luke apareció mucho más agotado y desanimado que nunca. No había encontrado el nuevo despacho. Al final, encargó a una firma especializada que le procurase un nuevo empleado y no salió a buscar nuevos clientes. Se forzó demasiado aun sabiendo que lo que quería era sólo tener algo de tiempo libre. Lo peor de todo es que enfermó y tuvo que quedarse en casa durante dos semanas (su cuerpo necesitaba de verdad un descanso, independientemente del hecho de que Luke no quisiera tomárselo).

Luke mencionó entonces que, si bien no había hecho nada para conseguir clientes, gracias a la obtención de ciertas referencias, contaba con dos nuevos clientes que respondían a sus objetivos de venta para el verano. Le señalé que había logrado dos de sus tres objetivos. Luke dudó y luego admitió que era cierto. Los consiguió, aunque no lo hizo de la manera que se había propuesto en un principio. Por supuesto, podría haber alcanzado el mismo resultado escuchando su mensaje sutil («tómate un tiempo de descanso»), y ahorrarse el sufrimiento de estar dos semanas enfermo.

Es mucho mejor pecar por exceso que hacer lo justo para ir pasando. Comienza por tener en cuenta las mínimas señales de alerta. Tómalas como una advertencia de que algo mayor está en camino, y responde como si se tratase de un hecho importante. No digo que cunda el pánico ni que te construyas un mundo a partir de esas señales, pero sí que les hagas caso de inmediato y tan bien que no tengas que preocuparte de nuevo por ellas. Esto forma parte de la realización de un buen trabajo (consejo 38). Según la ley de Murphy,[5] si has arbitrado los medios para afrontar una posible situación perjudicial, esta no se producirá. En todo caso, si se produce, no tendrás problemas. Es muy difícil atraer el éxito si uno está inmerso en las dificultades, de modo que trata de solucionarlas en cuanto se manifiesten, antes de que las cosas empeoren.

70. Pon el teléfono a tu servicio

La vida es demasiado corta para escuchar largas historias.
Lady Mary Wortley Montagu

Existe una gran cantidad de maneras de poner el teléfono a tu servicio y obtener ventajas de ello. Primero, ponte un límite de diez minutos para cada llamada. Las conversaciones telefónicas largas y dilatadas se vuelven pesadas rápidamente. Trata siempre de ser quien termina la conversación y hazlo con elegancia. Por ejemplo, puedes decir: «Me ha

---

5. «Si algo puede salir mal, saldrá mal.»

hecho mucha ilusión hablar contigo». Si haces llamadas cortas, amistosas y sucintas, tendrás la reputación del profesional cuyo tiempo tiene valor. Esto es también extensivo a las llamadas privadas. Si tú finalizas la conversación, la gente se quedará con ganas de saber más de ti y esperará ansiosa tu siguiente llamada.

La mayor parte de las personas poseen poca capacidad para prestar atención, y si saben que tienes tendencia a hablar mucho, dejarán de llamarte. Quizás empiecen a hacer otra cosa mientras hablan contigo. Si tus conversaciones son tan directas como un rayo láser, conseguirás que te escuchen atentamente. Además, tendrás más tiempo para ti. Puede que desees hacer una excepción a la norma de los diez minutos cuando llames a tu padre o a tu madre, así como a amigos íntimos. No obstante, por más que disfrutes de esas llamadas, también consumen tu tiempo antes de que te hayas dado cuenta. Informa a tus amigos de cuáles son los mejores momentos para llamarte. Escoge una hora en la que no tengas que dedicarte a otra actividad, de modo que cuando te llamen, no sientas que te interrumpen y puedas disfrutar de la conversación.

Otra forma de aprovechar el teléfono es utilizando la tecnología más avanzada, como el contestador, en lugar de permitir que el teléfono domine tu existencia. Deborah, una ejecutiva de alto nivel en el campo inmobiliario, trabajaba en su despacho utilizando una estrategia de puertas abiertas. Esto es, tenía un despacho privado, pero dejaba la puerta abierta, de modo que podían interrumpirla en cualquier momento.

Creía que era mejor contestar a las llamadas telefónicas inmediatamente en lugar de hacerlo luego porque en ese caso corría el riesgo de no encontrar a la persona y tener que localizarla llamando a distintos sitios. Los días normales, entraba a trabajar a las ocho y media de la mañana y salía a las siete o siete y media de la tarde. Ni que decir tiene que cuando llegaba a casa estaba totalmente agotada. Le pregunté cuándo lograba hacer la mayor parte del trabajo, y me dijo que al atardecer. No se le había ocurrido pensar que era justamente cuando ya no recibía llamadas telefónicas. A lo largo del día, no conseguía terminar ninguna tarea porque se ocupaba de contestar al teléfono (tiene una secretaria, pero no la utilizaba como filtro).

Ahora Deborah se pone durante dos horas diarias, de 10 a 12, a trabajar sin permitir que nadie la interrumpa. Pone el contestador y luego escucha los mensajes. Cierra la puerta de su despacho y su secretaria informa a las personas que quieren verla que está trabajando en un proyecto y no estará disponible hasta las 12. De esa manera, Deborah aprovecha las ventajas de tener una secretaria, un despacho privado y un contestador automático.

No temas utilizar el contestador automático. Ahora Deborah sale de trabajar a las cinco y media de la tarde, y por fin con la sensación de tener hecho el trabajo. En el tiempo libre del que dispone, se dedica a recibir clases de gimnasia con un entrenador personal, y se siente con ánimos y energía para salir con sus amigos después del trabajo. Gracias al aumento de su productividad, este año ha logrado la mayor bonificación de su vida. Está, en general, más relajada, y ha atraído a un hombre a su vida.

Utiliza el teléfono como herramienta para aumentar tu eficacia, y no para reducirla.

VIII

Comunícate con fuerza, gracia y elegancia

Pues, ¿de qué le sirve al hombre ganar todo el mundo si él se pierde y se condena?

JESÚS DE NAZARET, LUCAS 9,25

Haz de ti mismo lo mejor, porque todo está ahí para ti.

RALPH WALDO EMERSON

Has logrado cruzar siete etapas del programa de coaching y ahora atraes con facilidad las grandes cosas que deseas en la vida. Has consolidado tus bases. Has aumentado tu energía eliminando de raíz los «escapes» y reemplazándolos con fuentes de energía positiva. Has creado espacio y tiempo de sobra para lo que quieres en tu vida, logrando que el hecho de atraer dinero y amor en abundancia sea para ti algo natural. Una vez solucionado lo básico, fue fácil descubrir lo que realmente deseabas en la vida, algo distinto de lo que imponen los medios de comunicación. Después de saber lo que deseabas, comenzaste a cuidarte concienzudamente y aumentaste tu disponibilidad para vivir muy bien. Y ahora atraes de un modo natural todo lo que siempre quisiste.

La parte VIII no aborda el tema de *hacer* sino el de *ser*, y es la parte más importante de todas. Va más allá de eliminar lo que toleras, tener dinero ahorrado o poseer una casa o un cuerpo magníficos. Todos conocemos personas en apariencia prósperas y realizadas, pero que en verdad no lo son. Simplemente tienen todos los ornamentos en su sitio: un buen coche, un guardarropa espléndido, una casa...

Aunque tener dinero facilita el éxito, de hecho no lo garantiza. Es difícil mantenerlo si uno no se ha construido unas sólidas bases. Las anteriores partes de este libro (de la primera a la séptima) te han ofrecido facilidades para estar bien en todo momento. Ahora que has estructurado tu vida y tu entorno para tener un apoyo, es prácticamente imposible que no seas un ser humano excelente que está en plena forma. Tendrías que hacer muchos esfuerzos para conseguir estar de mal humor cuando dispones de tan buenas oportunidades y tantas personas que te apoyan. Ahora estás en condiciones de aprender a tener éxito y a realizarte, así como a aumentar tus logros, afinando tus habilidades para la comunicación.

71. Evita las habladurías

Es casi imposible ensuciar al prójimo sin ensuciarse uno mismo.

ABIGAIL VAN BUREN

¿No puedes resistirte a contar un chisme? ¡Cuidado! Si bien tus amigos y colegas parecen encantados de escuchar tu relato de las intimidades o las desgracias de un tercero, en el fondo se preguntan qué dirás de ellos cuando no están presentes. Nadie se fía de los chismosos. Si lo haces, perderás la posibilidad de entablar conversaciones serias, que surgen cuando tu interlocutor confía en ti implícitamente. Como norma, evita hablar de la personas que no están presentes. Cada vez que lo haces, es cotilleo puro y simple.

Una de mis normas (consejo 8) es evitar todo tipo de habladurías. Teniendo en cuenta mi profesión de coach, es imperativo para que mis negocios vayan por buen camino. También pongo límites y no permito que se comente la intimidad ajena delante de mí. A una de mis amigas le apasionaba hablar de los demás. En otras palabras, le gustaba el cotilleo. Una manera elegante de cambiar de conversación y entrar en otro tema es decir: «Oye, háblame de ti, ¿cómo vas con...?». Por lo general, da excelentes resultados, amén de ser muy halagador. Si no logras que la otra persona cambie de tema, quizá debas tomar una actitud más directa y decir: «¿Te das cuenta de que hablas de alguien que no está presente? Es muy incómodo». O, más sencillo aún: «No me siento bien hablando de una persona que no está presente».

Quizá te preguntes qué daño puede causar que cuentes amistosamente algún detalle de la vida de otra persona. Bien, eso también puede ser dañino y destructivo. Una amiga y colega me comentó que había decidido darle un nuevo giro a su empresa. Iba a escribir una columna semanal en un periódico. Era una novedad muy interesante. Me encontré con una amiga común que me preguntó por mi colega. Le conté las buenas nuevas, y mi colega se enteró de mi indiscreción. Me llamó inmediatamente, bastante enfadada porque se había corrido la voz de que abandonaba su carrera para iniciar otra. Ella no pensaba abandonar su carrera y mi comentario, en apariencia positivo, podría haber dañado su trabajo. Inmediatamente le pedí disculpas por mi mala interpretación de sus palabras y llamé a nuestra mutua amiga para disculparme también. Lo menos que puedo decir es que me sentí muy violenta.

De estar presente la persona en cuestión, no hubiese surgido el menor problema. Su sola presencia garantizaba que no se producirían malentendidos. Evitar las habladurías tiene el gran beneficio de lograr que tus amigos tengan confianza en ti. Si ya tienes una reputación de persona que se va de la lengua, tendrás que hacer un esfuerzo suplementario para modificar la opinión que tienen los demás de ti. Quizá tendrá que pasar algo de tiempo para conseguir ese cambio, pero la recompensa lo merece. Es imposible atraer a los demás si se chismorrea o se participa de alguna manera en habladurías. Puede ser una conducta tentadora, pero de ninguna manera atractiva. Tú eliges.

72. No cuentes tu vida

En boca cerrada no entran moscas.

REFRÁN POPULAR

En caso de que seas una persona discreta, este consejo no se aplica a ti. Si, por el contrario, sientes la necesidad de contar tu vida a tus colegas y tus nuevos amigos, podrías considerar la posibilidad de morderte la lengua. Por lo general, la gente no quiere escuchar los detalles de tus relaciones pasadas ni de los problemas que tenías en la infancia. Mejor guardar estas historias para hablarlas con tu madre, tu terapeuta, tu coach o tus amigos íntimos. Tu madre te ama incondicionalmente, y a tu terapeuta o a tu coach le pagas para que te escuche y te aconseje. Otra opción es inscribirte en un programa de terapia de grupo y contar tu vida junto con todos los demás.

Matt trabajaba en el mundo de la moda, y descubrió que era un entorno muy sociable, donde se hablaba mucho. Todos conocían los detalles de la vida de cada cual. Las habladurías se extendían como el fuego en el bosque. Las personas más populares eran el blanco de crueles cotilleos. A los colegas de Matt les parecía natural preguntarle sobre los detalles íntimos de su vida: con quién salía, cuándo habían salido, dónde habían cenado, si habían hecho el amor, cómo iban vestidos... Matt se sentía algo incómodo, pero, no queriendo parecer demasiado reservado, contestaba a todas las preguntas.

Era natural que quisiese conseguir el aprecio y la aceptación de sus colegas. Le señalé que estaba perdiendo un límite: «No está bien que los demás se entrometan en mi vida privada». Entonces decidió utilizar el modelo de comunicación en cuatro pasos (consejo 6) para reforzar sus límites. Al día siguiente, llegó a su trabajo, y cuando le hicieron la primera pregunta, mantuvo sus respuestas dentro de unos límites claros y sencillos, sin dar cuenta de los detalles de su vida. Si la persona seguía presionándolo, Matt le informaba: «Eso es privado», y dejaba las cosas ahí. Esta estrategia le dio buenos resultados y tuvo un inesperado efecto colateral. La gente comenzó a respetarlo y a tener mayor confianza en él, y tres meses después, lo ascendieron al departamento de supervisores.

No lo cuentes todo, no es profesional. Es mucho mejor que te muerdas la lengua, sobre todo en las primeras y frágiles etapas de una nueva relación, sea profesional o personal. Es agotador escuchar la mayoría de estas cosas. ¿Por qué tienes que contarlas tan pronto? A medida que el vínculo madure, quizá quieras compartir con esa persona alguna parte importante de tu pasado, pero no divulgues los detalles íntimos de tu vida demasiado pronto. Es mucho mejor equivocarse por no hablar.

Rodéate de un poco de misterio y concentra tu atención en escuchar a los demás.

Lois, una actriz, estaba siempre ansiosa por hablar de sí misma y charlaba sin preocuparse por el interés que podía tener su interlocutor en sus historias. Leía siempre revistas y periódicos para encontrar temas interesantes de conversación. Sentía que debía ser la animadora. Le pedí que, durante una semana, dejase de hablar y escuchase primero (consejo 73). No le estaba permitido interrumpir a su interlocutor. Lois se quedó impresionada por los resultados. Puesto que no tenía que entretener a nadie, sentía una mayor serenidad. Escuchó con atención a las personas que la rodeaban. Los amigos y colegas a los que conocía desde hacía años le revelaron aspectos suyos insospechados, aspectos que Lois desconocía por completo porque nunca se había parado a escucharlos. Jamás, hasta entonces, se había sentido tan cerca de los demás.

La mayoría de las personas prefieren hablar, de modo que si quieres ganar amigos y tener alguna influencia sobre la gente, guárdate tus historias hasta que la otra persona haya compartido las suyas contigo. Interésate en los demás, en lugar de tratar de ser interesante.

73. Escucha con atención

La voz no domina la narración, sino el oído.

ITALO CALVINO

Ahora que has dejado de hablar de más, tendrás mayor tiempo disponible para escuchar. Nos gusta creer que sabemos escuchar, pero en realidad, pocos son los que lo consiguen. Piensa en las personas que conoces. De todos tus amigos y familiares, ¿cuántos te escuchan realmente? Escuchar es un arte, y como todo en la vida, exige práctica. Nadie nos ha enseñado a escuchar. Nos enseñaron a hablar. Deja de preocuparte tanto por lo que tienes que decir. Lo que realmente interesa y atrae a la gente no es lo que dices, sino tu capacidad para escuchar.

Escuchar y guardar tus propias historias para ti te llevará a resultados insospechados. La persona que más habla termina por sentir que conoce a la que escucha y que confía en ella. De hecho, parece que debería ser al revés, es decir, que el que escucha sienta que conoce al que habla, pero no sucede así. Un conocido reportero lo confirma. Según él, la manera de lograr la confianza del otro es escucharlo, escucharlo y continuar escuchándolo. No importa el tema del que comiences a hablar, deja que la otra persona hable, y al cabo de un rato, comenzará a contarte lo verdaderamente interesante.

Como norma general, habla el 20 por ciento del tiempo y escucha durante el 80 por ciento restante. Pruébalo hoy y observa lo que sucede. Es posible que te sorprenda la cantidad de cosas que la gente te dice cuando de verdad la escuchas. Los demás te querrán porque los escuchas. Un consejo: si estás con alguien y no hablas, pero hablas contigo mentalmente, quizá respondiéndole o juzgando o evaluando sus palabras, en realidad no estás escuchando. Estás hablando contigo mentalmente. Sí, se trata de esa vocecita que hace un momento te dijo, al leer la última frase: «¿Qué dices? ¡Yo no hablo conmigo!».

El caso es que si no escuchas, daría exactamente lo mismo que te quedases en un rincón hablando contigo mismo. La próxima vez que alguien te hable, fíjate si aparece ese diálogo interior, y si es así, vuelve a concentrarte en la persona que tienes delante. Escucha todo lo que tenga que decir antes de comenzar a pensar en tu respuesta.

Escuchar con atención no es fácil, hace falta práctica. Esta semana, trata de escuchar a quienes te rodean durante tres minutos antes de hablar. Si hablas con alguien por teléfono, controla el tiempo con un reloj, de modo que puedas comenzar a tener una idea de lo que significan tres minutos de conversación. Anima a la otra persona a que siga hablando. Dile, por ejemplo: «Ah sí, cuéntame más. Te escucho». Sólo debes asegurarte de que escuchas, de que no piensas ni en la solución del posible problema de tu interlocutor ni en lo que vas a decirle luego (recuerda que eso sería hablar contigo mentalmente).

Phillip pensaba que era bastante bueno escuchando. La gente se le acercaba a menudo para pedirle consejo. Cuando le mostré este ejercicio, se dio cuenta de que esa vocecita interior aparecía con mucha frecuencia. Comprendió que no escuchaba con tanta atención como debía e hizo un esfuerzo consciente para relajarse y prestar atención a las palabras de la otra persona sin juzgarlas, evaluarlas ni ofrecerle soluciones de antemano. Sucedió algo sorprendente. La gente comenzó a contarle cosas insospechadas, revelándole aspectos profundos de su interior. Phillip también se dio cuenta de que si escuchaba a los demás el tiempo suficiente, ellos llegaban solos a la solución de su problema, sin necesidad de que él les aconsejara, y que, no obstante, le daban las gracias. Cuanta mayor atención pongas en escuchar a los demás, más gente disfrutará con tu compañía y más oportunidades atraerás.

74. En lugar de quejarte, pide o solicita

Acontece que si un hombre habla de sus desgracias, algo en ellas no le es desagradable...

SAMUEL JOHNSON, CITADO EN LA BIOGRAFÍA
DE JAMES BOSWELL TITULADA *THE LIFE OF SAMUEL JOHNSON*

Las personas que se quejan no resultan atractivas. Nadie, ni siquiera tú, cariño. Si tienes la seria intención de atraer el éxito, es necesario que dejes de quejarte. Aclaremos las cosas. ¿Te gusta escuchar las quejas ajenas? Seguramente no. ¿Qué es lo interesante de las tuyas? Nada. La próxima vez que una persona se queje delante de ti, mira su rostro. ¿Es atractivo? Sospecho que ya comienzas a comprender. Las quejas mutuas suelen ser, a su manera, satisfactorias, pero rara vez productivas. Por lo general, indican una forma de evadir el problema real.

La solución es simple. Pide o solicita en lugar de quejarte. Sí, así de sencillo y fácil. Veamos el ejemplo de una queja muy común:

—Ay, detesto mi trabajo, bla bla bla bla.

—¿Qué es lo que detestas exactamente de tu trabajo?

—Bueno, en realidad me gusta, pero mi jefe es muy pesado y se pasa la vida controlándome.

—De acuerdo. ¿Qué reclamaciones le harías a tu jefe?

—¡Le diría que se fuera a…!

—Bien... Ahora, tradúcelo a un lenguaje constructivo.

—No sabría qué decirle.

—Podrías decirle: «Trabajo mucho mejor cuando no me supervisan constantemente. Preferiría entregarle cada fin de semana un informe del estado de mi trabajo y de los resultados que he logrado. ¿Le parece bien?».

Ante cualquier petición, existe la posibilidad de que:

1. La otra persona puede aceptarla: «Sí, me parece bien».
2. La otra persona puede rechazarla: «No».
3. La otra persona puede hacer una contraoferta: «De acuerdo, pero sería mejor que durante el primer mes o los primeros dos meses me llamaras dos veces por semana para comprobar que ese sistema también es bueno para mí».

Esa contraoferta puede convertirse en una negociación si tú respondes con otra propuesta. La próxima vez que tengas ganas de quejarte, piensa en lo que realmente quieres. Te ayudará mucho pedirles a tus amigos y a tu familia que cuando comiences a quejarte, te pregunten: «¿Qué es lo que realmente quieres?».

Edward dirigía un departamento de una gran fábrica. Cuando me contrató, pasaba por un estado de frustración laboral. En tanto que director, sentía que era su responsabilidad resolver todos los problemas que se produjesen en su departamento. Al final del día, llegaba exhausto a su casa. Se había pasado toda la jornada escuchando a los miembros de su equipo quejarse de sus problemas laborales. Una vez más, era un caso de pérdida de límites: «No tengo por qué escuchar las quejas de nadie». Es perfectamente posible ponerle a la gente ese tipo de límite. En la siguiente reunión con su equipo, Ed les informó que seguiría abierto a sus reclamaciones, pero que debían presentarlas en forma de petición. Por ejemplo, la queja: «Hace demasiado calor en este despacho», pasaría a ser: «¿Podemos poner en marcha el aire acondicionado?». Ed tuvo que hacer un poco de coaching, pero pronto la gente se adaptó a la idea, y él consiguió transformar el ambiente de trabajo. Al final de la jornada, ya no sentía que le habían despojado de toda su energía, y su equipo tuvo la posibilidad de pensar las soluciones a sus problemas, en lugar de dejar que Ed llevase todo el peso sobre sus hombros. No podrás tener una vida sin problemas, pero sí sin quejas ajenas.

Ahora, quizá descubras que alguno de tus amigos es un quejoso crónico (¡tú no, por supuesto!). En la medida que seas más sensible que antes a este tipo de situaciones, comprenderás la cantidad de energía que consume el contacto con esta clase de personas. Tal vez no tengas que romper la amistad, siempre y cuando modifiques los términos de la relación. Recuerda que si permites que este tipo de relación persista, tendrás a tu alrededor personas de algún modo entrenadas para venir a quejarse. Por lo tanto, necesitarás concederles un periodo de tiempo para que hagan el reajuste de acuerdo con tu nuevo concepto de lo que consideras aceptable, así como con tus nuevos límites. El secreto es hablar en un tono neutro, ser firme y coherente. La mayoría lo comprenderán la tercera vez que lo digas.

Hacía años que no veía a mi amigo Mitchell. Cuando nos encontramos un día para comer, me di cuenta de que seguía quejándose de las mismas cosas. Continuaba endeudado, con dolores en el cuerpo y en un trabajo que no le gustaba. Caí en la cuenta de que yo solía decir las mismas cosas en la época en que nos veíamos a menudo. Nuestra amistad se había basado en sesiones de mutuas lamentaciones. Sin darle mucha importancia al asunto, le dije: «Mitch, ¿te das cuenta de que hasta ahora sólo has compartido conmigo tus quejas? Me gustaría conocer todo lo bueno que te ha sucedido estos últimos años». Esta frase logró dar la vuelta a las cosas, y terminamos manteniendo una excelente conversación.

75. Muérdete la lengua

La cortesía no cuesta nada, y lo compra todo.
Lady Mary Wortley Montagu

Solemos creer que todo el mundo quiere escuchar nuestros maravillosos consejos. De hecho, puede que la gente quiera oírlos o puede que no. Quizá no estén preparados para escuchar tus palabras, por sabias que sean. Una buena manera de no hablar de más (y de preservar la amistad) es pedir permiso antes. Veámoslo con un ejemplo. Cenas con un amigo, que te cuenta los problemas que tiene con su jefe. Lo has escuchado con atención (consejo 73) y tienes una idea clara del problema. Lo mejor es esperar hasta que tu amigo termine de hablar y te pida tu opinión. No obstante, si cuando ha terminado de exponer su problema no te pregunta qué piensas, podrías decirle: «Ummm, creo que tengo una idea que podría funcionar. ¿Te interesa?». No supongas que porque tengas una idea, tu amigo estará dispuesto a escucharla. Puede responderte diciendo: «Creo que después de contártelo, ya tengo las cosas más claras». ¡Fantástico! No necesitaba tu consejo, sino sólo que lo escuchases. Otras opciones para pedir permiso podrían ser: «¿Te gustaría saber lo que haría en tu situación?», o «¿Puedo darte un consejo?». Pregunta siempre antes de aconsejar; es elegante y resulta más eficaz. Con un poco de práctica, se convertirá en un hábito instintivo.

Jeanne, una administradora de carteras de acciones de cuarenta y nueve años, con una carrera llena de éxitos, era además la mayor de cinco hermanas. No podía evitar aconsejar a sus amigos sin que se lo pidiesen. Después de todo, siendo la hermana mayor, esta era una actitud natural en ella. No obstante, a pesar de ser una mujer llena de vida y adorable, no había logrado atraer a un hombre para casarse. Le propuse un ejercicio con guijarros, para que tomara mayor conciencia de lo crítica que era consigo misma y con los demás. Cada vez que se daba cuenta de que criticaba, tomaba un guijarro de un pequeño bol y lo ponía en otro bol vacío. Al final del día, podía comprobar la cantidad de guijarros que había juntado y apuntar el número en su calendario. Al día siguiente volvía a empezar. La idea era ver la frecuencia de sus críticas. (Otros de mis clientes han tenido resultados igualmente buenos utilizando un ábaco.) No me sorprendió comprobar que Jeanne era bastante dura consigo misma. En un solo día, juntó treinta y cuatro guijarros. Cuando un amigo con el que había salido comenzó a llamarla para pedirle consejo en lugar de invitarla a cenar, comprendió por fin que se pasaba la vida dándolos.

Eso fue un motivo suficiente para que modificase su conducta. Le dije que sólo debía aconsejar o criticar si se lo pedían. Jeanne se mordió la lengua una y otra vez. Sus hermanas fueron las primeras en darse cuenta del cambio. Por vez primera, Jeanne no era «la mayor», sino una amiga a quien se le podían hacer confidencias. Sus citas comenzaron a ser cada vez más románticas, y ahora sale con un hombre de negocios encantador, que quiere casarse con ella.

76. Di las cosas como son, pero con amabilidad

La verdadera bondad presupone la facultad de sentir como propios los sufrimientos y las alegrías de los demás.

ANDRÉ GIDE

Prepara a la gente para escuchar lo que debas decirles. Cuando te habitúes a no dejar pasar por alto ni los más mínimos detalles (consejo 7), es posible que tengas que tocar temas difíciles, incómodos o embarazosos. Si bien no hay una manera sencilla de hablar de estos temas, puedes allanarte el camino si antes que nada creas las condiciones favorables para hacerlo. Es muy simple. Plantea las cosas tal como son. Por ejemplo, supongamos que necesitas hablar con una de tus empleadas acerca de la falta de calidad de su trabajo. «Susan, lo que quiero decirte no es fácil para mí, y puede que a ti te duela un poco (pausa). En las últimas dos semanas, el nivel de tu trabajo ha bajado considerablemente. ¿Qué sucede?» Lo importante no es endulzar lo que debas decir, sino darte los medios para decir exactamente lo que necesitas, de tal manera que la otra persona pueda escucharlo y comprenderlo sin que se creen problemas o malentendidos. No tiene sentido decirle al otro algo que sólo le entristecerá y no modificará su conducta.

Veronica estaba preocupada por su marido, que era ingeniero electrónico. A pesar de su gran capacidad, este hombre conseguía siempre trabajos donde ganaba mucho menos dinero de lo que merecía. Ella era programadora de informática y quería trabajar media jornada para estar más tiempo en casa con sus dos hijos, que todavía eran pequeños. Pero resultaba imposible porque sus ingresos constituían el principal sostén de la familia.

Veronica había tocado ese tema en el pasado, pero su marido se enfadaba y se ponía a la defensiva. En ese momento, ella temía hablar del problema, porque su marido acudía a entrevistas para conseguir un nuevo trabajo. Una empresa le había hecho una oferta con un sueldo que Veronica sabía que era inferior al que solía tener un ingeniero electrónico, y temía que él aceptase sin ni siquiera negociarlo. En el pasado, su marido había sido muy valorado por sus trabajos y recibía premios frecuentemente. Por lo tanto, ella no podía comprender que él aceptara salarios que estaban tan por debajo de lo que merecía. Veronica me llamó desesperada para pedirme consejo.

Primero le pregunté si él ya había firmado el contrato. No, todavía no lo había hecho. ¡Bien! Tenía tiempo para negociar, porque un trato verbal no le obligaba a nada. En segundo lugar, le pedí a Veronica que me contara exactamente cómo le había dicho a su esposo que él merecía ganar más de lo que ganaba. Le había dicho algo de este estilo: «Cariño, deberías ganar más dinero. Tienes tanto talento y estás tan cualificado. No te pagan lo suficiente. ¿Cómo voy a poder quedarme en casa con los chicos si no consigues suficientes ingresos?».

Era obvio que ese comentario no favorecía a su marido, sino que hacía que se sintiera incompetente y que su autoestima bajara más todavía. Aconsejé a Veronica que fuese constructiva en todo lo que dijese a su marido: «Hazle creer que no puede hacer nada mal. Dale todo tu amor y tu apoyo. Dile lo maravilloso que es y recuérdale sus logros y todos los premios que ha ganado. Levántale el ánimo y la autoestima».

Veronica me llamó al día siguiente. Había seguido mis recomendaciones al pie de la letra. Se había pasado la noche anterior, antes de la última entrevista de trabajo de su esposo, hablando con él sobre lo valioso que era y los premios que había recibido en su último puesto por el trabajo creativo e innovador que había realizado. De hecho, era un hombre con mayor capacidad que el promedio de los ingenieros, que ganaban 60.000 dólares al año. Veronica no lo criticó ni una sola vez. Hizo que se sintiera reconocido, valorado y fuerte.

A la mañana siguiente, al despertarse, él le agradeció todo su apoyo y le dijo que pediría más dinero. Además, le dio a entender que tenía otras ofertas. Veronica ni siquiera había mencionado el dinero. Su marido volvió a casa con una oferta de 15.000 dólares más de lo tratado anteriormente, amén de un porcentaje adicional. Ella estaba muy asombrada, y su esposo se sentía orgulloso de ser el sostén principal de la familia. Consultaron con un asesor financiero para determinar si podían seguir viviendo igual sólo con sus ingresos. El sueño de Veronica se hizo realidad. Podía quedarse en casa y criar a sus hijos. Este es el poder que tiene el hecho de ser incondicionalmente constructivo y positivo en todo lo que uno dice.

77. TRANSFORMA TUS CUMPLIDOS EN RECONOCIMIENTOS

Las palabras que iluminan el alma son más preciosas que las joyas.

HAZRAT INAYAT KHAN

Una manera simple y muy eficaz de atraer el éxito es transformar tus cumplidos en reconocimientos. La gente está acostumbrada a los cumplidos: «Oh, qué precioso jersey», «¡Qué guapa estás hoy!». Entiéndeme, los cumplidos están muy bien, pero mucho mejor aún son los reconocimientos.

Un reconocimiento se refiere a la persona en sí, a quién es, mientras que un cumplido se refiere a aquello que la persona tiene o hace. Por ejemplo: «Robert, aprecio mucho tu apoyo y que hayas venido desde Nueva Jersey para participar en este seminario. Eres un sol. Tu presencia nos hace bien a todos». Eso es un reconocimiento; es personal y hace que Robert se sienta muy bien consigo mismo. No hay nada que objetar a un cumplido, pero tu poder de atracción será mayor si lo transformas en un reconocimiento.

Piensa en la manera en que puedes expresar tu reconocimiento a los demás por ser como son, de la forma más específica posible. No digas tan sólo: «Eres fenomenal». Di: «Eres un excelente orador. Me admira la gracia con que manejaste ese comentario tan desagradable». O: «Eres adorable y muy generosa. Siempre aciertas a decirles a los demás lo que necesitan para sentirse bien».

En lugar de decirle a la anfitriona: «¡Qué cena tan deliciosa!», podrías decirle: «Una cena magnífica. Es increíble cómo tienes en cuenta los más mínimos detalles. No sólo la comida está deliciosa, sino que la presentación es bella y refinada».

La gente estará contenta de tenerte cerca si tienes la costumbre de reconocerle sus méritos. Además, tendrás mayor energía, porque reconocer lo bueno de los demás hace que uno se sienta muy bien. Sigue este consejo y verás cómo atraes inmediatamente a muchas personas.

En uno de mis seminarios, demostraba la diferencia entre hacer un cumplido y reconocer los valores de una persona. Le dije a un caballero que su corbata era muy elegante. Me dio las gracias. Luego, miré a una mujer a los ojos y le dije: «Gracias por estar con nosotros. Ha llenado de luz este ambiente con su presencia, y sus observaciones han guiado el debate de todo el grupo». Era verdad, pero yo se la mostraba. Ese reconocimiento tuvo un efecto tan fuerte, que la mujer se emocionó hasta saltársele las lágrimas. Después del seminario, se acercó y agradeció mis palabras. Luego me invitó a cenar con algunos de sus amigos y me enseñó la ciudad. Gracias a la fuerza de ese reconocimiento, todavía seguimos en contacto.

78. Acepta de buena gana los regalos y cumplidos

Dejemos libre a nuestra naturaleza, abramos de par en par la puerta de nuestro corazón y que entre en él la luz de la bondad y de la buena voluntad.

O. S. Marden

La mayor parte de las personas no tienen problemas para hacer regalos o cumplidos, pero por alguna razón, les resulta difícil aceptarlos. Aceptar de buena gana los regalos y cumplidos es uno de los secretos para atraer lo que deseas. Rechazar un regalo diciendo cosas como: «No debiste molestarte» o «Qué gracia, tengo uno igual que compré en las rebajas», o contestar a un cumplido con: «Bueno, no es para tanto» o «Pero si es un vestido viejo», no sólo es una muestra de mala educación, sino que resulta muy poco atractivo. No es necesario que hagas nada ni que des explicaciones. Simplemente, di: «Gracias» y sonríe. Cualquier otro comentario es una manera sutil de decirle a la otra persona que no sabe de qué habla: es insultante tanto para ti como para ella. El arte de aceptar de buena gana los regalos y cumplidos puede que necesite cierta práctica, pero merece la pena aprenderlo.

Ponte en el lugar del otro. Imagina que sales y compras un regalo para una amiga. Más tarde se lo entregas. ¿Cómo te sientes? Bien, ¿no? De hecho, es probable que te sientas mejor haciendo un regalo que recibiéndolo. Experimentas en tu interior una sensación de calidez y te sientes maravillosamente, pero de pronto tu amiga dice: «No deberías haberte molestado». De hecho, esto reduce el placer de hacer un regalo. Cuando dices: «Gracias», le concedes plena satisfacción a la otra persona.

Lo mismo sucede con los cumplidos. Todo lo que digas para contradecir o rebajar el cumplido, es como rechazarlo. ¡Qué poca educación! Deja de hacerlo. Di sólo: «Gracias». Permite a la otra persona que disfrute de la experiencia. Acepta de buena gana los regalos, los cumplidos, los reconocimientos y los agradecimientos. Con un poco de práctica, te saldrá naturalmente. Durante la próxima semana, haz la prueba de hacer tres cumplidos al día a distintas personas, y observa cómo responden. Luego, mira cómo te sientes con respecto a sus respuestas. Descubrirás que quieres dar más a quienes aceptan de buena gana tus cumplidos, porque logran que tú te sientas muy bien. Abre tu corazón y comienza a recibir de buena gana los regalos y cumplidos.

Además de hacer esto, es también una buena idea ser una persona cortés y afable. Sharon y Steve tenían una casa flotante. Invitaron a todos sus compañeros de despacho a la casa con la condición de que cada noche uno de ellos tenía que cocinar, con los ingredientes que habría comprado previamente. Un arreglo justo. Todos hicieron lo típico, es decir, hamburguesas y perritos calientes, excepción hecha de Patty, la directora del despacho. La noche que le tocó cocinar, trabajó muchísimo para preparar un exquisito plato de India que llevaba cúrcuma, una especia amarilla brillante que da al pollo un sabor exótico.

Mientras cocinaba, Patty manchó de cúrcuma los agarraderos y las alfombrillas de la cocina. Las manchas de este tipo son difíciles de sacar. Patty no lo consiguió, de modo que se lo dijo a la dueña de la casa.

Sharon, que no suele cocinar y rara vez pone los pies en la cocina, vio esas manchitas, se molestó y le dijo que no volviese a hacerlo. Patty se sintió fatal. Salió y compró un conjunto de agarradores y nuevas alfombrillas. Bien, este es un ejemplo de mala educación por parte de la dueña de la casa. Tú quieres que tus huéspedes se sientan como en casa, y si los invitas a cocinar, deberías dar por sentado que preparar una comida puede provocar que algo se manche. Cualquier *chef* te dirá que en una cocina es lógico que las cosas se manchen (por eso usan esos delantales). Patty, por otra parte, fue una invitada perfectamente educada e hizo gala de una gran cortesía y afabilidad, pues reemplazó lo que había manchado. Si siempre das mayor importancia a las personas que a las cosas, demostrarás que tú también eres una persona cortés y afable, dos cualidades encantadoras, por cierto.

79. Deja de tratar de cambiar a los demás

Unas pocas lombrices no afectan a la madurez del espíritu.

Friedrich Nietzsche

Intentar que los demás cambien es una pérdida de energía. Lo único que puedes hacer es ser un modelo para ellos, y si no lo entienden, dejarlos. La vida es demasiado corta. Podrías pasarte fácilmente toda la vida tratando de cambiar a alguien sin conseguirlo.

Las personas que frecuentamos en la vida suelen ser espejos de nosotros mismos. Si un rasgo de alguien te disgusta, es probable que sea la imagen reflejada de una característica que también es tuya, pero que detestas y por ello sólo la ves en los demás. O bien podría ser que esa persona refleje lo opuesto de uno de tus rasgos para mostrarte lo que necesitas equilibrar. Si te obsesiona la limpieza y atraes a alguien perezoso y dejado, esa persona puede estar ahí para ayudarte a que te relajes y te sueltes un poco. O bien puede ser el signo de que tienes que seguir tu camino y buscar a otra.

Laura tenía problemas de comunicación con su marido. Decía que él quería tener siempre la razón, y que no podía soportarlo. Si ella le decía: «Gira a la izquierda», él contestaba: «Ya lo sé». Todo lo que ella hacía para tratar de ayudarlo, él lo rechazaba. Siempre decía: «Ya lo sé». Últimamente discutían por las cosas más insignificantes. Laura pensaba que su marido no la escuchaba. Descubrimos que el problema era que ella necesitaba sentirse aceptada, y cada vez que su marido decía: «Ya lo sé», se sentía inútil y subestimada. Le pedí que hablara de esta necesidad de sentirse aceptada con su marido y le hiciera saber que tenía la sensación de que él no la aceptaba ni la valoraba.

Después de hablarlo con su marido, descubrió algo muy interesante: él la valoraba mucho, la escuchaba y apreciaba sus comentarios. De hecho, cuando decía: «Ya lo sé», lo que quería decir era: «Tienes razón».

Para Laura, eso fue un descubrimiento. En la siguiente llamada de sesión de coaching, me preguntó: «¿Por qué mi marido no puede decirme las cosas claramente?». Le pedí que abandonara su intento de cambiarlo y se imaginara que era un marciano, de modo que tenía que traducir mentalmente sus palabras. Cada vez que él dijera: «Ya lo sé», ella traduciría: «Tienes razón». Es muy probable que eso salvase su matrimonio. Ahora, Laura siente que su marido la ama y él no debe cuidarse constantemente por temor a decir algo erróneo y que ella se ofenda y se queje.

Aprende lo que puedas de los demás, pero no intentes cambiarlos. Es una enorme pérdida de energía, que utilizarías mucho mejor para trabajar en tu propia vida. Tú quieres que los demás te amen tal como eres, de modo que juega limpio y ámalos tú también tal como son. Trata de que sus defectos te parezcan adorables.

80. HABLA Y PROCURA QUE TE ESCUCHEN

Sé parco en palabras y las cosas vendrán por sí mismas.

LAO-TSE

La razón primordial por la que la gente no escucha es que no ha terminado de hablar. Si interrumpes o tratas de competir con la persona que habla, esta seguirá pensando en lo que trataba de decirte y no te escuchará. Por lo tanto, el primer secreto para hablar y que los demás te escuchen es comenzar cuando des por seguro que ellos ya han terminado de decir lo suyo. ¿Cómo se logra esto? Simplemente pregunta: «¿Y entonces?». El 90 por ciento de las veces, aun cuando hayan dejado de hablar, no han dejado de pensar. Si les das tiempo y espacio, por lo general tendrán algo más que decir. Asegúrate de que tu interlocutor está preparado para escucharte y tendrás muchas más probabilidades de que lo haga.

La segunda razón por la que la gente no escucha es que no se le habla con claridad o no se despierta su interés. ¿Tienes una voz fácil de oír? Si tu tono de voz es muy alto o nasal, si tienes dificultades de dicción o un acento muy fuerte, los demás pueden simplemente desentenderse de lo que dices porque escucharte los cansa. Por fortuna, todos podemos controlar nuestra voz. Escúchate en una grabación y pide a algunos amigos sinceros que te den su opinión. Si tu voz no es agradable o es demasiado aguda, o si tienes un acento muy fuerte, trabaja con un maestro de voz y aprende a cambiarla. Todos podemos aprender técnicas simples para mejorar el timbre de nuestra voz y eliminar los acentos desagradables o los tonos demasiado altos. Los actores hace muchos años que lo hacen.

La tercera razón por la que la gente no escucha es debido a que muchas veces hablamos sin fuerza ni concisión. Aprende a decir lo que quieres con un mínimo de palabras. En los negocios, siempre es más efectivo ser corto en palabras e ir directo al grano que dar largas explicaciones, que suelen adormilar a la gente. Di lo que sea y no entres en detalles; simplemente, guarda silencio.

Ahora, te propongo algunas herramientas de comunicación que mejorarán de forma espectacular la manera en que te escuchan. Borra la primera persona de tu vocabulario. Por ejemplo, supongamos que estás en una reunión y hay algo que no comprendes, levantas la mano y dices: «No entiendo tu punto de vista sobre el proyecto XYZ. ¿Podrías aclarármelo?». Mucho mejor es que digas: «¿Podrías aclarar tu punto de vista sobre el proyecto XYZ, por favor?». No es necesario que acentúes el hecho de que tú no lo has entendido. Lo mismo sucede cuando quieres compartir tus ideas u opinar. En lugar de decir: «Me parece que este proyecto supera el presupuesto previsto», borra el «me parece que» y di simplemente: «Este proyecto supera el presupuesto previsto». La gente prestará mayor atención. En vez de: «No creo que este proyecto funcione muy bien porque...», di: «Este proyecto está destinado a fracasar a menos que se resuelva el problema XYZ». En lugar de comenzar con: «¿Puedo hacer una pregunta?», pregunta directamente: «¿Cuál es el plazo de entrega de este proyecto?». Este simple cambio en la forma de plantear tus preguntas modificará sensiblemente la forma en que te ven los demás.

Este concepto es extensivo a los cumplidos y los reconocimientos. La gente prefiere escuchar: «Eres una persona fantástica» que: «Creo que eres una persona fantástica». El primer enunciado expresa de alguna manera una verdad universal, mientras que el segundo sólo expresa una opinión particular. Practica para eliminar la primera persona de tu vocabulario, y observa la respuesta que obtienes. Causarás la impresión de ser alguien fuerte y directo.

Otra sencilla herramienta de comunicación es convertir tus preguntas en afirmaciones. Por lo general, las mujeres se sienten muy cómodas planteando preguntas. De hecho, creen que es más educado preguntar que hacer una afirmación. Es la razón por la que las mujeres suelen cometer el error de hacerles preguntas a los hombres. El problema es que la mayor parte de los hombres prefieren una afirmación clara en lugar de una pregunta. Por ejemplo, en vez de preguntarle a tu jefe: «¿Cómo puedo mejorar la calidad de mi trabajo?», di: «Dígame qué tengo que hacer para mejorar la calidad de mi trabajo». Es probable que obtengas mejor respuesta en el segundo caso. Lo mismo se aplica a los problemas en el hogar. Si tu esposo llega a casa después del trabajo y le preguntas: «¿Qué tal el día, querido?», puede que su respuesta sea un escueto: «Bien». Prueba a decirle: «Cuéntame cómo te fue hoy, querido». Conseguirás un relato completo. Eso sí, debes estar segura de que estás deseosa de escucharle.

Transforma tus preguntas en afirmaciones. Observa la manera de hablar de los hombres entre sí. No suelen hacerse muchas preguntas. También, elimina la primera persona de tu vocabulario. Verás que los demás prestan atención a lo que dices.

IX

Cuida de tu posesión más valiosa

Merece un hombre tanto como la estima que por sí mismo tiene.
FRANÇOIS RABELAIS, *GARGANTÚA Y PANTAGRUEL*

Llegados a este punto, ya sabes lo que realmente quieres hacer en tu vida, y te has organizado para lograrlo (parte VI). Manejas bien tu dinero, de modo que ya no representa un problema (parte III). Ahora viene la parte en verdad interesante. Ya es hora de que comiences a ocuparte de tu posesión más valiosa: ¡Tú! Estas en condiciones de lograr que tu vida sea lo que realmente quieres, en el trabajo y en casa, con tu familia y tus amigos, y en lo que respecta a tu salud y tu cuerpo. Cuando digo que empieces a ocuparte de ti, no me refiero a algo así como presumir. Hablo de cuidarte de la mejor manera posible. Las áreas de tu vida que no funcionan como te gustaría te hacen perder energía; aquellas que son perfectas te dan energía. Por perfectas me refiero a las que para ti lo son al reflejar tu estilo personal y tu propia manera de ser. Cuanta más energía tengas, más afortunada y próspera será tu existencia, y más cosas podrás dar a los demás. Ahora que tienes suficiente tiempo y dinero, es fácil y natural que goces de una mejor calidad de vida.

Yo solía pensar que sólo los ricos podían permitirse cuidarse de un modo constante y excepcional y que el resto de nosotros sólo debíamos contentarnos con excesos esporádicos. Pero ahora veo que es al revés: atraemos la riqueza y las oportunidades por el simple hecho de cuidarnos bien a nosotros mismos. Mi primer gran paso para cuidarme fue arreglar mis dientes (consejo 83). Me pareció una enorme irresponsabilidad, en vista de la deuda que tenía acumulada en la tarjeta de crédito. Poco tiempo después, conseguí un aumento que cubría de sobra este gasto adicional. Por lo tanto, no me había creado problemas de dinero, sino que sucedía al revés, tenía más. Entonces contraté a un entrenador personal (consejo 85), y unos meses después obtuve una bonificación en el trabajo. ¿Detectas la pauta que iba emergiendo? Hice un tratamiento de hidroterapia los fines de semana en uno de los balnearios diurnos de la ciudad. Entonces, un amigo con el que salía me invitó a pasar una semana de vacaciones en México.

Cuanto más me cuidaba a mí misma, más me cuidaban las personas que me rodeaban. A medida que ahorraba el 20 por ciento de mis ingresos, pagaba mis deudas y hacía lo necesario para mejorar mi presente, el dinero aparecía de las fuentes más inesperadas. De improviso, mi banco ofreció a todos los empleados *stock options*. Mi equipo de ventas sobrepasó los objetivos previstos y todos obtuvimos primas. Mi contable, al hacer mi declaración de renta, encontró que me tenían que devolver mucho dinero. Recibí otra buena bonificación, de modo que podía comenzar mi empresa sin problemas económicos. Una colega me prestó su casa de vacaciones durante dos meses gratuitamente.

En tres años, pasé de estar endeudada a tener ahorrado el dinero necesario para cubrir los gastos de casi un año. Para llegar a ese punto, no tuve que sufrir. Nunca imaginé que un día tendría una asistenta, un entrenador personal, una masajista una vez por semana, manicura y podólogo, un apartamento decorado por un diseñador de interiores y la posibilidad de pasar temporadas en una casa de la costa.

Comprendo que puede parecerte mágico. Insisto otra vez: es una cuestión de energía. Como explica Donald J. Ealters en su libro *Money Magnetism* [El magnetismo del dinero]: «Cada vez que queremos que algo suceda, o que llegue a nosotros, el poder de nuestro pensamiento o de nuestra voluntad proyecta un rayo de energía. A su vez, la energía genera un campo de fuerza magnético. Y las fuerzas magnéticas son las encargadas de atraer el objeto de nuestras expectativas». En otras palabras, comienzas a creer que mereces algo mejor en la medida en que mejoras tus propios cuidados personales. Envías al universo el mensaje de que mereces más, y por lo tanto no puede sorprenderte el hecho de que atraigas más. Sólo tienes que pensar que mereces tenerlo. Napoleon Hill lo había comprendido ya hace años, cuando escribió en su libro *Piense y hágase rico*, que se ha convertido en un clásico: «Nadie está preparado para recibir algo hasta que no cree que puede conseguirlo. El estado mental debe ser el de la convicción, no el de la mera esperanza o el deseo». El concepto de Hill parte de la base de que debes saber a ciencia cierta lo que quieres tener. Si esperas y deseas, el mensaje que envías es de carencia. El modo más eficaz que he visto de aumentar la voluntad y la disposición a recibir lo que queremos, es comenzar a perfeccionar nuestro presente y trabajar para conseguir todo aquello que no creemos merecer.

A veces las personas piensan que poner en práctica el tema de la parte IX supone gastar mucho dinero. Existe una razón por la que se aborda después de ser capaz de manejarse con el dinero. Seguir los consejos de esta parte es más fácil si se tiene dinero, pero no es necesario esperar a tenerlo. Muchos de estos consejos pueden ponerse en práctica con poco o incluso ningún dinero. En cuanto a los restantes, siempre puedes utilizar tu creatividad para encontrar una manera de seguirlos. Haz trueques con un amigo o una amiga. Ábrete a la posibilidad de que el universo te envíe las ayudas necesarias. Concéntrate en lo que quieres, no en el dinero del que tendrías que disponer para comprarlo. Puedes seguir estos consejos aunque tengas deudas; sólo es necesario que seas prudente.

No esperes a ganar la lotería; comienza a cuidarte lo mejor posible hoy mismo. Sé responsable (no te endeudes) y asegúrate de no gastar el dinero en cosas que realmente no valoras y de las que no disfrutas (consejo 52). ¿Qué es lo que no puedes permitirte ahora mismo y que te parece un lujo increíble? ¡Concédetelo! No importa cuánto dinero tengas; hay algo que puedes hacer para mimarte hoy mismo. No busques excusas. Sigue leyendo estos simples consejos destinados a que cuides tu posesión más valiosa.

81. VISTE CON ELEGANCIA

*Estoy cansada de toda esa insensatez sobre la superficialidad de
la belleza. Es lo suficientemente profunda. ¿Qué quieres? ¿Tener un
precioso páncreas?*

JEAN KERR

Mi abuela decía: «Si no te gusta al cien por ciento, no lo compres».
¿Cuántas veces has comprado un conjunto nuevo o un jersey que no era
exactamente lo que querías, pero que estaba a buen precio? Lo llevas a
casa y quizá lo uses una o dos veces; luego se queda en el armario, ocupa espacio y te sientes culpable porque es demasiado nuevo para tirarlo.
Si dudas y te preguntas: «¿Me queda bien?», es probable que no sea el
mejor para ti. Todos hemos llevado ropa que nos queda bien, con la que
nos sentimos contentos porque nos gusta su color, su corte, su tejido y
su diseño. Puede que ciertas cosas le sienten bien a tu figura y otras no.
De modo que la próxima vez que vayas de compras, no compres nada
si no te gusta al cien por ciento.

Lo mismo sucede con los artículos con fallos. ¿Cuántas veces has
comprado una prenda que estaba rebajada porque le faltaba un botón o
había que cambiar la cremallera y nunca llegaste a hacerlo? Quizá te
gusta el color pero el tejido pica demasiado. Imagina lo maravilloso que
sería abrir tu armario y verlo lleno de prendas que te sientan muy bien.
Es más fácil que atraigas el éxito si te sientes estupendamente, aunque
andes por tu casa con tus viejos pantalones de terciopelo negro y cuando salgas luzcas un fabuloso traje a medida. ¿Por qué no sentirse siempre a las mil maravillas?

Edith Wharton decía: «Es casi tan estúpido dejar que tu ropa
delate que te sabes fea, como que proclame que piensas que eres una
belleza». Puede que quieras pedirle consejo a una amiga de confianza, que vista bien y sepa de moda. O bien podrías contratar un asesor
de imagen, para que te ayude a eliminar todas las prendas poco fa-
vorecedoras, amén de diseñarte un nuevo guardarropa con el que te
sientas muy bien y tengas un aspecto inmejorable. La inversión inicial en un profesional te ayudará a ahorrar una pequeña fortuna,

porque conocerás los colores, tejidos y estilos que te sientan bien y los que no.

Un profesional te ayudará a encontrar las prendas más adecuadas para ti por su forma, su estilo y su color, y entonces tú podrás mantener esa favorecedora manera de vestir durante el resto de tus días. La imagen es un elemento clave de nuestra identidad, así como su expresión visual. Como dice Carolyn Gustafson, una extraordinaria experta en imagen de Nueva York: «Para sentirnos bien con nuestra apariencia, debemos sentir también que nos mostramos tal como somos».

Marilyn, una secretaria administrativa de una compañía de inversiones, me contrató porque se sentía frustrada con su trabajo. Durante veintiún años había trabajado para la misma empresa y sentía que su jefe no la valoraba. Además, tenía la sensación de que no iba a ninguna parte en su trabajo, y que se aburría. Comenzó el programa de coaching, y uno de los primeros deberes que le di fue limpiar sus armarios. Le recomendé a una excelente asesora de imagen, que rehízo completamente su guardarropa. Primero, trabajó con ella para determinar los colores que más la favorecían. Marilyn estaba feliz con la selección final y se dio cuenta de que en adelante y por el resto de su vida comprar ropa sería fácil. Ya no tendría que dar vueltas y más vueltas para elegir el mejor color.

Luego, la asesora de imagen fue a casa de Marilyn y revisó todo su guardarropa; fue eliminando las prendas una por una. Si no era el color perfecto, fuera. ¿Manchada? Fuera. ¿Demasiado ajustada o demasiado grande? Fuera o a hacerla arreglar. ¿Pasada de moda? ¡Fuera! Pronto Marilyn tenía una enorme cantidad de prendas amontonadas en el suelo y sólo tres conjuntos colgados en el armario. La asesora de imagen siguió con las bufandas, los pañuelos, los bolsos, la bisutería y los cosméticos. Entonces, salieron de compras, y Marilyn volvió a casa con unos pocos conjuntos y toda una nueva imagen. Ya no tenía una apariencia rígida y conservadora. Era una mujer elegante, con buen gusto y soltura. No sólo se sentía bien con su nueva imagen, sino que también adquirió una gran confianza en sí misma, pues sabía que ofrecía el mejor aspecto posible.

Esta confianza en sí misma le aportó beneficios en el trabajo. Después de cuatro meses de coaching, Marilyn ha conseguido otro puesto en la misma compañía: la han ascendido al departamento de relaciones con los clientes, con un aumento de salario. Está encantada con el departamento donde trabaja y con sus compañeros. Ha dejado atrás su antigua imagen de secretaria felpudo. Ha comenzado a pedir lo que desea y a conseguirlo (consejo 44). Ahora siente que es una mujer con mayor atractivo, tanto interior como exterior, y más segura de sí misma que nunca.

Gordon, un ejecutivo de ventas, hombre refinado y con una excelente carrera profesional, había sido ascendido recientemente y ahora jugaba al golf y cenaba con senadores, ejecutivos de alto nivel y otros profesionales de gran categoría. Era una persona relajada y tranquila, de trato ameno, con quien la gente se sentía cómoda. Siempre tenía un chiste para contar. No obstante, frente a sus nuevas responsabilidades laborales, de pronto se sentía cohibido, y su habitual sentido del humor desapareció.

Si bien ya vestía bien y daba una imagen profesional, lo envié a Carolyn, mi asesora de imagen, para que modificase su apariencia de acuerdo con sus nuevas obligaciones. Le recomendó algunos cambios sutiles para que su guardarropa mostrase el nivel apropiado, y le ayudó a escoger un nuevo par de elegantes gafas y un corte de pelo distinto. Sólo con estos sutiles cambios, su apariencia mejoró muchísimo. Sabiendo que vestía de acuerdo con su papel, Gordon perdió sus inhibiciones. Ahora vuelve a contar sus chistes, esta vez a los senadores.

Una parte clave del problema de ofrecer una excelente imagen es darle a tu cuerpo lo mejor y nutrirlo correctamente. Para tener una buena piel, para que te brillen los ojos y tu cabello y tus uñas estén sanos, tu cuerpo necesita el alimento adecuado. El reciente libro del doctor. Peter J. D'Adamo *Los grupos sanguíneos y la alimentación* es la primera obra de dietética que he leído donde se toman en consideración la química del cuerpo y los grupos sanguíneos.

Uno de mis clientes, Michael, se sentía frustrado porque había seguido una dieta alta en proteínas y baja en hidratos de carbono sin lograr perder peso. Su grupo sanguíneo es el A, y eso quiere decir que lo que le conviene es una alimentación vegetariana. Michael compró leche de soja, tofu y otros alimentos que no había probado en su vida, y al cabo de una semana se sentía mejor y había perdido un kilo. No obstante, D'Adamo aconseja que, si tu sangre pertenece al grupo O, para perder peso con mayor rapidez y sentirte con más energía, debes hacer una dieta alta en proteínas, baja en hidratos de carbono y sin trigo.

Jennie, una de mis clientas, se sentía frustrada porque no podía perder los cinco kilos que había ganado después del parto. Eliminó el trigo y las pastas completamente y comenzó a comer carne, y en dos semanas, recuperó su peso original. Si tienes un trastorno alimentario o un serio sobrepeso, busca un profesional cualificado para que te ayude. La vida es demasiado corta para pasar todo nuestro tiempo obsesionados con la comida y el peso. Un cliente mío muy ocupado no disponía del tiempo ni la energía necesarios para prepararse comidas nutritivas en casa, de modo que contrató a una cocinera para que se ocupase de ello. Al final del primer mes, se dio cuenta de que ahorraba dinero, porque gastaba mucho menos que antes en restaurantes y bares. Hagas lo que hagas, consigue la ayuda necesaria y disfruta de las cosas buenas de la vida.

82. Rejuvenece y revitalízate

No puedo soportar la luz de una bombilla sin pantalla, así como no puedo soportar un comentario grosero o un acto vulgar.

Tennessee Williams

Si quieres una regla de oro que te sirva para todo, hela aquí: No tengas en tu hogar nada que no sea de utilidad o que, según tu juicio, carezca de belleza.

William Morris

Tu entorno ejerce un tremendo impacto sobre tu psique. De hecho, es el reflejo de tu estado mental. Mira a tu alrededor. ¿Qué te dice de ti el entorno de tu despacho? ¿Cómo describiría tu casa uno de tus amigos? ¿Es un lugar cálido, acogedor y organizado? ¿Es fácil sentirse cómodo en él? ¿Te sientes en la intimidad y te rodean cosas que realmente quieres y de las que disfrutas? ¿Tienes una sensación de serenidad y de estar relajado? Tengo un conjunto de almohadas de cretona floreada que me encantan, tanto que sólo con mirarlas me siento feliz. Rodéate de cosas hermosas. No tengas ni cuadros ni otros objetos que no te gusten verdaderamente. Si alguno de los objetos que te son indiferentes o no te placen es demasiado valioso para tirarlo, guárdalo en una caja en el armario, o mejor regálaselo a un amigo o a una institución benéfica. (A veces es más fácil deshacerse de lo inútil si primero lo guardas y más tarde te das cuenta de que no lo echas de menos.)

El objetivo es lograr que tu casa y tu despacho no sólo estén limpios y organizados, sino que sean un reflejo de tu persona. Puede que tus posibilidades sean limitadas en tu despacho, pero por lo menos, trata de tener una planta o flores frescas y algún hermoso grabado en la pared. No obstante, en casa, tienes mayor control y puedes aprovecharlo para hacer lo que desees. Deseas que tu hogar te rejuvenezca de tal modo que tengas cada día la energía necesaria para ir a trabajar.

Comienza por tu dormitorio. Debe ser un verdadero refugio, un lugar para retirarte y relajarte. Si tienes en él un televisor, colócalo en otro sitio. Dormirás mejor. June había tenido siempre el televisor en su dormitorio y solía quedarse dormida mirando las noticias de medianoche. No podía comprender por qué estaba tan deprimida y poco motivada. Le sugerí que dejase de mirar las noticias de medianoche. Lo último que debes hacer antes de irte a dormir es llenarte la cabeza con imágenes de tragedias y caos. Lo ideal es que te duermas en medio de pensamientos positivos y felices. A la semana siguiente, June había cambiado. Tenía una actitud francamente positiva. Se sentía descansada. Nunca, en los últimos años, había gozado de tanta energía. Esas pequeñas cosas pueden provocar grandes cambios.

Bob, un ingeniero de sistemas de cuarenta y siete años de edad, estaba preocupado porque pensaba que nunca encontraría a la mujer de sus sueños. Quería casarse a toda costa. Lo puse a trabajar en el arreglo de su propia casa, y emprendió el proyecto con entusiasmo. Siempre había admirado la casa de su hermana porque se sentía muy bien tan sólo por el hecho de estar ahí. Le dije que no había razón que le impidiera crear en su casa esa misma atmósfera de sosiego. Comenzó por eliminar los muebles que nunca le habían gustado: una mesa que tambaleaba, un sofá gastado, unas estanterías... Luego pintó la casa de colores que le gustaban: un azul intenso en el salón y un rosa suave en la habitación. Bob colocó un armario de baño nuevo, cambió los viejos radiadores e instaló nuevas persianas.

A mitad del proyecto, conoció a una mujer dinámica y llena de cualidades que se prendó completamente de él. Estaba muy sorprendido. Siguió con el trabajo hasta que tuvo la casa tal como deseaba. Ahora se queja de que tiene demasiadas mujeres para salir y que no le alcanza el tiempo. Bien merece la pena dedicarse a poner la casa en condiciones, porque eso aumentará tu energía. Tómate el tiempo necesario para hacer de tu casa tu santuario. Verás tu esfuerzo recompensado con una mayor vitalidad.

83. Suprime las fastidiosas imperfecciones

La perfección es algo aburrida. No es la menor de las ironías de la vida que todos la busquemos, cuando lo mejor es no lograrla completamente.

W. Somerset Maugham

¿Qué tal si abordamos la cuestión del cuerpo perfecto? Si te ocupas de perfeccionar tu situación presente, sería lógico que también te ocupases de tu cuerpo. Un cuerpo perfecto no sólo es saludable y hermoso, sino que refleja lo que uno es. Nuestro cuerpo y nuestra mente mantienen una unión inseparable, de modo que si existe algo en tu cuerpo que te fastidia, alguna mínima imperfección, arréglalo. Son esas imperfecciones lo que te impide sentirte del todo bien y pueden absorber tu energía. Las grandes modelos no son perfectas, y las fotos que salen en las revistas están retocadas para mostrar una perfección inexistente. Incluso a Cindy Crawford, que tiene un cuerpo de los que más se acercan a la perfección, le retocaron la barriga en una fotografía que salió publicada en una revista. Nadie lo hubiese notado, salvo que borraron el ombligo y se olvidaron de volver a colocarlo. Si a Cindy le retocaron la barriga, no puedo ni siquiera imaginar lo que harían con la mía...

Tu cuerpo refleja tu identidad. Si te preocupa alguna parte de él, no podrás estar plenamente con otras personas. Uno de mis incisivos está muerto. Me golpearon en el instituto cuando era adolescente y se quedó de color marrón. Cuando hacía presentaciones, me preocupaba siempre que la gente viese mi diente y pensase: «Uhh, tiene un incisivo marrón». Por supuesto que nadie se daba cuenta, pero yo pensaba que toda esa gente lo veía. Sentía mucha vergüenza. Eso me impedía estar completamente relajada con los demás. Este ejemplo del diente es la muestra perfecta de una imperfección fastidiosa. Me sacaba energía y me impedía estar en plena forma frente a mi audiencia. Incluso me inhibía y no podía sonreír, porque trataba de hacerlo sin mostrar mi diente. Fui al mejor dentista que pude encontrar y me lo dejó magnífico. Ahora ni siquiera lo recuerdo, y en mis seminarios, toda mi energía está puesta al servicio de los asistentes.

Si existe algo en tu cuerpo que te molesta, arréglalo. Si te molesta un lunar, haz que te lo extirpen. Merece la pena, porque ese lunar te impide relajarte y estar bien. Si no tienes problemas tal y como estás, no hagas nada. Si tienes 20 kilos de sobrepeso y no te molestan, no hay ningún problema. Como dijo Marlon Brando: «No me importa estar gordo. Me pagan igual». A nosotros no nos importa que esté gordo porque a él no le importa. Algo así sólo representa un problema si interfiere en tu manera de ser con las demás personas.

Con todo esto no quiero decir que para ser más atractivos tengamos que hacernos la cirugía estética. Barbra Streisand tiene una nariz considerable, y es una mujer de evidente atractivo. No dejes que un pequeño problema con el peso te impida hacer lo que deseas. Oprah Winfrey no esperó a perder sus kilos de más para llegar a ser una estrella de la televisión. Lo fue dos veces con su programa, que entretenía a una audiencia de millones de personas. Oprah es atractiva con o sin su exceso de peso. Olvida el cuerpo perfecto y en lugar de eso suprime, dentro de lo posible, las pequeñas imperfecciones. Gasta algo de dinero en unas gafas elegantes, ponte lentillas, elimina ese vello, hazte arreglar los dientes. Todo lo que hagas para sentirte mejor hará que tu atractivo sea mayor para el mundo y te ayudará a tener éxito.

84. Masajea tu cuerpo

Cuanto más nos rodeamos de alta tecnología, más necesitamos sentir el contacto de los seres humanos.

John Naisbitt, Megatrends

Sólo puede crear la persona que está serena, porque en su mente fluyen las ideas como si fuesen relámpagos.

Cicerón

La mayor parte de las personas tienen una vida demasiado ocupada y estresante. Un masaje es algo maravilloso, y puede ser el único momento en el que tengas la posibilidad de relajarte y dejarte ir completamente. Hay todo tipo de masajes: deportivos, terapéuticos, reiki, shiatsu, digito-presión, reflexología... Yo solía disfrutar con masajes intensos con fricciones y pequeños golpes. Más tarde, descubrí el reiki, que tiene la virtud de relajar a fondo los músculos sin que se produzcan tensiones ni resistencias. Ahora ya no me someto a los masajes intensos de antaño, porque he llegado a percibir la diferencia entre estos y el reiki. Busca un masajista que tenga la suficiente experiencia para aplicar con exactitud la presión necesaria para que tus músculos se relajen.

El masaje es una excelente manera de combatir el estrés de la agitada vida moderna. Aparte del beneficio inmediato que supone el hecho de estar más relajada, he notado otros cambios en mí misma. Por ejemplo, tengo mayor facilidad para meditar (antes estaba demasiado ocupada para hacerlo, y cuando lo intentaba, no podía relajarme lo suficiente). Otro curioso beneficio colateral es que mi intuición ha aumentado. Quizá sería más correcto decir que ahora tiene más fuerza. Suelo sentir destellos de comprensión intuitiva que me indican la orientación correcta.

Todos somos intuitivos, pero es posible que no estemos relajados en la medida necesaria para escuchar a nuestra intuición (consejo 57). Mi entrenador está asombrado, porque rara vez sufro de dolores o tensiones musculares, aun después de una sesión intensa de trabajo con pesas. Esto sucede gracias al masaje semanal, que mantiene la flexibilidad de mis músculos. Si falto a una sesión de masaje, noto que la tensión se manifiesta. Los atletas rusos reciben masajes desde hace mucho tiempo, porque conocen las ventajas que tiene esto a la hora de competir. Davis Phinney, el ciclista olímpico estadounidense, dice: «En nuestro nivel de competición, la diferencia entre ganar y perder es tan sutil, que necesitas todas las ventajas posibles. Una de ellas es el masaje».

Si tienes la seria intención de sentir una mayor felicidad y tener más éxito en lo que hagas, hazte masajes periódicos, si no semanales, por lo menos mensuales. Prueba distintos masajistas hasta que encuentres el mejor para tu caso. Lo importante es que tengas una sensación de comodidad y confianza con tu masajista. Un profesional hace un trabajo distinto con cada persona, adaptándose a las necesidades individuales. Durante un masaje, es posible que se produzca una cierta liberación de aquellas emociones que has retenido tensando los músculos. Es normal que rompas a llorar en la mesa de masajes. De hecho, muchos masajistas disponen de un espacio que crea las condiciones de seguridad y protección necesarias para que esas descargas emocionales se produzcan sin problemas. La persona se siente transportada fuera de sus preocupaciones e intereses. Sale de allí nutrida tanto física como emocionalmente, y rejuvenecida.

Una directora comercial regional me contrató para ayudarla en una difícil transición profesional. En ese momento, formaba a la persona que iba a reemplazarla en su puesto, y al mismo tiempo, se preparaba para su nuevo trabajo, un puesto de mayor importancia. Además, debía mudarse a otro estado, junto con sus dos hijas adolescentes, un perro y un pajarito. Le dije que pasaba al mismo tiempo por tres de las situaciones más estresantes de la vida. Por lo tanto, era necesario que tomase medidas excepcionales a fin de mantener intactas su salud y su vitalidad. Mencionó pensativamente que Bob Hope se hacía hacer un masaje cada día y que eso debía de ser maravilloso. Fue la tarea que le di. Orden del coach: un masaje diario.

Mi clienta se sorprendió un poco con esta extraña tarea. Educada en el catolicismo, no estaba segura de poder asumir la culpa de hacer algo sólo para su propio bienestar. La incité a hacerlo y a que lo probara durante una semana. La semana siguiente, me dijo que los masajes eran una bendición. Se trataba del único momento del día en que estaba totalmente por sí misma, y podía dejar vagar su mente mientras los problemas parecían solucionarse por sí solos. Le di la misma tarea para las dos semanas siguientes. Después de tres semanas de masajes diarios, me comentó que nunca pensó que llegaría a decirlo, pero que comenzaba a sentir que ya había tenido suficientes masajes. Ahora está satisfecha con uno semanal.

Otro cliente mío, Edward, se había pasado un año sin salir con ninguna mujer. Le recomendé los masajes porque carecía de contacto físico en su vida (no hablo de sexo; un masajista profesional nunca debería cruzar esa línea). El hecho de ser humano implica la necesidad de contacto físico. Una persona que no goza de un contacto físico periódico con otra tiene carencias. Pierde un elemento primordial de la salud y el bienestar. Edward empezó a recibir un masaje semanal, y unos meses después encontró a una mujer. Desde entonces salen juntos. Si no lo necesitas, hay mayor probabilidad de que lo atraigas (consejo 43).

85. MUÉVETE

La muchacha que no sabe bailar dice que la orquesta no sabe tocar.
PROVERBIO JUDÍO

¿Cuánto tiempo llevas diciéndote en año nuevo que tu objetivo será «perder peso» o «ponerte en forma»? Si este ha sido tu objetivo durante años, tienes dos opciones. Una es eliminarlo (consejo 4). No tiene sentido que un año más vuelvas a despilfarrar tu energía en un objetivo que no cumplirás, con el único resultado de sentirte mal. Si realmente no puedes hacer esto, escoge la segunda opción: delégalo y haz sesiones privadas con un entrenador personal para ponerte en forma. Veamos el caso de Oprah Winfrey. La clave del éxito de su dieta, la segunda vez que la intentó, fue el abandono de la idea de que podía hacerla sola. Contrató a una persona que se ocupase de ella. Puso su forma física en manos de alguien cualificado. Si esperas que llegue el momento de inspiración para hacerlo, puede pasar mucho tiempo. El problema con los momentos de inspiración es justamente ese, que sólo duran un momento.

Es probable que ahora digas: «No puedo pagarme un entrenador personal todos los días, como Oprah». De acuerdo, pero quizá puedas pagarlo una vez por semana. Si tampoco puedes, quizás una vez por mes sería suficiente para mantenerte en el buen camino todo el año. O tal vez podrías contratar a un entrenador para que en una o dos sesiones te enseñe un ritmo de trabajo eficaz y a lograr la seguridad suficiente para hacerlo después sin su ayuda. O bien puedes inscribirte en una clase de baile o de yoga, o realizar cualquier actividad que te estimule a moverte. (Te recomiendo una vez más que, si tienes problemas para cuidarte porque te falta dinero, te pongas a trabajar para aprender a manejar tus finanzas y conseguir solventar tus necesidades.) Lo único que necesitas es un apoyo fiable y sólido. Por ejemplo, un compañero que llame a tu puerta y te despierte a las seis de la mañana para correr. Si no te mueves, seguramente no tienes el sistema de apoyo que necesitas.

La cuestión clave es conseguir ayuda para vencer la inercia inicial. La definición técnica de inercia es: «La propiedad de la materia de mantenerse en estado de reposo o de movimiento a menos que actúe sobre ella una fuerza externa». Es decir que los cuerpos en reposo tienden a mantenerse en ese estado debido a la inercia, que es una fuerza muy poderosa. El impulso hace que los cuerpos se muevan. Esto explica por qué te resulta tan difícil levantarte del sofá (la inercia te mantiene ahí) para ir al gimnasio; sin embargo, una vez en el gimnasio, te resulta fácil hacer diez minutos más de ejercicios. De modo que la clave del éxito es encontrar esa «fuerza externa» que te proporcione la energía necesaria para moverte. Cualquier fuerza externa lo conseguirá, siempre que sea la correcta. La voluntad no es muy eficaz porque es una fuerza interna, y no podemos fiarnos de ella. De modo que te recomiendo que escojas otra.

Yvette, una de mis clientas, se estaba convirtiendo en una suerte de materia amorfa. Trabajaba a tiempo completo y a la vez estaba montando su propia empresa, de modo que no tenía mucho tiempo libre. Comenzó a darse cuenta de que sus otrora firmes nalgas se movían bastante. Era muy molesto. Le sugerí que dejara de castigarse con la falta de ejercicio y contratara a un entrenador personal que fuera a su casa cada viernes por la noche para entrenarla. Durante un tiempo, fue el único ejercicio que hizo. Luego, comenzó a caminar una hora diaria para ir al trabajo. Unos meses después se inscribió en un buen gimnasio e hizo una sesión extra de aerobic sin su entrenador. Ahora Yvette hace ejercicio sola de tres a cinco veces por semana. Ella no se describiría como una persona «motivada» por estar en buena forma física, pero se siente mejor. Ha desarrollado músculos en los brazos, tríceps, para decirlo con exactitud. ¡Un enorme progreso!

Su entrenador es un hombre espléndido y musculoso, dotado de mucha energía y de comprensión. Hace más de lo que puede para compensar la carencia de motivación de Yvette. Sabe lo difícil que es estimularla a hacer ejercicio y trata de que el entrenamiento se mantenga dentro de un nivel adecuado. Abandonada a su suerte, Yvette no se esforzaría demasiado. Sólo mirar a este hombre la incita a trabajar mejor. La estimula a ir más allá del lugar donde normalmente se detendría, es decir, en el sofá, algo que ella detesta admitir. A mis clientes masculinos, les aconsejo que encuentren una entrenadora que sea atractiva. De ese modo, hacen esfuerzos para trabajar mejor e impresionarla. Lo importante es encontrar a *otra persona* que te motive y te estimule. No sigas perdiendo tu energía tratando de motivarte por tu cuenta.

Otro de mis clientes, Howard, un empresario, descubrió que odiaba ir al gimnasio y hacer ejercicio. Se había inscrito en uno, pero sólo fue las primeras semanas, se aburrió y lo dejó. Se sentía culpable de malgastar el dinero, pero no encontraba motivación para ir. Le señalé que, en todas las áreas de su vida, él buscaba la variedad. Necesitaba un constante cambio y el desafío que significaba dedicarse a distintas actividades para mantener vivo su interés. No creas que debes ir al gimnasio necesariamente para mantenerte en forma. Ahora, Howard va un día a jugar al tenis, otro día patina, y los fines de semana juega al golf o navega. Cuando le apetece, corre un poco por la mañana, y dos veces por semana va a clases de yoga para relajarse y mantenerse flexible. De hecho, utiliza todos los músculos de su cuerpo de distintas maneras, con el resultado de que ahora es un hombre muy fuerte, ágil y flexible. Lo importante es pasar unos momentos agradables. Si te aburre hacer aerobic en el gimnasio, ve a clases de baile, y antes de que te des cuenta bailarás durante tres o cuatro horas seguidas, porque es muy divertido.

Tener un aspecto amorfo no es, en absoluto, atractivo. No trates de motivarte por tu cuenta. Llama a tus amigos y busca un compañero de entrenamiento, inscríbete en una clase o consigue el teléfono de un buen entrenador y concreta una entrevista hoy mismo.

86. RODÉATE DE LUJO Y BELLEZA

La belleza es un éxtasis, y tan simple como el hambre. Realmente no hay nada que decir de ella. Es como el perfume de las rosas: lo sientes y eso es todo.

W. SOMERSET MAUGHAM

La actividad más trivial se transforma en un lujo si le agregas lo necesario para que sea una ocasión especial. Unos cereales servidos dentro de un bello bol y coronados con fresones ya es algo que se sale de lo normal. Lo mismo sucede con una taza de té a la que agregas una cucharada de nata. ¿Cuánto tiempo es necesario para encender una vela y ponerla en la mesa a la hora de cenar? Dos segundos que crean un ambiente distinto. Bebe el agua en una hermosa copa de cristal. Una bañera llena se convierte en un balneario de aguas termales si le agregas un puñado de sales de baño o aceite de baño con esencia de lavanda y si además tienes a mano un cepillo de cerdas. Enciende una vela, pon música y relájate. Derrocha el dinero y compra un juego de toallas de baño elegantes. En lugar de tener veinte bolígrafos amontonados en tu escritorio, compra una pluma maravillosa con la que disfrutes escribiendo.

¿Qué es para ti el lujo? ¿Una silla ergonómica para tu despacho? Quizá sea un edredón de plumas de ganso para tu cama. O tal vez una almohada de plumas de ganso. En cada comida, usa servilletas de tela en lugar de las de papel. Si normalmente cenas a solas o sois sólo dos personas, en vez de gastar dinero en una vajilla de mediana calidad, compra platos para dos, pero de una porcelana exquisita. Si tienes invitados, utiliza platos de cartón decorados y unas bonitas servilletas de papel. De este modo, no tendrás que lavar toda una vajilla después de la cena. Una sola flor al lado de tu cama es hermosa. Devuelve esas horribles perchas de plástico a la tintorería para que las reciclen y utiliza perchas de cedro para toda tu ropa. No sólo alejarás a las polillas, sino que esas perchas también evitarán que tu ropa se amontone y se arrugue. Ocúpate de que el timbre de la puerta y el del teléfono y la alarma del despertador emitan un sonido agradable o un campanilleo. Esas pequeñas cosas cambiarán significativamente tu calidad de vida.

No estar disponible es un lujo, de modo que no dudes en poner en marcha el contestador telefónico o desenchufar el teléfono cuando medites, te relajes o estés a punto de irte a la cama. Concierta tu próxima cita de negocios en un salón de té o en un hotel elegante. A los hombres, les recomiendo que utilicen refinados accesorios de plata para su afeitado matinal. Invierte en una obra de arte que realmente te guste para tu hogar o tu despacho, ya sea una escultura o una pintura. Ten sobre la mesa de café libros de arte o de fotografía y hojéalos de vez en cuando.

Asegúrate de que los utensilios que utilizas diariamente, como la cafetera o la tetera, no sean sólo funcionales, sino también bellos. Ten un cuchillo de excelente calidad para cortar las verduras. Toma el té o el café del desayuno en una hermosa taza o en un tazón especial. Planta hierbas frescas en una jardinera, ponla en el alféizar de la ventana y utilízalas para cocinar. Un pollo al horno condimentado con romero y estragón es una comida deliciosa y fácil de preparar. No olvides agregar hojas de albahaca a la ensalada. Pon cebollino y perejil picado a los huevos revueltos y a las tortillas a la francesa. Comienza a rodearte de lujos y atraerás todavía más.

Una manera de hacer que el despacho más aburrido tenga un toque elegante es tener siempre un jarrón con flores naturales. Como dice May Sarton, la novelista, poeta y dramaturga estadounidense de origen belga, «Las flores y las plantas son presencias silenciosas que nutren todos los sentidos excepto el del oído». Si hojeas cualquier revista de casas y jardines, verás que prácticamente en todas las habitaciones fotografiadas hay bellos ramos de flores o bien una fuente con frutas. Saca las flores o las frutas, y parecerá una habitación común y corriente, por más maravillosa que sea su arquitectura o la disposición del mobiliario. La manera más rápida y económica de dar elegancia a un espacio es comprar flores y colocarlas en un bello jarrón. Hombres, esto también os concierne a vosotros.

Ofrécete este pequeño lujo. Te sorprenderá lo bien y especial que te sentirás por el solo hecho de caminar por la acera con las flores en la mano. Si comprar flores a menudo es un gasto excesivo para ti, compra algunas plantas con flores de temporada y plántalas en macetas de cerámica. Durarán más que las flores cortadas. No obstante, todo el mundo puede permitirse comprar ramos de flores sencillas, que cuestan poco dinero. Si agregas un poco de abono para flores al agua, durarán dos semanas. Por último, tienes la opción de cultivar tus propias flores en el jardín de tu casa, en la terraza o en el alféizar de la ventana.

Douglas Koch, un florista de Nueva York que ha recibido muchos premios, ofrece los siguientes consejos para prolongar la vida de las flores:

- Cortar los tallos en diagonal antes de poner las flores en agua. Si los cortas perpendiculares, las flores no absorberán agua por el tallo y se marchitarán.
- Poner un poquito de abono para flores en el agua, que hará que duren más.
- Eliminar todas las hojas que podrían quedar dentro del agua, porque harían proliferar las bacterias.
- Cambiar el agua cada dos días.
- Si el capullo de una rosa está un poco marchito, recortar la base del tallo en diagonal y sumergir toda la rosa en un recipiente con agua caliente durante unos minutos para que el capullo se reanime. (Las rosas se marchitan cuando una burbuja de aire se queda en el tallo, de modo que el agua no llega hasta el capullo. El agua caliente logra eliminar la burbuja.)

Mímate un poco. Las flores nutren nuestro sentido de la belleza y nuestro espíritu. Después de vivir en Nueva York durante ocho años, me encontré con que compraba almohadones, sábanas, grabados y pinturas con dibujos de flores. Reuní una mezcla enmarañada de diseños florales en mi apartamento, hasta el día en que comprendí que añoraba la naturaleza y las plantas, de las que carecía en la jungla del asfalto. *Necesitamos rodearnos de vida vegetal para estar en plena forma.* ¿De qué otras maneras puedes rodearte de lujo y belleza hoy mismo? Piénsalo.

87. PONTE A TI PRIMERO

No tienes idea de lo prometedor que llegarás a ver el mundo una vez que decidas tenerlo todo para ti, ni cuánto más saludables serán tus decisiones una vez que seas completamente egoísta.

ANITA BROOKNER

Nos han enseñado que es malo ser egoísta. Eso es verdad siempre que con tu egoísmo dañes a los demás. Por lo general, es correcto ser egoísta en el sentido de respetar a tu yo superior. De hecho, si quieres realizarte personalmente y atraer el éxito, tendrás que aprender a pensar primero en ti. No podemos hacernos cargo de nadie si antes no nos ocupamos de nosotros mismos. Por eso las compañías aéreas aconsejan a los padres que, en caso de emergencia, primero se coloquen las máscaras de oxígeno ellos y luego se las pongan a sus hijos. Es necesario estar dispuesto a ser egoísta para disfrutar de una noche sagrada (consejo 40), y también para decir que no cuando te piden que ayudes a organizar una colecta de fondos para una buena causa y realmente no quieres hacerlo, aunque sientes que deberías aceptar.

Cuando organicé mi proyecto «Calle limpia» (consejo 56), mis motivos eran puramente egoístas. No quería que mi calle tuviese un aspecto deplorable, y me sentía incómoda cada vez que encontraba allí a una persona sin techo. Ahora, cuando una de estas personas me pide dinero, le ofrezco un trabajo para barrer calles, pues en Manhattan no faltan precisamente calles sucias. Si cada uno de nosotros fuese verdaderamente egoísta e hiciese algo, por pequeño que fuese, para eliminar lo que le molesta, no tendríamos alarmas en los coches, ni polución, ni personas sin casa que pasan hambre. En realidad a nadie le gustan esas cosas. Entiendo que esto puede parecer una tontería idealista, pero piénsalo.

Si llevases adelante un proyecto que te garantizase que tú y tu familia gozaran de aire y agua limpios, para lograrlo, quizá tendrías que reunir a los vecinos y llegar a un acuerdo con el fin de pedir la prohibición de los autobuses que funcionan con gasóleo o compartir coches para ir a trabajar. Cada pequeño acto es como una piedra lanzada a un estanque; se produce una reacción en cadena. Te asombraría comprobar hasta dónde puede llegar esa reacción. Cuida bien de ti y el mundo también estará bien cuidado.

¿Cómo llegar a ser realmente egoísta? Si lo fueses, ¿qué cambios harías ahora mismo en tu vida? Una clienta mía, Carlotta, estaba tan inmersa en sus obligaciones, ocupándose de sus hijas de diez y doce años y trabajando a tiempo completo, que no tenía un solo momento libre para sí misma. Era socia de un gimnasio, pero pasaba tanto tiempo llevando a sus hijas a las actividades extraescolares, que nunca tenía tiempo para aprovecharlo. Le pedí que, para variar, comenzara a pensar primero en ella misma. Comprendió, en primer lugar, que tendría que encontrar otra manera de llevar a las niñas a sus actividades extraescolares. Sabía que era importante que participaran en ellas, pero no estaba dispuesta a que lo hiciesen a sus expensas.

Carlotta les dijo a las niñas que quería tiempo para ella misma, y les explicó lo que necesitaba. Las niñas buscaron un poco y encontraron amigos que estaban dispuestos a llevarlas a casa después de jugar al balonvolea. En medio de este proceso, comprendieron que hacían demasiadas actividades extraescolares y se sentían estresadas. Decidieron dejar una, para dedicar más tiempo a las comidas familiares. Lo que Carlotta creía que entristecería a sus hijas fue para todas un motivo de felicidad.

Mitch acababa de casarse. Aunque estaba encantado con su esposa y ansioso por complacerla, pronto comenzó a echar de menos los partidos de baloncesto que jugaba una noche por semana con sus amigos. Ser egoísta era, para Mitch, volver a salir esa noche. Le preocupaba que a Kate no la hiciera feliz eso, pero le dijo lo que quería y, para su gran sorpresa, a ella no le molestó. Al contrario, también estaba contenta porque podría disponer de una noche para salir con sus viejas amigas, a las que no había visto desde hacía tiempo.

Una y otra vez, me doy cuenta de que cuidar bien de nosotros mismos es lo mejor para todo el mundo. Uno de mis colegas se sentía un poco indispuesto cierto día. Decidió cancelar todas las sesiones de coaching para descansar. Era una actitud completamente egoísta, pero cuando llamó a cada uno de sus clientes para cancelar la sesión, todos ellos le dijeron que, por una razón u otra, también preferían quedar para otro momento. Además su actitud resultaba ser un buen modelo para sus clientes. Al decidir que iba a cuidarse bien, les dio permiso para hacer otro tanto.

Lo curioso, cuando decides que tú eres lo primero, es que los demás te aprecian más y se acercan más a ti que antes. Prueba y verás. No me malinterpretes. Ser egoísta no es lo mismo que ser mezquino. Hay una enorme diferencia. Si cometes un acto de mezquindad tal como no ofrecer tu asiento en un transporte público a un minusválido o a una persona mayor, eso no te hará sentirte demasiado bien. Obviamente, te sentirás mucho peor que la persona a quien negaste ayuda. Si, por el contrario, le ofreces tu asiento, te sentirás muy bien. Hacer regalos y tener gestos agradables es, a fin de cuentas, puro egoísmo. Tú gozas del placer de dar (consejo 49). De modo que sigue adelante y recuerda: ponte a ti primero.

88. Invierte en ti

En una época de drásticas transformaciones, los que aprenden heredarán el futuro. Por lo general, los que enseñan están preparados para vivir en un mundo que ya no existe.

Eric Hoffer

Seamos francos. ¿Cuál es tu posesión más valiosa? Tú. Siempre me sorprende que la gente tenga tantas dificultades para dedicarse a sí misma. No sólo te lo mereces, sino que también lo necesitas mientras te preparas y evolucionas con el fin de realizarte plenamente. Por regla general, es una buena idea invertir del 5 al 10 por ciento de los ingresos en seguir formándose. Las estadísticas prueban que aquellos que lo hacen y tienen una mayor especialización, tienen ingresos más elevados. Dejando aparte el dinero, te debes a ti mismo o a ti misma ser lo mejor que puedas ser. Cada tres meses, el 25 por ciento de todo lo que conocemos en informática se vuelve obsoleto, porque la tecnología cambia de manera muy rápida. Esto significa que en un año, si no te has puesto al día, tus conocimientos serán insuficientes y otra persona hará tu trabajo más rápidamente y mejor que tú. Esto puede asustarte, excepto si te propones seguir aprendiendo y evolucionando.

La curiosidad es irresistible. Las personas curiosas sienten entusiasmo por aprender cosas nuevas, independientemente de su edad. Siempre están interesadas en mejorar, tanto personalmente como en su actividad profesional. No aprender ni evolucionar es una especie de muerte. Todo lo que está vivo crece. Hoy en día, cuando casi todos tenemos la posibilidad de acceder con facilidad al poder de la información por medio de Internet, no necesitas saberlo todo. Sólo debes saber cómo encontrarlo. Lo importante en el futuro no será el conocimiento que tengas, sino tu capacidad de aprender y adaptarte rápida y constantemente. Los rápidos y los curiosos irán por delante. El resto se quedará a la zaga.

¿Cómo ser curioso? Comienza por tomar conciencia de que no lo sabes todo. De hecho, si alguien lo supiese todo, sería un poco tedioso. Las personas curiosas saben que, por muchos conocimientos que tengan de un tema, todavía les queda mucho más por aprender. Por eso, son humildes y tienen una mente abierta, y son más interesantes que esa gente que cree saberlo todo. Una vez que comprendes que no lo sabes todo y que tampoco puedes llegar a saberlo, te resultará fácil caminar por el mundo con una mente abierta y con la disposición para aprender y absorber lo nuevo. ¿Has notado que los sabelotodos son incapaces de escuchar una nueva información? Consumen toda su energía en tener razón sobre lo que saben, en lugar de calmarse y comprender lo que les queda por aprender.

La curiosidad surge del deseo interno de crecer y evolucionar constantemente como ser humano. Personalmente, pienso que esa es la finalidad de nuestra vida, o por lo menos, una de ellas. Es natural que quiera buscar formas de crecer y evolucionar durante el resto de mi vida. Nunca terminaré de hacerlo, justamente porque es un proceso de desarrollo. Sólo puedes ser cada vez mejor. Todos mis clientes son personas curiosas, y quieren mejorarse a sí mismos y mejorar su vida. Están dispuestos a probar nuevas ideas y nuevas maneras de hacer las cosas. Hay que ser una persona bastante extraordinaria para reconocer las propias carencias y buscar el consejo y el apoyo idóneos para hacer todos los cambios que sean necesarios a fin de lograr la realización personal. Por la razón que sea, existen personas que carecen de interés por llegar a ser absolutamente lo mejor dentro de sus posibilidades y su potencial. Mucha gente no puede seguir un programa de coaching porque piensa que ya lo sabe todo.

Tomemos el ejemplo de Rob, un hombre muy guapo y un arrogante sabelotodo. Cuando hablabas con él, daba la impresión de que te miraba por encima del hombro. Trabajaba en un prestigioso banco de Wall Street y parecía no comprender por qué su jefa no le otorgaba el reconocimiento que merecía, y consideraba que era una necia. Se quejaba porque, después de pasarse todo un fin de semana trabajando arduamente en un informe, al entregarlo el lunes, su jefa le había señalado todo tipo de cambios (según él totalmente innecesarios) y le había ordenado que rehiciese el informe por completo. Rob contestó haciendo un comentario poco elegante en voz baja, para luego abandonar el despacho con el informe en la mano y francamente enfadado.

Todas las mañanas llegaba tarde a la reunión del equipo. Según su opinión, nunca discutían nada interesante de todos modos, amén de que él trabajaba siempre hasta tarde. Bien, a mí no me sorprendió que lo despidiesen, pero a él sí. Era la segunda empresa de Wall Street que lo despedía en el último año. No podía creerlo. Por fin, aceptó que, si quería tener éxito, necesitaba conocer los errores que cometía. En ese momento, Rob hizo un cambio espectacular. Dejó de pensar que tenía todas las respuestas y comprendió que necesitaba saber dónde estaba su error y que, para averiguarlo, le hacía falta ayuda. Una vez que escuché su historia, lo envié a un coach que había trabajado en consejos directivos de diferentes grandes empresas y que durante treinta años había formado parte del mundo financiero.

Rob era un cliente difícil, pero justo es reconocer que estaba dispuesto a escuchar y seguir los consejos de coaching y que cambió radicalmente su conducta. Después de unos meses, encontró un nuevo trabajo en otra empresa y comenzó de cero. Esta vez, enfocó el trabajo con la voluntad de aprender todo lo que pudiese de su jefe y sus colegas, aun cuando pensara que no siempre tenían razón. Un año más tarde, sigue en la misma empresa y su futuro parece prometedor. Ya no se siente frustrado, y además, es una persona mucho más tratable que antes.

Otra manera de abrir tu mente y actuar con mayor humildad es ponerte a aprender algo que ignores completamente, tanto da que sea poesía, física o a bailar el tango. El tema en sí no tiene mayor importancia. Escoge algo que te interese. Vuelve a ser estudiante una vez más, y comienza de cero. Rodéate de gente que sea más inteligente que tú. Haz que tu mente crezca y se expanda constantemente.

La formación, que en algún momento se consideró un lujo, hoy en día es una cuestión de supervivencia. ¿Todavía no sabes cómo utilizar tu ordenador? Deja de luchar con el manual e invierte dinero en unas clases, ya sea en una academia o con un profesor particular. ¿Quieres trabajar en el departamento internacional de tu empresa? Pídeles que te subvencionen unas clases nocturnas de idiomas. Casi todas las grandes empresas cuentan con fondos para la formación de sus empleados. Si no tienen fondos destinados a ello, pídelo de todas maneras. Aprovecha todos los cursos de formación que ofrezca tu empresa. Si tienes intención de seguir un curso que no figura en sus ofertas, habla con tu jefe y pídele la subvención.

He animado a mis clientes a asistir a cursos que le costaban miles de dólares a su empresa: de idiomas, de relaciones públicas y de contabilidad, entre otros. Todo lo que necesitaban era tener argumentos que demostrasen que mejorarían en su trabajo. Dado que la mayoría de las empresas exigen que los directores supervisen la formación y el desarrollo de sus empleados, podrías facilitarle la tarea a tu director y proponerle un programa de cursos con argumentos convincentes. Si trabajas por cuenta propia, quizá necesites aún más clases, porque probablemente haces un poco de todo, desde la contabilidad a las ventas. ¿Careces de formación administrativa? ¿Necesitas mejorar tus conocimientos de informática? Haz un curso. No te quedes atrás. La incompetencia no te llevará al éxito. Concédete el tiempo necesario para dominar tu campo de actividad, y sigue aprendiendo.

89. No te desgastes

He tenido muchas más ideas edificantes y visiones más creativas y amplias metido dentro de la bañera de uno de esos cuartos de baño estadounidenses, equipados maravillosamente, que en el interior de cualquier catedral.

EDMUND WILSON

Sabbath. Fiesta semanal cuyo origen se remonta al hecho de que Dios creó el mundo en seis días y se detuvo en el séptimo.

AMBROSE BIERCE

Si no te tomas un día a la semana completamente libre, con el tiempo, te desgastarás. Es un hábito que perdimos en algún momento, en algún lugar. No paramos de programar nuestros fines de semana. Nuestro cuerpo y nuestra alma necesitan un día de descanso. Según la Biblia, hasta Dios se tomó un día de descanso. ¿Qué mejor modelo podríamos tener? Necesitas un día libre para hacer lo que te apetezca. Sin planes previos, sin listas de cosas que hacer, sin compromisos para un aperitivo o para la comida. Un día de descanso, librado al azar, para descansar, jugar y honrar tu dimensión espiritual. Con esto no quiero decir que no debas tener compañía (aunque la soledad puede ser un alivio si normalmente no gozas de ella), sino que dejes ese día sin compromisos ni obligaciones. De ese modo, si te despiertas y te apetece quedarte en la bañera hasta el mediodía, puedes hacerlo sin faltar a un compromiso previo para tomar un aperitivo.

El Sabbath, para las personas que lo observan, es un periodo sagrado. Un día donde se dejan de lado los asuntos mundanos, un tiempo para dedicarlo a la espiritualidad. Las diferentes personas se dedican a la espiritualidad de distintas formas. Hay quienes van a la sinagoga o a la iglesia. Otros prefieren pasarse el día meditando o en contacto con la naturaleza.

Por otra parte, puede pasar que te despiertes y sientas deseos de llamar a tus amigos para ir a tomar un aperitivo o a pescar. No te dejes llevar por la razón, sino por tus inclinaciones naturales. Quizá pienses que así nunca terminarás de limpiar la casa o de lavar la ropa. No es cierto. Algunos días siento la necesidad natural de librarme del desorden que me rodea. Entonces, saco todos mis vestidos viejos y comienzo una limpieza frenética. Dado que no es muy común que me suceda, aprovecho todo lo posible el momento en que aparece esta necesidad de limpiar a fondo. Sea como sea, concédete un día de descanso por lo menos una vez a la semana. No sólo te lo mereces, sino que también lo necesitas para sentirte realmente bien.

Mona, una escritora de treinta y cuatro años, se sentía insatisfecha sin motivo aparente y no podía entenderlo. Tenía un hombre maravilloso a su lado y un buen trabajo, y acababa de montar un negocio por su cuenta, una actividad que le apasionaba, pero no era feliz. Después de analizarlo un poco, quedó claro que Mona nunca se tomaba un día de verdadero descanso. Los fines de semana se dedicaba a asistir a reuniones sociales, porque era el único tiempo de que disponía para divertirse y disfrutar de la compañía de su marido. Quería hacer vida social los fines de semana porque trabajaba en casa y no tenía la oportunidad de frecuentar gente. De modo que no le seducía la idea de tener un día de descanso durante el fin de semana.

Le sugerí que se tomase libre el viernes. Así lograría un día de descanso. Mona pensó que no era posible. Le dije que no era una opción. Si quería sentirse bien, era absolutamente necesario que encontrase tiempo para sí misma. El argumento funcionó. Comenzó por tomarse la tarde de los viernes. Cuando descubrió lo magnífico que era tener tiempo libre, hizo lo necesario para tomarse el día entero. A partir de ahí, cambió toda su perspectiva. Comprendió que, para poder disfrutar de su marido, su trabajo y sus amigos, primero tenía que cuidarse a sí misma. Aunque para ella ahora este día es sagrado, dice que, si la tarea asignada hubiese sido optativa, nunca la habría llevado a cabo. Hagas lo que hagas, tómate un día de descanso. Es la única manera de que te sientas bien.

Otra forma sencilla de luchar contra el desgaste es tomar un baño. En el mundo occidental actual, normalmente nos duchamos. Tanto es así, que podemos pasar un año entero sin tomar un baño. Un baño caliente es un placer inolvidable. Tiene muchas ventajas sobre la ducha. En primer lugar, es más relajante. Si le agregas espuma o utilizas aceites o jabones aromáticos, se vuelve un refinamiento. Mientras, puedes leer un libro o una revista, beber una copa de champán o un zumo de fruta o simplemente descansar con la cabeza apoyada en una almohada hinchable, meditando con una vela encendida y quemando incienso. Escucha tu música favorita.

Créate tu propio balneario. Echa un puñado de sales de Epsom (sulfato de magnesio) en el agua. Tomar un baño es algo maravilloso. Si eres una persona tan ocupada que no encuentras tiempo para ti, utiliza el baño como excusa para aislarte. Cuando cierres la puerta, deja detrás el mundo y entra a tu santuario privado. Te lo mereces. Cuando salgas del baño, estarás en un estado de total relajación. Hace poco, seguí un tratamiento de fricciones con sales y masajes en un balneario de Colorado. La terapeuta me explicó, mientras me friccionaba con una mezcla de sal, harina de maíz y aceite de coco, que la sal tiene la propiedad de eliminar la energía negativa que absorbemos de los demás. Fue así como Eric, uno de mis clientes, que se sentía frustrado porque sus arrendatarios no le pagaban el alquiler, siguió mi consejo de darse una fricción o un baño con sal para eliminar la energía negativa. Hizo las dos cosas y se sintió mejor de inmediato.

Mi padre escribió la mayor parte de su novela sentado en la bañera. Es un lugar formidable para que surjan las ideas y la creatividad. Siguiendo su ejemplo, escribí parte de este libro mientras me entregaba al deleite de tomar un baño. Las ideas surgían sin parar de mi mente. Cuando mi madre vivía en el desierto de Arizona, era siempre consciente de la necesidad de ahorrar agua. Le encanta estar largo tiempo bajo la ducha caliente, pero se siente culpable de usar tanta agua. Un baño le permite recostarse, relajarse y disfrutar sin sentir culpa. Es una manera de cargarnos de energía que está siempre a nuestra disposición y que no cuesta gran cosa. Mímate y relájate. ¿Qué haces para relajarte? Incorpora una relajación periódica dentro de la semana y tendrás la sensación de ser una persona más productiva, eficaz y dichosa.

90. MÍMATE SIN GASTAR DINERO

No te tomes la vida demasiado en serio. Nunca lograrás salir de ella vivo.

ELBERT HUBBARD

A veces, mis clientes se sienten maniatados económicamente y piensan que la única manera de divertirse es gastando dinero. Es una actitud carente de creatividad. Para que comiences a reflexionar sobre este problema, te propongo una lista de cosas divertidas que puedes hacer sin que te arruines. Agrega cualquier cosa que te parezca agradable y que puedas llevar a cabo sin echar por tierra tu programa de gastos.

1. Siéntate por lo menos veinte minutos al lado de un río, un estanque o un lago.
2. Llévate una silla o una manta al jardín de tu casa o al parque más cercano y come al aire libre. Llévate un buen libro.
3. Ve a un museo. Las obras de arte son fuente de inspiración.
4. Ve a una floristería y huele las flores.
5. Saca libros, CDs y vídeos en préstamo de la biblioteca pública.
6. Toma clases de pintura, dibujo o baile ofrecidas por asociaciones sin ánimo de lucro o por el ayuntamiento de tu población.
7. Siéntate en la playa y bébete una limonada lentamente.
8. Tómate un fin de semana de reposo en un monasterio donde no te cobren mucho por la pensión.
9. Siéntate a rezar o a meditar en el interior de una hermosa catedral o una iglesia.
10. Ve al jardín botánico.
11. Encuentra los lugares secretos de tu pueblo o ciudad.
12. Toma el té en un elegante y antiguo hotel.

13. Cultiva plantas, hierbas o verduras en el jardín o en el antepecho de la ventana.
14. Ve a una tienda de animales o a la Sociedad Protectora de Animales y acaricia a los animalitos.
15. Observa las estrellas.
16. Observa la puesta del sol con un amigo o una amiga mientras os tomáis una copa de vino o de champán.
17. Ve a comer a un bonito restaurante y toma el menú del día.
18. Tómate un postre exquisito o una enorme copa de helado.
19. En lugar de ir al cine, alquila un vídeo y haz palomitas en casa.
20. Colabora repartiendo los programas y ayudando de otras maneras en una obra de teatro o un concierto, y disfruta del espectáculo gratuitamente.

X

Éxito sin esfuerzo

La dignidad no consiste en la posesión de honores, sino en la conciencia de que nos los merecemos.

ARISTÓTELES

A estas alturas del proceso de coaching, ya has logrado atraer un sinnúmero de cosas, oportunidades y personas maravillosas. Te has deshecho de todo aquello que te fastidiaba y soportabas, y cuentas con una gran cantidad de energía, tiempo, espacio, dinero y amor. Sabes lo que quieres y haces lo que realmente te gusta. Durante este periodo de tiempo, has aprendido a cuidarte muy bien. Seguramente, tu vida es ahora más que interesante. Ya estás en condiciones de atraer aquello que deseas en la vida. Es un gran progreso. Quizá quieras atraer un trabajo importante, el perfecto socio para tu empresa, el amor de tu vida o la casa ideal.

El primer paso a dar es comprender que puedes tener lo que quieras siempre que te lo permitas. La parte IX («Cuida de tu posesión más valiosa») constituye un requisito previo porque te ayuda a aumentar tu buena disposición a tener cosas realmente magníficas. La mayoría de las personas se sabotean en un momento u otro, y la razón es que no están dispuestas a gozar de una vida tan satisfactoria. Al aumentar de forma espectacular el cuidado de tu persona, amplías y fortaleces tu «buena disposición a poseer».

Es casi imposible que atraigas lo que no crees merecer, de modo que si, por la razón que sea, tienes tendencia a sabotear tus logros, no pases por alto la parte IX de este libro. Aquellos que ya se ocupan bien de sí mismos están preparados para continuar. Veamos algunos consejos para que consigas atraer todo lo que deseas.

91. ATRAE LO QUE DESEAS SIN PERSEGUIRLO

Ah, pero lo que un hombre desea lograr debería estar más allá de su alcance. Sino, ¿para qué existe el cielo?

ROBERT BROWNING

Antes que nada, para conseguir lo que deseamos es imprescindible que estemos dispuestos a concretar ese deseo. Piensa en algo que realmente quieres, quizás un trabajo especial, un premio, una posesión material o una suma de dinero. Tal vez hayas pensado: «Quiero esto, pero no puedo tenerlo». La realidad se basa, por lo tanto, en esa creencia subyacente: «No puedo tenerlo», y por supuesto, no lo has conseguido. Sólo recibirás aquello que desees cuando modifiques tu forma de pensar, o sea, cuando digas: «Puedo tenerlo», «¿Cómo puedo conseguirlo?» o incluso: «Lo tengo». Tus pensamientos tienen gran poder y se manifiestan en la realidad. Si quieres saber lo que otras personas piensan de sí mismas, observa su vida. Uno atrae aquello que cree merecer.

Josephine, una de mis clientas, quería dejar su carrera en el campo de los seguros para comenzar a trabajar por cuenta propia como asesora de empresas. Pensó que no estaría mal dejar la compañía de seguros en la que trabajaba puesto que acababa de fusionarse con otra y ella creía que podría negociar previamente una indemnización. Su supervisor fue bastante pesimista en cuanto a sus posibilidades reales de obtenerla, y así lo pensó ella también. Entonces, hablando con sus colegas, se enteró de que otro buen empleado había dejado la compañía de seguros sin hacer mucho ruido, «por razones personales» y con una indemnización.

De pronto, Josephine cambió su manera de pensar. Si este hombre había podido hacerlo, también ella podría. Desde ese momento, la indemnización pasó a ser una posibilidad concreta. Josephine había pasado de la expresión de un deseo a la convicción de «poseer» lo que deseaba. Esta nueva y profunda convicción produjo una modificación en su manera de actuar. Le dijo a su jefe que quería esa indemnización. Dos meses más tarde, al ver que no había forma de persuadirla para que se quedase, su jefe se la dio junto con un buen número de beneficios adicionales. Josephine nunca le hubiese convencido de no mediar ese cambio en su manera de pensar, cambio que le otorgó el grado de tenacidad necesario para conseguirlo.

Tu realidad es simplemente el reflejo de tus propias ideas. Cuanto más dispuesto o dispuesta estés a permitirte lo que sea, más probabilidades tendrás de conseguirlo. Por lo general, antes que lo que persigues se concrete, debes tener la convicción de que *puedes* tenerlo. Peter, un actor de Nueva York que luchaba por abrirse camino, se sentía frustrado porque vivía en un lóbrego apartamento que odiaba, situado lejos del centro. Todos sus amigos vivían en una zona más elegante y cara que la suya. Deseaba de todo corazón conseguir un apartamento en un sitio mejor, pero estaba convencido de que nunca llegaría a encontrar uno por menos de 500 dólares al mes, que era lo máximo que podía pagar.

Le dije que si estaba convencido de esa imposibilidad, nunca lo encontraría. Le asigné la tarea de describir su apartamento ideal por escrito, con el mayor detalle posible, incluyendo el alquiler que pagaría por él. Quería un estudio en el oeste del Village, con un jardín detrás, que no fuese compartido, con vecinos tranquilos, muy soleado y situado cerca de un gimnasio. Todo por 500 dólares como máximo. Dado que en ese momento el alquiler de un apartamento como ese estaba en los 750 dólares y había gran demanda, era lógico suponer que no lo encontraría. Le dije que no perdiera de vista su ideal, que lo mantuviera en su mente, y que imaginara cómo sería su vida en ese lugar. Antes de tres meses, Peter encontró lo imposible. Un amigo de un amigo de un amigo subarrendaba un estudio con jardín en el oeste del Village, a poca distancia de un gimnasio, por 400 dólares al mes. Peter estaba maravillado. Adora su nuevo apartamento, y sus amigos no pueden creer que haya tenido tanta suerte.

Tus pensamientos determinan tus actos, que a su vez determinan los resultados que obtienes. Es fácil decirlo, y no me extrañaría que te preguntases cómo se puede cambiar la forma de pensar. Sigue leyendo y te enterarás.

92. ESCRÍBELO QUINCE VECES POR DÍA

Las palabras «Yo soy...» son muy poderosas. Ten cuidado con lo que digas después de ellas. Aquello que reclamas tiene una manera de llegar a ti y reclamarte a su vez.

A. L. KITSELMAN

Para modificar tu manera de pensar y pasar del querer al tener, escribe quince veces por día lo que deseas. Soy consciente de que esto te puede parecer simplista y quizá ridículo, pero funcionó para Scott Adams, el mejor dibujante de tiras cómicas del mundo. ¿Por qué no habría de funcionar para ti? Adams es el creador de «Dilbert». Al principio, era muy escéptico con respecto a este método, pero lo intentó de todos modos. Comenzó con pequeños objetivos —impresionar a cierta mujer y obtener unas acciones—, y cuando los consiguió decidió que necesitaba una prueba mayor. Estaba a punto de hacer el test GMAT (Graduate Manager Admission Test) para entrar en empresariales, y pidió sacar 94 puntos. Cuando miró los resultados, había conseguido exactamente 94 puntos. Ahora estaba convencido del poder de escribir sus objetivos quince veces por día, y comenzó a escribir: «Seré el mejor dibujante de tiras cómicas del planeta». En aquella época, lo que Adams escribía parecía imposible. Tenía por delante de él a Gary Larson («The Far Side») y Bill Watterson («Calvin y Hobbes»). Aconteció un hecho sorprendente: ambos dibujantes se retiraron, dejando a Adams en el lugar número uno. Cabe señalar que Adams tuvo su gran parte activa en este objetivo; dibujaba tiras cómicas y escribía un libro.

Si bien Adams escribió su objetivo en futuro, es aún más potente escribirlo en presente y comenzar la frase diciendo: «Soy...». En lugar de: «Tendré millones de dólares», escribe: «Tengo millones de dólares». Si no consigues lo que quieres, es probable que ese no sea tu interés primordial o que no beneficie a todos los implicados. Por ejemplo, no sería prudente desearles la muerte a tus rivales o a tu jefe, para tomar el lugar que dejen. Trata de que tus pensamientos sean siempre positivos. Los negativos tienen el efecto de un bumerán que te devuelve resultados también negativos. ¿Cómo te gustaría ser? Escribe tu «Soy» más importante quince veces por día y el genio del universo se pondrá manos a la obra.

Si has seguido este libro con atención, deberías sorprenderte de que esto no entre en conflicto con tu lista de objetivos desechados. Tienes razón, ese conflicto se produce. Pero ahora ya has desechado todos tus viejos objetivos y has comprendido lo que *realmente* quieres, de modo que es correcto que agregues ese objetivo determinado. Por supuesto, es igualmente válido que prefieras no escoger ninguno más. Aquellos de vosotros que tenéis un objetivo específico, dadle una oportunidad a esta técnica, sobre todo si dudáis de vuestra capacidad para alcanzarlo.

Matthew, coordinador de ediciones de una importante editorial, estaba haciendo entrevistas para un trabajo en otra empresa. Sabía que le iban a hacer una oferta y que probablemente le preguntarían cuánto quería ganar. Lo habló con su mujer y se hizo una idea de lo que quería. Entonces, escribió quince veces: «Gano ¥ miles de dólares y tengo un mes de vacaciones al año». La cantidad prevista era un salto importante con respecto al salario que recibía en esos momentos, y además, era más bien raro lograr unas vacaciones tan largas en el mundo editorial.

Al día siguiente le ofrecieron el trabajo, y por supuesto, le preguntaron cuánto quería ganar. Matt dijo la cantidad sin pestañear. ¡Y le dijeron que sí! También consiguió el mes de vacaciones. Me llamó para darme las gracias. Me dijo que, de no escribirlo hasta creérselo, su voz hubiese tenido un tono inseguro, se hubiera expresado mal o se hubiera sentido violento, y habría perdido esa buena oportunidad. Lo único que quisiera Matt ahora es haber pedido más dinero aún.

El sentido de escribir lo que deseas quince veces por día está en el hecho de que, a fuerza de leerlo, lo incorporas en tu mente, y llega un momento en que comienzas a pensar que es verdad. La primera vez que escribas lo que deseas, todas las vocecitas de tu cabeza comenzarán a gritar: «¿Quién te crees que eres? Nunca lo conseguirás. ¿A quien quieres engañar? Venga, sé realista, tú no puedes conseguirlo». Déjalas que griten y sigue escribiendo. Con el tiempo, llegarás a un punto en que las vocecitas dirán: «Oye, puedes hacerlo. Es pan comido. ¿Qué problema hay?». Entonces sabrás que has hecho el cambio mental necesario para pasar del querer al tener. De modo que agarra un bolígrafo y ponte manos a la obra.

93. No tengas en cuenta los aspectos negativos

La mente es tu propio lugar, y puede por sí misma hacer un paraíso del infierno, y un infierno del paraíso.

MILTON, *El paraíso perdido*

Un principio de las artes marciales afirma que los aspectos negativos no deben tomarse jamás en consideración. En otras palabras, si vas a luchar contra tu rival, decide desde el principio lo que vas a hacer y hazlo. No pienses que vas a recibir una paliza ni que terminarás mal, ni siquiera pienses en la más mínima posibilidad de que tal cosa suceda. Concéntrate en avanzar. Hace poco descubrí que este principio es muy útil cuando se practica bicicleta de montaña. Fui a ver a mi hermana en Colorado y pensé que podía ser divertido probar un poco. Martin, el prometido de mi hermana, iba a hacer una excursión en bicicleta a la cima de una pequeña montaña; me mostró cómo funcionaban las velocidades y lo acompañé. Yo lo estaba pasando mal porque confundía las velocidades, de modo que me parecía que utilizaba la velocidad de bajada cuando necesitaba la de subida y viceversa. Para complicar más las cosas, íbamos por el borde de un risco, balanceándonos para evitar las enormes rocas del sendero. No podía evitar mirar hacia abajo e imaginar lo peor. Veía mi cuerpo rodando por la ladera de la montaña. Como es de suponer, tenía un susto de muerte. Por suerte, no tuvimos grandes contratiempos, excepción hecha de algún moretón.

Al final del viaje, le confesé mi pánico y mi ineptitud a Martin, que me dijo: «Lo mejor es mirar siempre hacia delante, hacia donde quieres ir y no hacia donde no quieres ir [el borde del precipicio]. Mantén tus ojos fijos en el sendero y tu cuerpo te seguirá». Es un sano consejo de coaching para aplicarlo a la vida. Recuerda el principio que dice que aquello en lo que centras la atención se expande. Si te concentras en los aspectos negativos, es probable que sean los que se manifiesten en tu vida. Tal como el dinero llama al dinero, lo positivo llama a lo positivo y lo negativo llama a lo negativo. En ese sentido, lo igual se atrae.

Es más fácil hablar de hacer desaparecer los pensamientos derrotistas o negativos que llevarlo a la práctica, sobre todo si uno anda junto al borde de un precipicio en una bicicleta de montaña. Veamos qué puedes hacer con los pensamientos negativos y las ideas de fracaso que aparecen en tu mente en los momentos más inoportunos. Trata de dialogar con ellos: «Hola, ya estás otra vez aquí. ¿Qué haces? Vete». Luego, concéntrate en lo que quieres: «Soy atleta por naturaleza. No me costará nada subir esta cuesta». Puedes mentalizarte para liberarte de los pensamientos negativos y sustituirlos por otros positivos.

Una de mis clientas, Birgit, una diseñadora gráfica de cuarenta y un años, me hablaba de las vacaciones que tenía planeadas con su novio. Le preocupaba que no fuesen muy divertidas y se imaginaba que discutirían mucho, porque a ella le gustaba quedarse tranquila en la playa y leer libros, y él prefería la actividad constante, es decir, jugar al golf y hacer largas caminatas para ver los paisajes del lugar. Le insinué que si pensaba que sus vacaciones no iban a ser agradables, lo más probable era que terminara consiguiéndolo. Mentalmente, se estaba preparando para tener unas vacaciones desastrosas, y eso era ridículo. Se rió y comprendió lo que estaba haciendo. Entonces, comenzó a pensar en ella y su novio divirtiéndose y pasándoselo muy bien, sin obligación de estar juntos durante cada minuto de esas vacaciones. Cada uno podía hacer lo que le apeteciese. Dos semanas más tarde, Birgit me llamó para contarme que había pasado unos días maravillosos. Habían discutido un poco tan sólo una vez, pero lo habían solucionado de inmediato. Ahora se sentían más cerca el uno del otro. La vida te ofrece lo mejor, si la dejas.

Tratemos ahora un poco más a fondo el tema de los pensamientos negativos. Un pensamiento o una observación pueden ser negativos, pero tu respuesta no. Por ejemplo: «Ciertamente, esa persona es muy desconsiderada». Esto es una observación. Pero tú tienes muchas opciones. Puedes ampliar ese pensamiento: «No puedo creer que se haya atrevido a cerrarle el paso a un minusválido», y luego irte a casa y contárselo a todo el mundo. O bien puedes hacerle una observación a la persona en cuestión en ese mismo momento: «¿Te has dado cuenta de que no dejaste pasar a ese minusválido?». Una vez hablas de lo sucedido sobre la marcha, ya te puedes olvidar de ello. Es mucho más eficaz que alimentar el enfado con una creciente energía negativa. El otro día, hablaba con Michael, un cliente mío, y él se dio cuenta de que había olvidado completamente un incidente que, por cierto, aclaró en el mismo momento en que se produjo y que, por regla general, hubiese hecho que se sintiera ofendido durante semanas (consejo 7).

Veamos otro ejemplo: «Ay, me parece que no puedo cerrar la cremallera de mis pantalones». Puedes escoger todo tipo de respuestas. Negativa: «He aumentado de peso otra vez. No tengo voluntad. Soy un desastre. Nadie me querrá si engordo». Meter la cabeza debajo del ala: «La secadora ha encogido los pantalones». O positiva: «Seguramente, es una señal de que no me ocupo lo suficiente de mí. Hoy mismo pondré en marcha un plan para cuidarme seriamente». Ten en cuenta que el hecho de escoger la respuesta positiva no implica la negación de los hechos; al contrario, los aceptas y tomas las medidas necesarias para solucionarlos. Muchas veces, los problemas que se nos presentan son mensajes que nos obligan a emprender las acciones apropiadas (consejo 69). Si no estás dispuesto o dispuesta a tomar esas medidas, acepta los hechos tal como son. Si no puedes aceptarlos, haz lo necesario para modificarlos.

He aquí una lista de consejos que te ayudarán a eliminar los pensamientos negativos persistentes:

- Escribe los pensamientos negativos que sueles tener, y cada vez que los expreses durante el día, márcalos con una cruz. Por lo general, darnos cuenta de la cantidad de veces que somos negativos es suficiente para modificar nuestra conducta. Una de mis clientas era muy dura consigo misma. Le pedí que llevase un registro de los pensamientos negativos que tenía sobre sí misma. Su número uno era: «¡Qué estúpida soy!». Una vez que tomó conciencia de que lo decía alrededor de cincuenta y siete veces por día, decidió acabar con eso y decirse: «De hecho, soy bastante inteligente».

- Anota todos tus pensamientos negativos en una hoja de papel y luego quémala.
- Lee el libro *You Can't Alfford the Lukusy of a Negative Thought* [Usted no puede permitirse el lujo de tener pensamientos negativos], de Peter McWilliams.

94. GUÁRDATE UN AS EN LA MANGA

Los que desean poco están cerca de los dioses.

SÓCRATES

El secreto de atraer lo que quieres en la vida es no desear nada. Ya sé, es otro callejón sin salida. ¿Por qué es tan fácil conseguir lo que no deseamos? ¿Has notado que son justamente las personas que no te interesan las que te llaman con mayor frecuencia? He leído muchos libros que aconsejan desapegarse del resultado. Pero, ¿cómo podemos lograrlo si el objeto de nuestros deseos nos invade con tanta intensidad? Agreguemos a esto la existencia de otros libros que afirman lo contrario. Esto es, que debemos perseguir el objeto de nuestros deseos concentrándonos en él con toda nuestra pasión. El problema es que debemos seguir los dos consejos. Por un lado, debemos desearlo con todo nuestro corazón, y al mismo tiempo no sentir la necesidad imperiosa de poseerlo. No es una tarea insignificante.

La mejor manera de desapegarse del resultado es, como suele decirse, guardarse un as en la manga. Esto también te ayudará a concentrarte a fin de satisfacer primero tus necesidades. De esa manera, reducirás tu ansia y aumentarás tu capacidad de atraer lo que deseas (consejo 43). El paso siguiente consiste en contar con distintas y múltiples opciones (consejo 95). Si quieres conseguir un trabajo en una determinada empresa, lo mejor es que acudas a entrevistas en otras empresas, de modo que incrementes tu capacidad de negociación. Si dependes de una persona o de una organización para satisfacer tus necesidades, pronto tendrás problemas, porque esa misma dependencia a la larga provocará un rechazo por tu parte (consejo 44). Si sientes un amor apasionado por una mujer o un hombre, equilíbralo saliendo con otros amigos. La pasión o el deseo no disminuirán, ya sea por una persona o por un trabajo, pero tu necesidad será menor que antes. Y cuanto menos necesites algo, más lo atraerás. Sé que a nadie le gusta que la vida funcione de este modo, pero así es. Mejor, entonces, aceptarla tal como es y obrar en consecuencia.

Veamos el caso de este libro. El coaching me apasiona, así como ayudar a los demás a tener éxito en la vida y a ser felices. Quiero que este libro tenga una gran repercusión, y estoy dispuesta a hacer todo lo posible para lograrlo, pero no dependo de este libro para pagar el alquiler de mi casa. Mi trabajo como coaching va muy bien y paga las facturas. Este libro es un dividendo adicional. Si dependiera de los ingresos que me puede reportar, me hubiese desesperado a la búsqueda de un agente literario o un editor, y el resultado más probable hubiese sido un rechazo. Las personas huelen la desesperación a kilómetros de distancia. Pero como no era ese el caso, podía relajarme y disfrutar del proceso de publicación. No tenía intención de conseguir un agente literario, y sin gran esfuerzo por mi parte, encontré a uno de los mejores, que se ocupó de la difícil tarea de encontrar un editor. Como alternativa, había decidido publicar yo misma el libro en caso de que al editor no le interesase. Por otra parte, mantenerme indiferente en cuanto a su publicación, con el enorme trabajo que ello significa, habría sido insoportable. Gracias a mi pasión, pude escribir durante los fines de semana soleados cuando todo el mundo se iba a la playa para descansar y gozar del buen tiempo. No representaba un sacrificio, porque disfrutaba profundamente de todos los altibajos y retos que escribirlo comportaba.

Maxine trabajaba en ventas y estaba muy agobiada. Le resultaba casi imposible llamar a la gente con una cierta serenidad, sabiendo que tenía que soportar que le colgaran el teléfono o que le dijesen cosas como: «Todos los días me llaman personas como usted por lo menos veinte veces. Por favor, déjeme en paz». Lamentablemente, todo este panorama formaba parte de su tipo de trabajo. No me sorprendió oírle decir que se sentía muy desgraciada. Estaba demasiado pendiente de conseguir una entrevista en cada una de las llamadas que hacía, y vivía como un fracaso el hecho de no lograrlo. Decidimos modificar su centro de atención. El nuevo objetivo de Maxine era hacer las veinticinco llamadas diarias, solamente para entablar una relación. No tenía que venderles nada. No tenía que tratar de convencerles para que aceptasen una entrevista. Su interés era conocer a las personas y su actitud la de: «¿Puedo ayudarle en algo?».

Maxine es una persona sociable y muy agradable, que tiene muchos amigos, de modo que le pareció que con este objetivo iba a divertirse mucho. Al no sentirse presionada, pudo serenarse y ser ella misma. La situación mejoró de inmediato. Comenzó a conocer a los posibles clientes y a saber cuáles eran sus necesidades, en lugar de imponerles las suyas. Ahora, habiéndose desapegado del resultado y sin tratar de forzarlo, realizaba las ventas que necesitaba hacer sin gran esfuerzo.

Otra de las claves para desapegarse del resultado es disfrutar con la actividad desarrollada, tanto como para que el resultado que se obtenga no sea algo prioritario. Cuando se les preguntó a un cierto número de personas qué aspectos de su vida actual modificarían si ganasen un millón de dólares, sólo un puñado de ellas respondió: «Absolutamente nada. Seguiría haciendo lo mismo porque mi vida me gusta». He ahí una vida que merece la pena. Leí una historia en *Forbes* acerca de la vida de las personas más ricas del planeta. Un multimillonario vivía en una casa modesta, absolutamente normal, y se vestía con ropa muy sencilla. La pasión de su vida era su trabajo, y le importaban muy poco las cosas materiales.

Contesta a estas difíciles preguntas:

- ¿Podrías seguir amando a alguien que no te correspondiera?
- Si te gustara escribir, pero nunca consiguieses que te publicaran nada, ¿seguirías escribiendo?
- ¿Dejarías de trabajar si no lograses que se valorara tu trabajo o alcanzar un determinado estatus?

Piensa unos momentos en por qué haces lo que haces.

- ¿Es por el resultado final o por el placer de hacerlo? Comienza a estructurar toda tu vida de modo que hagas sólo aquello de lo que disfrutas, lo cual, en última instancia, es el verdadero éxito. Empieza por un pequeño aspecto de tu vida y deja que el impulso te lleve hacia los otros.

- ¿En qué áreas tratas de forzar un cierto resultado? ¿Qué tienes que tener para que tu vida sea dichosa? Piensa en otras opciones que puedas crearte y otras maneras de satisfacer tus necesidades. Tendrás el doble de posibilidades de conseguir lo que deseas porque poseerlo ya no será imperativo. Guárdate un as en la manga y obtendrás el grado de seguridad adicional que garantiza el éxito.

95. TIRA MUCHOS GUIJARROS

Una onza de acción vale más que una tonelada de teoría.

FRIEDRICH ENGELS

Tira siempre tu anzuelo, porque donde menos te lo esperes picará el pez.

OVIDIO

Si quieres atraer el éxito, debes relajarte y dejar que las personas y las situaciones vengan a ti. Insistir, presionar, seducir, convencer y ser convincente y persuasivo puede funcionar, pero nada de eso es, lo repito, atractivo. Es fácil que uno pierda una cantidad preciosa de tiempo y de energía esforzándose por encauzar las cosas para que vayan como uno quiere. Cuando arrojas guijarros a un estanque, el agua ondea. Lo mejor que podrías hacer sería algo similar a tirar muchos guijarros al agua y ver cuáles son las ondas que vienen hacia ti. Si no tienes la total seguridad de la dirección que deseas tomar en tu profesión o si buscas una relación amorosa seria, lo mejor y lo más placentero es probar muchas posibilidades. Preséntate a entrevistas informales en los lugares que siempre pensaste que eran interesantes aunque no poseas la práctica o la formación necesarias. Experimenta con distintas ideas u opciones y no te preocupes. Tu tarea es arrojar muchos guijarros al agua.

Frank había diseñado un programa de contabilidad y quería conseguir clientes. Enviaba voluminosos y caros paquetes con muestras a las gestorías más importantes del país, sin obtener respuesta. Decidimos probar otro método: enviaría una concisa circular de una página a mil empresas y vería si alguna mostraba interés, en cuyo caso respondería enviando el paquete con las muestras. Con esta estrategia, no sólo disminuyeron sus gastos de impresión, sino que ya no perdía tiempo con la gente que no tenía interés en su propuesta.

Este principio es igualmente aplicable al mundo de las relaciones personales. ¿Quieres encontrar a tu gran amor? ¡Fantástico! Frecuenta a muchas personas distintas, no te quedes con ese hombre o esa mujer que está más o menos bien. Buscas a una persona entre un millón. ¿Con cuántas has salido? ¿Con treinta? Pues bien, te espera un largo camino. Esto no significa que tengas que salir con un millón de personas, pero las posibilidades de encontrar tu ideal se multiplicarían si salieras con algunas más. Nita Tucker tiene un libro delicioso y muy ameno titulado *How Not to Stay Single* [Cómo no seguir soltero], donde sugiere que sonrías a todo el mundo. Sonríe siempre y fíjate en las personas que te devuelvan la sonrisa.

Si estás tratando de «conquistar» a una persona en particular, deja que se aleje. Es probable que no merezca la pena. No pierdas el tiempo y ocúpate de la siguiente. Comenzar una nueva relación debe ser algo divertido, y si no lo es, no vale la pena. Si haces demasiados esfuerzos para seducir a alguien, es probable que, de todos modos, la relación termine mal, de manera que quizá te convenga no perder más el tiempo y mirar hacia otro lado. No puedes obligar a nadie a que te quiera. Eso no quiere decir que, si ya tienes una buena relación afectiva, no tengas que esforzarte para mantenerla. Pero si desde el principio de la relación tienes que esforzarte para que resulte, puedes dar por seguro que conservarla no será un camino de rosas.

96. AGREGA VALOR A TUS PRODUCTOS O SERVICIOS

No puedes construirte una reputación basada en lo que piensas hacer.

HENRY FORD

Si a cada interacción le agregas un valor adicional, lograrás tus objetivos. Comencemos por los negocios: la manera más rápida de que un negocio prospere es que tus clientes estén encantados contigo. Quieres que estén muy satisfechos de tus servicios o del producto que ofreces, y que lo comenten, entusiasmados, con sus amigos y familiares. Es la publicidad más eficaz que puedes hacer. Vale la pena que inviertas el tiempo que sea necesario en idear una manera de mejorar tu servicio o tu producto. Debes darles a tus clientes más de lo que esperan recibir, anticipándote a lo que les gustaría antes que ellos mismos lo perciban. Según de qué negocio se trate, los detalles serán distintos. Piensa en la última vez que una empresa te ofreció una ventaja adicional respecto a un determinado producto.

El hecho de mejorar la calidad de tus servicios no tiene por qué redundar en mayores gastos. Por ejemplo, una tienda de ropa agregaría valor a sus productos al permitir que sus clientes se llevaran al cambiador todas las prendas que quisieran. Una tienda de comestibles descubrió que a sus clientes les gustaba más, en lugar de llevarse una caja de fresones, escogerlos uno por uno. Una vez que decidieron dejar los fresones a disposición de sus clientes, las ventas aumentaron, porque la gente compraba más fresones de los que cabían en una caja. Muchas empresas tienen una estrategia de ventas que incluye ofrecer a sus clientes la posibilidad de devolver la compra, sea lo que sea, en caso de que se presente algún problema con el producto adquirido.

Tu modo de agregar valor a tus productos o servicios puede muy bien ir ligado a tu manera de ver las cosas y a tu propósito en la vida. La pastelería Greyston de Nueva York contrata a personas sin techo y les proporciona una buena formación. Asumen la responsabilidad de ayudar a estas personas a reintegrarse a la sociedad, y también se comprometen a elaborar sabrosos productos de pastelería con ingredientes naturales. El valor adicional que distingue a Greyston de las demás pastelerías es su función social. Cuando compras alguno de sus productos, sabes que estás ayudando a las clases desfavorecidas de la sociedad. Fue así como la heladería Ben & Jerry, que buscaba proveedores para sus sucursales locales, contrató a la pastelería Greyston para que fabricase los dulces de chocolate y nueces que sirven con sus helados.

Bien, ¿que podrías hacer tú personalmente? Veamos cómo puedes mejorar o agregar valor a cada situación. Quizá le sonríes al conductor del autobús. Aceptas y reconoces la valía de los demás (consejo 77).

Perdonas de antemano (consejo 42). Haces un favor y no se lo cuentas a nadie. Llamas a un ser querido tan sólo para decirle: «Te quiero». Sabes escuchar a los demás (consejo 73). Dejas pasar a alguien en una cola. ¿Comprendes la idea? Simplemente piensa cómo puedes mejorar cada una de tus interacciones. ¡Es muy agradable! Si para ti no lo es, eso significa que lo haces porque crees que «debes» hacerlo. ¡Ten cuidado con los «deberías»! Si algo se convierte en un «debería», es mejor no hacerlo (consejo 4). ¿De qué manera dejarías que escogieran los fresones en tu caso? Ofrece lo inesperado y atraerás el éxito de un modo natural.

97. Entabla amistad con tu miedo

La vida se contrae o se expande en proporción directa a nuestro coraje.

Anaïs Nin

A veces, mis clientes utilizan sus miedos para justificar su imposibilidad de llevar a cabo ciertas cosas. Odian admitirlo porque creen que tener miedo está mal y no deberían tenerlo. En ese momento, me detengo para averiguar las razones de ese miedo. ¿Qué es lo que se lo provoca? ¿Sabes qué?, el miedo no es algo malo, es nuestro amigo. Por lo general, tenemos miedo por alguna excelente razón. Y a menudo, la mejor solución es enfrentar ese miedo para luego entrar en acción.

Ron llevaba doce años trabajando en la misma empresa, aunque no se sentía satisfecho de la labor que realizaba. Lo que realmente deseaba era dejar ese trabajo y montar su propia empresa consultora. Nuestra conversación fue más o menos así:

—Bien, ¿por qué no lo haces?

—Me da miedo. ¿Y si fracaso?

—De acuerdo, es comprensible que tengas miedo. Existe la posibilidad de que fracases; pero, ¿qué es concretamente lo que te da miedo?

—Tengo miedo de no ganar suficiente dinero, de perderlo todo y terminar en la calle.

—Bueno, me parece muy lógico que tengas miedo, pero lo que temes no es montar tu propia empresa, sino no tener suficiente dinero.

—Así es.

—¿Cuántos meses podrías vivir del dinero que tienes ahorrado en caso de dejar tu trabajo?

—Tres meses.

—No me extraña que tengas miedo. No basta. Si tuvieses suficiente dinero para vivir de nueve meses a un año, seguramente no tendrías tanto miedo, ¿no es verdad?

—Sí, así es.

—Bueno, vamos a hacer un plan para aumentar tus ahorros, de modo que puedas hacer la transición y comenzar con tu empresa sin preocuparte por el pago de tu hipoteca.

—¡Fantástico!

Como ves, el miedo puede ser un aliado muy útil. Analiza un poco el porqué de tus miedos y piensa en lo que podrías hacer para mitigarlos. Entonces, te será mucho más fácil ponerte manos a la obra.

A veces, no conviene eliminar los miedos porque pueden resultar muy útiles. Uno de mis amigos quería dejar de fumar y se trató con un terapeuta especializado en hipnosis. El tratamiento dio un excelente resultado, tanto es así que pensó que también podía solucionar otros problemas que le molestaban. Le comentó al terapeuta que tenía un miedo malsano a los tiburones, y que de superarlo, podría navegar y nadar en el océano con mayor placer, sin temor a que uno de ellos le mordiera el trasero. El terapeuta lo miró y le dijo: «De ninguna manera. Está bien que les tenga miedo a los tiburones».

Los miedos surgen de diversas fuentes. Es interesante examinarlos para determinar su origen y si son o no infundados. A veces, descubrirás que lo son. Puede que se trate de miedos que se remontan a la niñez, dado que nuestros padres tratan de hacer todo lo posible por protegernos. Un consejo como: «No hables con extraños» es perfecto para un niño de cinco años. No obstante, llegará un momento en que tendrás que hablar con gente que no conoces simplemente para poder sobrevivir. Los miedos también pueden ser fruto de prohibiciones culturales o religiosas. Uno de los más poderosos instigadores de miedo son las noticias.

Mi abuela vio un reportaje en la televisión sobre una mujer que viajaba sola y a quien raptaron y asesinaron. Como es natural, se asustó y no quería que ningún miembro de la familia viajase solo. ¿Cómo voy a vivir mi vida, tener aventuras y dictar seminarios por todo el país si no viajo sola? A veces el miedo es una gran protección, pero nos olvidamos de que las noticias son por lo general poco fiables, pues no reflejan con exactitud lo que realmente sucede en el mundo. No hablan de las 500.000 mujeres que viajan solas, felices y sin problemas. Eso no es una gran noticia.

Aunque intelectualmente siempre comprendí que las noticias de la televisión eran exageradas, no llegué a tener conciencia de cuánto lo eran hasta el atentado de 1993 al World Trade Center, en el centro de Manhattan. Camino de mi trabajo, cruzaba la Estación Central al día siguiente del atentado y un reportero de televisión, micrófono en mano, me detuvo para preguntarme:

—¿No tiene miedo de caminar por un edificio público después del atentado al World Trade Center?

—No, no se puede vivir con miedo. Eso es precisamente lo que quieren los terroristas —le contesté.

No era la respuesta que buscaba, de modo que le preguntó a la siguiente persona que pasaba, quien también le dijo que no tenía miedo, así como la otra y la otra. Escuché que el reportero murmuraba entre dientes: «¿No hay nadie que tenga miedo en esta ciudad? Así no conseguiremos un buen reportaje».

Yo sonreí para mis adentros y pensé: «¡Bravo por los neoyorquinos! No permitiremos que una banda de infames terroristas venga a sembrar el pánico».

Aquella noche, en las noticias de la televisión, apareció ese mismo reportero. Lógicamente, yo esperaba ver a aquellos neoyorquinos serenos e imperturbables de la mañana. Pero, en lugar de eso, presentaron a un grupo de gente histérica, lamentándose y gimiendo sobre lo terrible que había sido, y quejándose de que ya no era posible entrar en ningún edificio importante. Debían de haber buscado por todas partes a esa banda de chiflados. Fue entonces cuando realmente se me abrieron los ojos en cuanto a la realidad de los noticieros: en lugar de ofrecer una información fiel de los hechos, construyen una tragedia. Dejé de mirarlos, porque comprendí que era una pérdida de tiempo. Si quieres realizar tus sueños, tendrás que correr algunos riesgos. No permitas que los medios de comunicación ni nadie más te detengan.

Otra manera de afrontar el miedo es comenzar a arriesgarse más en la vida. (No me refiero a que realices todo tipo de actividades que supongan un peligro para tu salud física.) Corre riesgos pequeños, e incluso grandes. ¿Por qué? Porque correr un riesgo, hacer algo que te dé miedo, te hará sentir que vives plenamente, y te hará vibrar. El miedo hace que tu corazón se acelere y tus piernas tiemblen. Si te arriesgas, llegarás a ser una persona más fuerte y poderosa. He aquí algunas sugerencias para fortalecer tu capacidad de arriesgarte:

1. Pídele un aumento a tu jefe. La mayoría de las personas reciben salarios bajos teniendo en cuenta el trabajo que hacen. ¡Pide más!
2. Llama a alguien a quien tenías la intención de llamar y, por la razón que sea, no lo hiciste.
3. Pídele a alguien que se haga cargo de alguna de tus necesidades (consejo 44).
4. Pide disculpas a alguna persona a quien hiciste daño, aunque ella no sepa que fuiste tú.
5. Devuelve algo que hayas «tomado prestado», con las disculpas correspondientes.
6. Ofrécete para hacer una presentación o para dar un discurso.
7. Haz un viaje a solas.
8. Discute un argumento poniéndote en la oposición. (Sé fiel a lo que crees y piensas.)
9. Ve a comer a un restaurante sin compañía alguna.
10. Toma una clase de submarinismo.

¿Qué relación existe entre estas actividades y tu realización personal? Las personas que nunca se arriesgan suelen anquilosarse y marchitarse. Pueden quedarse estancadas en una rutina que termina por aburrirles. Un riesgo o dos aportan frescura y despejan la mente, eliminando las viejas inquietudes que suelen rondarte. ¿Qué tienes miedo de hacer? Hazlo esta misma semana. Queda con uno de tus amigos si lo necesitas. Continúa buscando nuevos retos, nuevas situaciones que te asusten, y verás cómo se te presentan oportunidades maravillosas.

98. Juega más

La fuente de la creatividad y de la singularidad de todo ser humano es el niño que guarda en su interior, y el juego es el medio para desarrollar sus capacidades y talentos

G. K. Chesterton

Es fácil estar demasiado ocupados para hacer lo que realmente nos gusta, esas actividades que alimentan nuestro espíritu, llenándonos de energía. Pero en algún momento, necesitas detenerte y preguntarte: ¿Que sentido tiene hacer todo este esfuerzo si no tengo tiempo de disfrutar de la vida? En mi trabajo de coaching, lo primero que les pido a mis clientes es que comiencen a dedicar más tiempo a las actividades con las que disfrutan. Lo triste es que muy a menudo no pueden ni siquiera imaginar algo que les apetezca. Jugar rejuvenece y aporta energía, de modo que puedas volver a tu trabajo con entusiasmo y alegría. Cualquier trabajo, por más satisfactorio que sea, se vuelve tedioso si no se lo equilibra con el juego. Necesitas jugar para ser lo mejor posible y llegar a tener éxito.

Una de las maneras de configurar tu «flujo» de actividades (consejo 55) es pensar en lo que hacías durante tu infancia para divertirte. Cuando eras un niño, no cargabas con el peso de las responsabilidades adultas, e instintivamente hacías aquello que aumentaba tu energía. Si no puedes recordarlo, pregúntale a tu madre o a tu padre a qué jugabas en la niñez.

Cuando era pequeña, mi madre solía encontrarme jugando sentada en medio de un charco, pasándomelo muy bien, completamente embarrada. Supongo que tengo una afinidad natural con el barro. La cerámica es la versión adulta de este juego infantil. Es sólo una excusa para meter las manos en el barro, y me encantaba hacerlo. Pero estaba muy ocupada trabajando a tiempo completo y practicando coaching durante la noche. Mi novio se quejaba de que no teníamos tiempo para vernos, y dejé de hacer cerámica. Mi familia comenzó a preguntarme cuándo iba a retomarla. Echaban de menos mis pequeños boles y platos.

Me volví a inscribir por un mes en el taller de cerámica, calculando que a mi novio no le molestaría que me tomara esas pocas horas. Sucedió algo sorprendente. Después de la primera mañana que pasé modelando, me encontré con él para comer. Estaba tan relajada, tan feliz y contenta de vernos, que me dijo: «Por cierto, creo que deberías hacer cerámica más a menudo». Y yo estaba eliminando una actividad que me aportaba tanto sólo porque quería tener más tiempo para dedicárselo a él...

Crea un espacio para el juego en tu vida. El éxito de toda actividad depende del hecho de estar completamente presente en ese momento. Puede ser leer, ir en bicicleta, pintar, bailar, jugar al baloncesto o al fútbol, cocinar o aquello con lo que más disfrutes. Anton, uno de mis clientes, era un excelente jugador de fútbol, pero lo había dejado de lado porque no tenía tiempo. Le aconsejé que abandonase alguna actividad y volviese al fútbol, porque para él era abrirle la puerta a la vida y colmarse de vitalidad. Esta actividad le daba la energía que necesitaba para los otros ámbitos de su existencia. Comenzó a jugar de nuevo, en lugar de ocuparse de un negocio adicional que tenía. Para su gran sorpresa, su negocio principal comenzó a progresar casi de la noche a la mañana. Estaba inundado de nuevos clientes. No necesitaba trabajar con mayor intensidad (otro trabajo) para ganar el dinero suficiente, sino jugar con mayor intensidad. Lograrás mayor éxito si juegas, porque el flujo de actividades lúdicas no sólo te dará energía, sino también una honda satisfacción personal.

99. Comprende que tenerlo todo es tan sólo el comienzo

Muchos son los llamados, pero pocos los que escuchan.

OLIVER HERFORD

En este punto del programa, ya lo tienes todo: amor, dinero, oportunidades y tiempo, y tu salud debe de ser perfecta porque no tienes que estresarte para conseguir lo que deseas. ¿Qué es lo siguiente? Estás a kilómetros por delante de otras personas, que dedican la mayor parte de su vida a conseguir tan sólo una parte de lo que desean. Pero, al llevar a cabo este programa, y sobre todo, al identificar tus necesidades y satisfacerlas, orientando tu vida hacia lo que realmente te place hacer, has descubierto que ya no quieres todo aquello con lo que soñabas antes.

De hecho, ahora has debido de comprender que la mayoría de esos objetos que pensabas que querías, no eran ni tan interesantes ni tan satisfactorios como creías. De este modo, la vida te resulta más fácil. ¿Para qué desperdiciar tu preciosa energía corriendo detrás de cosas que una vez que las hayas conseguido no te interesarán? Cuando te prometí que atraerías todas las cosas que siempre deseaste, lo decía muy seriamente. Pero ahora ya no las deseas. ¡Te engañé! (Es una broma.) Lo cierto es que ahora tus necesidades y deseos no te esclavizan. Tienes la libertad de vivir tu vida del modo que escojas. Y se supone que así será siempre. Muchos de nosotros sólo logramos desviarnos o engañarnos pensando que querríamos dedicarnos a algo distinto de lo que hacemos.

La primera vez que tomé conciencia de que podía llegar a conseguir la independencia económica para el resto mi vida, y que era posible llevar a cabo todas las etapas de este programa en pocos años, me quedé pasmada. Me había preparado para pasar toda mi vida luchando para lograrlo. Pensaba que el sólo hecho de conseguirlo, bueno, ya era suficiente y podía morir tranquila. Ni siquiera había tenido en cuenta lo que podía suceder después. La independencia económica y una vida en la que hacía lo que me gustaba me parecían el objetivo final. Ahora, sin embargo, me doy cuenta de que es sólo el principio. Es la base para crearme una vida maravillosa y gratificante.

Las diez partes de este programa son las claves para que alcances tu realización personal, ese éxito verdadero que implica vivir de la manera que a ti te gusta. Ahora tienes el mundo a tus pies y puedes hacer todo aquello que tu corazón desee. ¿Cuál es el legado que te gustaría dejar? ¿Qué contribución quisieras aportar? En este punto, estás en condiciones para abordar el siguiente nivel, el próximo reto, que es la única manera de mantenerse en el fluir de la vida y sentirse en plenitud. Ofreces un servicio porque te procura gran placer y goce. Y la manera que escoges para servir es tu propia decisión.

100. CELEBRA TUS ÉXITOS

Podemos permitirnos un breve periodo de alegría.

WINSTON CHURCHILL,
EL DÍA QUE TERMINÓ LA SEGUNDA GUERRA MUNDIAL

Ahora es el momento para la alegría y para celebrar tu nueva vida. Has hecho un enorme progreso, y no tendrás conciencia de toda su magnitud hasta que lo compruebes redactando una lista de tus logros. Anota todas las modificaciones y transformaciones realizadas, los amigos nuevos que has atraído, tus nuevas actividades, la belleza de tu hogar. Tómate tiempo para gozar del cariño que ahora sientes por ti. Puedes darte una palmada en el hombro y ofrecerte un reconocimiento por toda esa labor que has llevado a cabo. Cuanto mayor aprecio tengas por esa realización personal que has conseguido, mayor éxito atraerás. Una vida difícil, ¿no crees?

La mayoría de las personas no dedican ni un solo minuto de su vida a descansar sobre sus laureles. Es una actitud moralista que surge de la llamada ética del trabajo. Nos sentimos culpables de detenernos por un instante para celebrar nuestros logros. También creemos que si nos queremos a nosotros mismos, nos volveremos egocéntricos, vanos, presumidos y toda una serie de adjetivos más o menos horribles. Esto es ridículo. Las personas vanas y egocéntricas lo son precisamente porque no se quieren lo suficiente. Es una manera de negar su profunda inseguridad y una cantidad de carencias. Es imposible amarse demasiado a uno mismo. De hecho, cuanto más te quieres, más amor tienes para dar a los demás. Así funcionan las cosas. De modo que celebra tus logros. Haz una gran fiesta e invita a todos tus amigos, o aun mejor, que ellos hagan una fiesta en tu honor.

Tuve un cliente que lo hizo. Cuando Simon comenzó el programa de coaching, estaba al borde de la bancarrota y de la ruina financiera y no se daba cuenta. No tenía un empleo y luchaba para salir adelante con su propia empresa. Estaba separado de su mujer, pero ella no quería el divorcio, aunque le había sido infiel. Y él había perdido su fe religiosa. Después de siete meses siguiendo el programa de coaching, la vida de Simon se había dado vuelta. Estaba legalmente divorciado. Tenía un trabajo a tiempo completo con excelentes ingresos. Había reducido a la mitad sus gastos. Su empresa, que gestionaba como trabajo suplementario, andaba bien. Disponía de tiempo para un voluntariado con niños con el fin de enseñarles a vivir sus sueños y para jugar al tenis. Había recuperado su fe y cantaba en el coro de su iglesia. El tema de su fiesta era la libertad. Haz una fiesta. Adelante, ¡celebra tu nueva vida!

101. Sé una persona brillante, maravillosa, talentosa y fabulosa

Nuestro miedo más profundo no es ser inadecuados,
sino ser poderosos más allá de toda mesura.
Es nuestra luz, no nuestra sombra, lo que nos asusta.
Nos preguntamos: ¿Quién soy yo para ser brillante, maravilloso,
talentoso, fabuloso?
En verdad, ¿quién eres para no serlo?
Eres un hijo de Dios.
Tus pequeños juegos no le sirven al mundo.
Empequeñecerse para que los demás no se sientan inseguros a tu lado
no es una muestra ni de talento ni de iluminación.
Todos fuimos creados para brillar, como los niños.
Nacimos para manifestar esa gloria de Dios, que está en nuestro
interior.
No sólo algunos de nosotros, sino todos.
Y al brillar con nuestra propia luz, inconscientemente permitimos que
los demás también brillen.
Así como, al liberarnos de nuestros miedos, nuestra presencia libera
de inmediato los miedos ajenos.

Marianne Williamson,
Volver al amor

Durante años, escritores como Napoleon Hill, autor de *Piense y hágase rico*, han insistido en que la clave del éxito es fortalecer el poder del pensamiento. Pero la mayoría nos hemos mantenido escépticos, con la idea de que el pensamiento es intangible y, por lo tanto, irrelevante. No obstante, las recientes evidencias científicas demuestran que los pensamientos son, de hecho, muy poderosos.

En el artículo del *Newsweek* del 5 de abril de 1999 titulado «Thinking Will Make It So» [Así funciona el pensamiento], Sharon Begley dice que los pensamientos son señales eléctricas que pueden detectarse por medio de un electroencefalógrafo de control de las aptitudes mecánicas. El neurobiólogo Niels Birbaumer, de la Universidad de Tübingen, en Alemania, tiene seis pacientes con una mente sana encerrada en un cuerpo paralizado. Viven gracias a la ayuda de estas máquinas, conectados a un «dispositivo de traducción del pensamiento» que amplifica sus ondas cerebrales permitiéndoles seleccionar letras del alfabeto en la pantalla de un ordenador y componer frases.

El equipo de Tübingen colocó electrodos detrás de los oídos y en el cráneo de los pacientes. Estos electrodos estaban diseñados para detectar las ondas cerebrales y conectados al electroencefalógrafo, que seleccionaba un tipo especial de onda de entre todas las que recibía, de la misma manera que sintonizamos la radio para encontrar nuestra emisora favorita. El electroencefalógrafo estaba conectado a su vez a un ordenador. Después de cientos de horas de práctica, los pacientes aprendieron a controlar sus ondas cerebrales, seleccionando un tono particular.

Una vez que dominan la técnica, son capaces de deletrear palabras escribiéndolas en la pantalla del ordenador sólo con el pensamiento. El próximo proyecto de estos investigadores es la creación de un sistema sin conexiones donde los electrodos tendrán sensibilidad suficiente para captar las ondas cerebrales directamente del aire. Esta ciencia revolucionaria no sólo prueba que los pensamientos son algo concreto, sino también que interaccionan con el medio ambiente.

Una vez más, volvemos a la energía. Los pensamientos son señales eléctricas, y por lo tanto, una forma de energía con una existencia tan real como la de un sólido y macizo escritorio de caoba. La ciencia se acerca a lo que muchos pensadores radicales o de la Nueva Era han expresado desde hace ya tiempo: que nuestra realidad es una creación mental, obra de nuestro pensamiento. Esto no es nada mágico ni místico. Simplemente demuestra el poder de la mente.

Podemos decir lo mismo con respecto a este programa de coaching. Si bien sus resultados podrían de alguna manera parecer mágicos, no es ese el caso. Seguir estos consejos de coaching hace que tus pensamientos cobren mayor potencia y claridad, y que vibren de tal modo que reduzcan o eliminen las fuentes de estancamiento y de pérdida de energía, agregando al mismo tiempo elementos que la aumentan. Cuanta mayor sea la cantidad de energía de que dispongas, más claros y más potentes serán tus pensamientos.

La mayoría de las personas emiten pensamientos conflictivos y débiles. No puede sorprendernos que su vida sea un reflejo de esos pensamientos. Por ejemplo, imaginemos que piensas: «Quisiera ser el presidente de mi empresa». Al segundo siguiente te dices: «Es imposible. ¿Quién me creo que soy? No reúno las condiciones necesarias». Ahora que sabes que tus pensamientos configuran la realidad, comprenderás que los que expresan negatividad son mucho más peligrosos de lo que suponías. Con pensamientos así, no necesitas enemigos... Por una vez, podrías pensar que eres una persona brillante, maravillosa, talentosa y fabulosa. Nuestros pensamientos son nuestra realidad. Todos enviamos nuestras propias señales al universo. ¿Qué señales envías tú?

Ahora que has terminado el programa de coaching, tienes tu vida estructurada de tal manera que rara vez tendrás un mal día o un pensamiento derrotista. Analiza la cuestión: ese tipo de pensamientos no se produce cuando estás en el séptimo cielo, te sientes de maravilla y adoras tu trabajo y a tus amigos. Por otra parte, es inútil que alguien te aconseje que pienses positivamente si tu trabajo no te satisface en absoluto o tienes problemas familiares. Primero, es necesario que elimines la fuente de todos tus pensamientos derrotistas y negativos. Y a partir de ese momento, entrarán en juego estos consejos prácticos y concretos. Esa es la razón por la que escribir lo que deseas quince veces al día es un excelente sistema. Día a día, hasta que lo consigues, estás enviando un mensaje positivo y consecuente que expresa lo que quieres.

Las personas que llegan a ser presidentes de una empresa son las que piensan que son capaces de serlo.

Te he dado todos los consejos de coaching necesarios para ayudarte a ser una persona brillante, maravillosa, talentosa y fabulosa. El resto es cosa tuya. ¡Sigue adelante y brilla!

Me gustaría saber los pasos que sigues para atraer el éxito. Por favor, escríbeme a:

Talane Coaching Company
P.O. Bos 1080
New York, NY 10156
USA

Por favor, adjunta un sobre que lleve los sellos correspondientes y tu dirección escrita.

O envíame un e-mail a: talane@talane.com

Espero tener noticias tuyas muy pronto, y que me cuentes tus progresos. Muchas gracias.

Apéndice A

¿Eres una persona apta para seguir un programa de coaching?

1. Dispongo de tiempo para mí.

   Sí ☐ No ☐

2. Soy fiel a mi palabra y a mis promesas, tanto con respecto a mí como a los demás, sin necesidad de esforzarme.

   Sí ☐ No ☐

3. Existe una gran distancia entre el lugar donde estoy ahora y el lugar donde me gustaría alcanzar.

   Sí ☐ No ☐

4. Tengo la disposición y la capacidad necesarias para hacer el trabajo requerido.

   Sí ☐ No ☐

5. Tengo la disponibilidad necesaria para dejar de sabotearme, conducta que limita mi éxito.

   Sí ☐ No ☐

6. Tengo la disponibilidad necesaria para probar nuevas ideas aunque no tenga la seguridad de que funcionen.

Sí ☐ No ☐

7. Tengo el apoyo necesario para realizar grandes cambios en mi vida.

Sí ☐ No ☐

8. El coaching es la disciplina apropiada para llevar a cabo los cambios que deseo (en lugar de una terapia, un tratamiento médico o un programa de 12 pasos).

Sí ☐ No ☐

9. Soy completamente responsable de mi propia vida y de las decisiones que tomo.

Sí ☐ No ☐

Si has respondido negativamente a dos o más preguntas, seguramente el coaching no te resultará efectivo. Una vez hayas resuelto estas cuestiones, ya estarás en disposición de empezar. Hay clientes que siguen simultáneamente una terapia y un programa de coaching. Yo recomiendo consultar antes con el psicólogo en caso de duda.

Apéndice B

Cómo encontrar un coach

Un error muy habitual es considerar que los límites de nuestro poder de percepción son los límites de todo lo que se puede percibir.

C. W. LEADBEATER

Ya estamos al final del libro, y es probable que veas algunas áreas que necesitan trabajarse, pero atraer el éxito y la vida que deseas no te llevará una eternidad. Los beneficios son inmediatos y valen el esfuerzo que cuestan, de modo que ponte en marcha y no esperes, comienza hoy mismo. Si quieres facilitarte las cosas, habla con un coach para que te ayude en este proceso de desarrollo y a no desviarte del camino. Haciéndolo uno mismo, sin ayuda profesional, se progresa lentamente. No siempre podemos ver nuestros propios problemas, y un tercero puede señalarlos y ayudarnos a ser conscientes de ellos.

Cualquier persona que haya vivido la experiencia de practicar gimnasia con un entrenador personal sabe que es mucho más divertido ir al gimnasio o hacer diez flexiones contando con una persona que te estimule y vigile la posición de tu cuerpo, que hacerlo en solitario. Lo mismo sucede con un coach para los problemas vitales. En el momento en que te desanimas y estás a punto de abandonar, puedes contar con tu asesor personal para que te diga la verdad. Tus amigos y tu familia no pueden hacerlo porque se arriesgan a romper su relación contigo o porque están mentalmente ocupados con sus propias actividades. Para encontrar un excelente coach, hay que tener en cuenta ciertos detalles. Helos aquí:

Contrata a un profesional, alguien que haya seguido los cursos de especialización en la materia de modo que sepas que él o ella conoce las bases de esta disciplina. Hay muchas personas que de repente se autoproclaman coaches cuando de hecho, son terapeutas, consejeros o consultores y nunca han seguido los cursos de coaching. Cuando entrevistes al coach, deberías tener la sensación de que puedes decirle toda la verdad. ¿Sientes que es una persona de fiar? ¿Alguien en quien confías y a quien respetas? ¿Sientes que te escucha y te comprende?

Como regla general, y por las razones ya mencionadas, no te aconsejo que escojas a un íntimo amigo ni a un miembro de tu familia. El proceso de coaching no debe afectar a tus relaciones. Siempre puedes despedir a un coach, pero no puedes despedir a tu prima o a tu tío. ¿Tiene este coach la experiencia, el oficio y las cualificaciones que buscas? No temas pedirle su opinión a un amigo o una amiga que tenga un coach, para que te recomiende un buen profesional, sobre todo si se trata de una persona que ha tenido éxito en el área que a ti te interesa desarrollar. Averigua la manera de trabajar del coach, su filosofía, y si está especializado en algún campo en particular. Algunos se especializan en las relaciones personales, otros en el trabajo con clientes creativos, o con empresarios, o con personas que han sufrido alguna clase de daño. La decisión es tuya. Sea cual sea tu necesidad particular, te garantizo que encontrarás un coach especializado en la materia.

No tengas en cuenta el lugar donde viva. Muchos trabajan por teléfono, y su trabajo es tan eficaz y eficiente como el de los que hacen entrevistas cara a cara. Tengo clientes por todas partes y la mayoría de ellos no me conocen personalmente. Esto no influye en absoluto en los resultados que logran.

En las primeras sesiones, normalmente hablarás de tu situación actual y de adónde querrías llegar. En un marco empresarial, es posible que hables acerca de los objetivos laborales de la empresa donde trabajas en relación con los tuyos. Puedes esperar que tu coach te proporcione un apoyo positivo y un estímulo constantes, para que vayas más allá del punto donde sueles detenerte. Asimismo, te propondrá que pruebes otras habilidades y técnicas, te hará un seguimiento con respecto a tus objetivos y te asignará tareas cada semana. Es perfectamente correcto que le expliques de qué modo funcionas mejor para recibir sus consejos y su asesoramiento. Personalmente, suelo preguntárselo de todos modos a mis clientes. Además, infórmale de los momentos en que es más probable que «hagas trampas», de modo que pueda darse cuenta a tiempo cuando trates de escabullirte de un problema.

Siempre es una buena idea buscar ayuda cuando uno está empantanado o agobiado con un proyecto. Esta ayuda puede provenir tanto de un profesor que te enseñe a descifrar un nuevo programa de ordenador como de un coach que te ayude a vivir tus sueños y atraer todo lo que siempre quisite. Tú puedes hacerlo.

The International Coach Federation
2123 FM 1960 West, Suite 219
Houston, TX 77090
USA
(888)423-3131
www.coachfederation.org

La International Coach Federation es una organización de coachs profesionales que celebra una conferencia anual además de ofrecer una extensa lista de profesionales y un servicio a través de Internet, donde puedes encontrar el coach idóneo. También ofrece los certificados de coaching PCC (Certificado de Coach Profesional) y MCC (Certificado de Maestría).

Coach University Coach Referral Service
(800) 48-COACH
www.coachu.com

Todos los coachs mencionados en la lista de este servicio o bien se han diplomado o están formándose en la Coach University.

Apéndice C:

Cómo formarse para ser coach

Coach University
(800) 48 Coach
www.coachu.com
www.coachreferral.com

En la Coach University puedes hacer el curso 123 gratuito de cuatro semanas por teleclase para saber cuál de los cursos de formación es el mejor de acuerdo con tus prioridades personales. Estos cursos se realizan por medio de teleclases interactivas de alta eficacia, que permiten la participación internacional. Esa fue mi formación. El curso obliga a resolver dificultades interesantes, y a la vez es muy ameno. Se incita a los estudiantes a que busquen el asesoramiento de coachs, que actúan como tutores, un sistema que da excelentes resultados y facilita el proceso de aprendizaje.

The Coaches Training Institute
1879 Second Street
San Rafael, CA 94901
(415) 274-7551
coachtraining@aol.com
www.thecoaches.com

Para obtener una lista completa de las escuelas e instituciones que ofrecen estudios de coaching, véase el sitio web de la International Coach Federation: www.coachfederation.org.